职业技术·职业资格培训教材

农作物植保员

（四级）

U0856343

本书编审人员

主　编　武向文

副主编　罗金燕　胡育海　刘小英

编　者　成　玮　唐卫红　汪明根　田如海

顾贫博　蒋建忠　沈雁君　顾士光

王伟民　黄世广　陈碧莲　李惠明

主　审　郭玉人

中国劳动社会保障出版社

图书在版编目(CIP)数据

农作物植保员：四级/上海市职业技能鉴定中心组织编写. —北京：中国劳动社会保障出版社，2013

1+X职业技术·职业资格培训教材

ISBN 978-7-5167-0471-4

Ⅰ.①农… Ⅱ.①上… Ⅲ.①作物-植物保护-技术-培训-教材 Ⅳ.①S4

中国版本图书馆CIP数据核字(2013)第213131号

中国劳动社会保障出版社出版发行

（北京市惠新东街1号 邮政编码：100029）

*

北京市艺辉印刷有限公司印刷装订 新华书店经销

787毫米×1092毫米 16开本 12.75印张 239千字

2013年9月第1版 2013年9月第1次印刷

定价：29.00元

读者服务部电话：(010) 64929211/64921644/84643933

发行部电话：(010) 64961894

出版社网址：http://www.class.com.cn

内容简介

本教材由人力资源和社会保障部教材办公室、中国就业培训技术指导中心上海分中心、上海市职业技能鉴定中心依据上海农作物植保员（四级）职业技能鉴定细目组织编写。教材从强化培养操作技能、掌握实用技术的角度出发，较好地体现了当前最新的实用知识与操作技术，对于提高从业人员基本素质，掌握四级农作物植保员的核心知识与技能有直接的帮助和指导作用。

本教材在编写中根据本职业的工作特点，以能力培养为根本出发点，采用模块化的编写方式。全书共分为5章，内容包括基础知识、病虫害预测预报、粮油作物主要病虫草害、蔬菜主要病虫害、农药与植保机械的使用。

本教材可作为农作物植保员职业技能培训与鉴定考核教材，也可供全国中、高等职业院校相关专业师生参考使用，以及本职业从业人员培训使用。

前　言

职业培训制度的积极推进，尤其是职业资格证书制度的推行，为广大劳动者系统地学习相关职业的知识和技能，提高就业能力、工作能力和职业转换能力提供了可能，同时也为企业选择适应生产需要的合格劳动者提供了依据。

随着我国科学技术的飞速发展和产业结构的不断调整，各种新兴职业应运而生，传统职业中也愈来愈多、愈来愈快地融进了各种新知识、新技术和新工艺。因此，加快培养合格的、适应现代化建设要求的高技能人才就显得尤为迫切。近年来，上海市在加快高技能人才建设方面进行了有益的探索，积累了丰富而宝贵的经验。为优化人力资源结构，加快高技能人才队伍建设，上海市人力资源和社会保障局在提升职业标准、完善技能鉴定方面做了积极的探索和尝试，推出了 1＋X 培训与鉴定模式。1＋X 中的 1 代表国家职业标准，X 是为适应上海市经济发展的需要，对职业的部分知识和技能要求进行的扩充和更新。随着经济发展和技术进步，X 将不断被赋予新的内涵，不断得到深化和提升。

上海市 1＋X 培训与鉴定模式，得到了国家人力资源和社会保障部的支持和肯定。为配合上海市开展的 1＋X 培训与鉴定的需要，人力资源和社会保障部教材办公室、中国就业培训技术指导中心上海分中心、上海市职业技能鉴定中心联合组织有关方面的专家、技术人员共同编写了职业技术·职业资格培训系列教材。

职业技术·职业资格培训教材严格按照 1＋X 鉴定考核细目进行编写，教材内容充分反映了当前从事职业活动所需要的核心知识与技能，较好地体现了适用性、先进性与前瞻性。聘请编写 1＋X 鉴定考核细目的专家，以及相关行业的专家参与教材的编审工作，保证了教材内容的科学性及与鉴定考核细目以及题库的紧密衔接。

职业技术·职业资格培训教材突出了适应职业技能培训的特色，使读者通过学习与培训，不仅有助于通过鉴定考核，而且能够有针对性地进行系统学习，真正掌握本职业的核心技术与操作技能，从而实现从懂得了什么到会做什么的飞跃。

职业技术·职业资格培训教材立足于国家职业标准，也可为全国其他省市开展新职业、新技术职业培训和鉴定考核，以及高技能人才培养提供借鉴或参考。

新教材的编写是一项探索性工作，由于时间紧迫，不足之处在所难免，欢迎各使用单位及个人对教材提出宝贵意见和建议，以便教材修订时补充更正。

人力资源和社会保障部教材办公室
中国就业培训技术指导中心上海分中心
上海市职业技能鉴定中心

目录

第 1 章

基础知识

第 1 节　农业昆虫基础理论

学习目标

了解昆虫分类的基本知识。

了解昆虫的基本特征、昆虫的生活史及世代。

了解影响昆虫的食性等生物因素。

熟悉农业昆虫的主要目、科及其代表种类。

熟悉气候、土壤因素对昆虫的影响。

能够区分昆虫和其他动物，区分农业昆虫，区分害虫和天敌。

能通过昆虫的主要身体结构特征区分常见几种昆虫。

能够使用体视显微镜观察昆虫的外部特征。

知识要求

一、农业昆虫重要目、科

据资料记载，全世界已定名的昆虫种类在 100 万种以上，我国已记录的昆虫为67 000余种。通常分隶于 33 个目，与农业生产关系密切的有直翅目、同翅目、鞘翅目、鳞翅目、半翅目、膜翅目、缨翅目等。

1. 直翅目

直翅目包括蝗虫、螽斯、蟋蟀、蝼蛄等常见昆虫。体中型至大型。触角为丝状、锤状或剑状。口器咀嚼式，头下口式，单眼 2～3 个。前胸大而明显，中胸和后胸连在一起为前胸背板所覆盖，前翅狭长或前缘向下方倾斜，革质；后翅作纸扇状褶叠。后足跳跃式，或前足开掘式。雌虫产卵器发达。属渐变态昆虫。

直翅目多为植食性昆虫，很多种类是重要的农业害虫。如飞蝗、稻蝗、蝼蛄、螽斯等。螽科中有些种是捕食性昆虫。与农业生产关系密切的科有：

（1）蝗科。头部略缩入前胸内。触角丝状，通常在 30 节以下，短于体长，但长于前足腿节。前胸背板发达，盖住中胸。偶有短翅及无翅种类。后足跳跃足。听器在腹部第 1 节的两侧，雄虫多以后足腿节摩擦后翅而发音。产卵器粗短，凿状。重要的农业害虫有东亚飞蝗、云斑车蝗等。

（2）蝼蛄科。体大型。土栖昆虫。触角短，丝状，但多在 30 节以上。前胸背板椭圆形，两侧向下伸展。前翅短，后翅外露如尾状。前足开掘足。发音器不发达，听器在前足胫节上，状如裂缝。尾须或长或短，不分节。产卵器不外露。是重要的地下害虫。如单刺蝼蛄、东方蝼蛄。

2. 同翅目

同翅目包括蝉、叶蝉、飞虱、粉虱、木虱、蚜虫和介壳虫等，触角刚毛状或丝状。口器刺吸式，后口式。前翅质地均一，膜质或革质。通常属渐变态，繁殖方式多样。有两性生殖和孤雌生殖，也有两者交替进行；有卵生，也有胎生。繁殖力很强，繁殖速度快。

同翅目昆虫全部植食性，吸食植物汁液，使其枯萎；不少种类能分泌蜜露，诱致霉病；有的取食时分泌唾液，刺激植物组织畸形生长，形成虫瘿；许多种类可以传播植物病毒病。和农业生产关系密切的有下述各科：

（1）叶蝉科。体小型。触角刚毛状，着生于头前方两复眼之间。喙出自头部。前翅坚韧。足能跳跃，但腿节不特别膨大；跗节 3 节；后足胫节棱脊上有 2 列刺状毛。有横向爬行习性。产卵器锯状，在植物组织内产卵，繁殖力强。在吸食植物汁液的同时，有些种类传播植物病毒病。趋光性强。重要的农业害虫有黑尾叶蝉、大青叶蝉、棉叶蝉等。

（2）飞虱科。体小型。触角短，刚毛状，着生于头侧方复眼之下。单眼 2 个。喙出自头部。翅膜质透明，不少种类有长翅和短翅二型。短翅型雌虫体肥大，繁殖力强。足能跳跃，但非典型的跳跃足；卵产于植物组织内，繁殖力强。重要的农业害虫有褐飞虱、白背飞虱、灰飞虱等。

（3）粉虱科。体微小，仅 1～3 mm。成虫体及翅上被白色蜡粉。单眼 2 个。触角细长，丝状。喙似自前足基节之间发出。卵小，有柄，附着在植物上。从卵中孵出的1龄若虫，可用足爬行，蜕皮后，足和触角消失，虫体固着在植物上。若虫共 4 龄，末龄若虫的体壁硬化，形状似蛹，因而误称为“蛹壳”，是本科分类的主要依据。若虫有肛门、管状孔，后者由孔、盖瓣和舌状器 3 部分组成，是分类上的重要特征。重要的农业害虫有温室白粉虱、烟粉虱等。

（4）蚜科。体微小，柔软。触角大多 6 节，偶有 5 节或 4 节。口器刺吸式，口针长；喙出自前足基节之间。腹部常有一对腹管。每种蚜虫都有有翅和无翅类型。蚜虫每年能发生很多世代。夏、秋季营孤雌胎生，秋冬季可出现有性雌雄蚜，交配后产卵越冬。蚜虫常有转换寄主的迁移习性。有多型现象。在环境条件或营养条件变劣时，产生有翅蚜迁移。本科的重要害虫有棉蚜、麦二叉蚜、麦长管蚜、桃蚜等。

3. 鞘翅目

鞘翅目昆虫因有坚硬如甲的前翅，常被称为“甲虫”。头部坚硬，前口式或下口式，正常或延长成喙。咀嚼式口器。前胸发达，中胸小盾片外露。前翅为鞘翅，后翅膜质。腹部外露的腹节因种类而异。有的鞘翅很短，可见 7～8 节，但腹部末端无尾须，如图 1—1 所示。后翅有少数翅脉，用于飞翔，静止时折叠于前翅下。足多数为步行足，也有跳跃、开掘、抱握、游泳等类型。

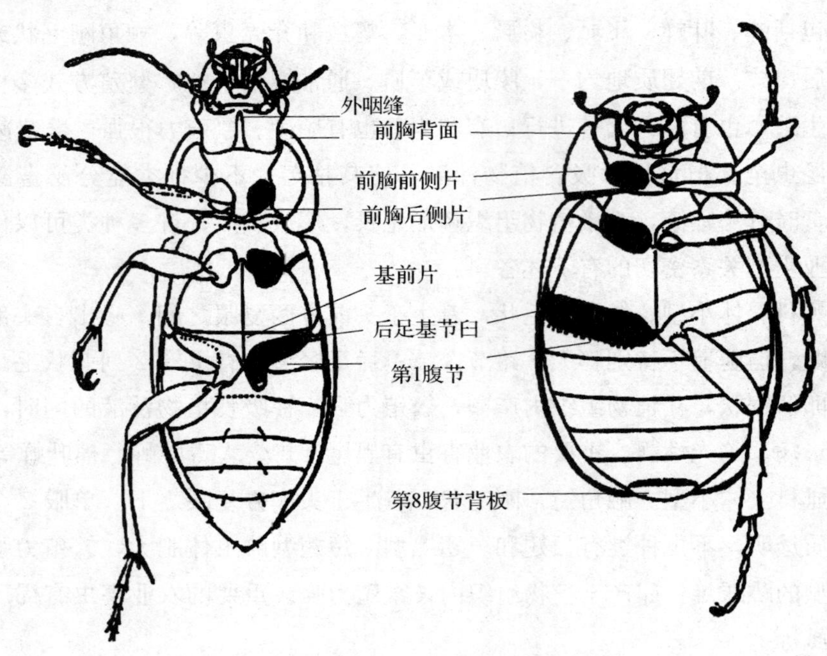

图 1—1　步甲（左）和金龟子（右）腹面

鞘翅目属全变态昆虫。幼虫至少有 4 个类型：步甲型的胸足发达，行动活泼，捕食其他昆虫，如步甲幼虫等；蛴螬型的肥大弯曲，有胸足，但不善爬行，为害植物根部，如金龟甲幼虫等；天牛型为直圆筒形，略扁，足退化，钻蛀为害，如天牛幼虫；象甲型的中部特别肥胖，弯曲而无足，如豆象幼虫等。甲虫少数是肉食性的，可以作为益虫看待。多数是植食性的，为害植物的根、茎、叶、花、果实和种子。鞘翅目昆虫多数是幼虫期为害，但也有成虫期继续为害的（如叶甲）。成虫常有假死习性，大多数有趋光性。

本目是昆虫纲中最大的目，已知种达 33 万种，约占全部昆虫种类的 40%，我国已知有 18 400 多种。与农业生产关系密切的主要有以下各科：

（1）步甲科。体小型至大型，黑色或褐色，少数颜色鲜艳，并有金属光泽。头部常狭于前胸，前口式。触角丝状，11 节，着生于上颚基部与复眼之间，两触角间的距离大于唇基的宽度。前胸侧板缝和腹板缝明显。爬行迅速，有些种类后翅常退化，左右鞘翅愈合，不能飞翔。肉食性。但有少数种类为害农作物。主要种类有金星步甲、皱鞘步甲（见图 1—2）和麦穗步甲等。

（2）瓢甲科。体小型至中型，半球形，偶有长卵形，体色鲜艳。头小，嵌入前胸甚深。触角短棒状或锤状。幼虫行动活泼，体上多突起，有刺毛和分枝的毛。常见的捕食性益虫有澳洲瓢虫、孟氏隐唇瓢虫、黑缘红瓢虫、七星瓢虫等。植食性害虫有马铃薯瓢虫和茄二十八星瓢虫等。

（3）天牛科。体呈长筒形，略扁。头大，上颚发达。触角特别长，丝状，有时超过体长，也有较短的种类。后翅发达，适于飞行。复眼肾形，环绕触角基部外侧。幼虫钻蛀树木茎根，为害严重。常见害虫有桑天牛、星天牛、橘褐天牛、桃红颈天牛等。

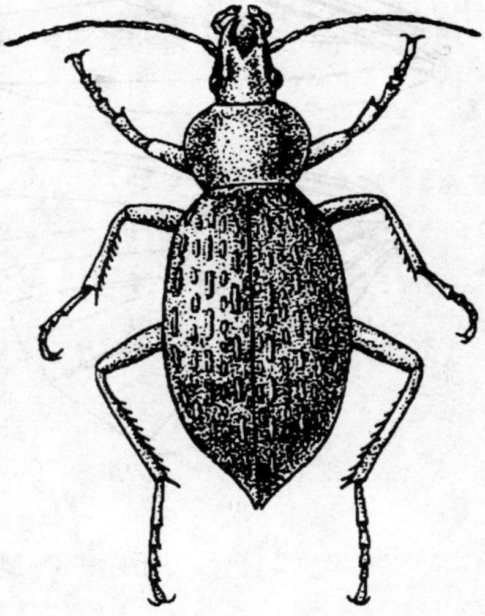

图 1—2　皱鞘步甲

（4）叶甲科。体小型至中型，大多为长卵形，也有半球形。触角丝状，一般不超过体长之半，伸向前方。本科又名“金花虫”，幼虫和成虫均食叶形成缺刻。主要害虫有大猿叶虫、小猿叶虫、黄守瓜、黄曲条跳甲等。

（5）象甲科。又称象鼻虫或象虫。其特点为头部延长成象鼻状或喙状。触角呈膝状弯曲，11 节，前端 3 节膨大成锤状。体坚硬。成虫和幼虫都是植食性害虫，有吃叶、钻茎、钻根、蛀果实或种子、卷叶或潜叶等多种习性。重要害虫有稻象甲等。

4. 鳞翅目

鳞翅目是昆虫纲中第二大目，包括蛾与蝶，习惯上将触角形状为球杆状膨大，并且无翅缰的统称蝶类；触角通常为丝状或羽状，或者膨大而有翅缰的统称蛾类。许多种类的幼虫期是农林植物的重要害虫，但家蚕、柞蚕、蓖麻蚕是重要的益虫。体小型至大型，翅展 5～200 mm 以上。触角有丝状、梳状、羽状、棍棒、球杆状和末端钩状等多种形状。原始种类（如小翅蛾科）口器为咀嚼式，其余口器均为虹吸式，喙管不用时呈发条状，卷曲在头下。前胸小，背面有 2 块小形的领片，中胸最大，后胸相对较小。翅 2 对，发达，偶有退化无功能者；翅脉发达，少数原始种类前后翅翅脉相似，大多数种类前翅比后翅大；翅中部最大的翅室称为中室，如图 1—3a 所示。翅膜质，覆盖有各种颜色的鳞片，鳞片组成不同的线和斑（见图 1—3b），是重要的分类特征。透翅蛾科的翅大部透明，无鳞片。前后翅的连接方式有翅扣型、翅轭型、翅缰型和翅抱型。

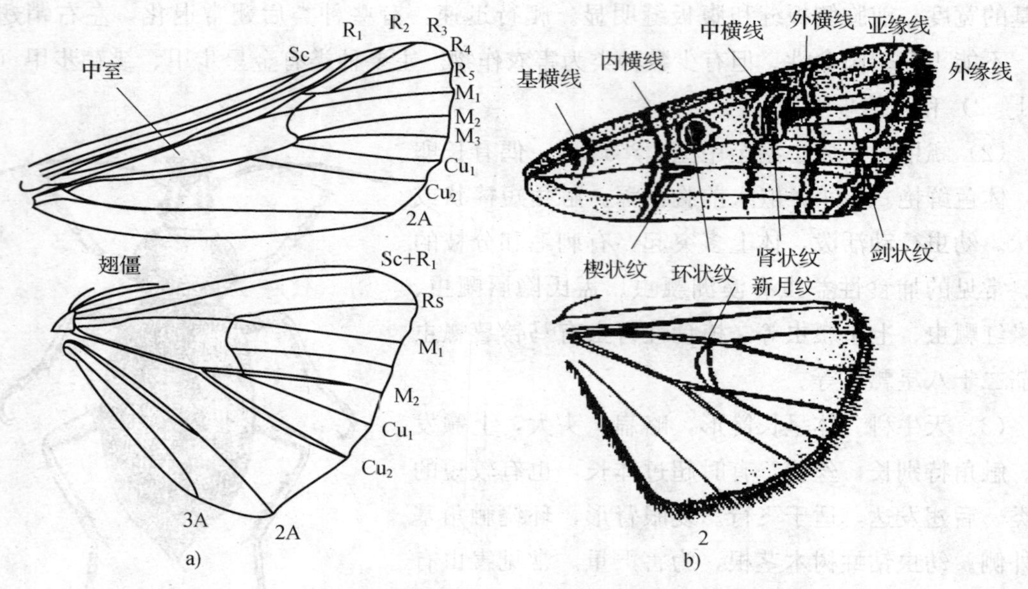

图 1—3 鳞翅目成虫的脉相与斑纹（小地老虎）

a）脉相 b）斑纹

鳞翅目属完全变态昆虫。幼虫多足型，体表柔软，呈圆柱形。头部坚硬，每侧常有 6 个单眼，唇基三角形，额很狭，呈“人”字形，口器咀嚼式，有吐丝器。胸足 3 对。腹足多为 5 对，着生在腹部第 3～6 节和第 10 节上，第 10 节上的腹足称为臀足。鳞翅目幼虫体上的纵线（黏虫）如图 1—4 所示。腹足底面有趾钩，排列成趾钩列。趾钩列按排列有单行、双行和多行之分。每行趾钩的长短相同的称单序，一长一短相间排列的称双序，甚至还有三序和多序的，如图 1—5 所示。这可与其他幼虫相区别，同时又是鳞翅目幼虫分类的特征。鳞翅目幼虫绝大多数是植食性的，食叶、潜叶、蛀茎、蛀果、蛀根、蛀种子，也为害储藏物品，如粮食、干果、药材和皮毛等。极少数种类是捕食性或寄生性的，如某些灰蝶科幼虫以蚜虫、介壳虫为食。重要的农业害虫大多以幼虫期为害。

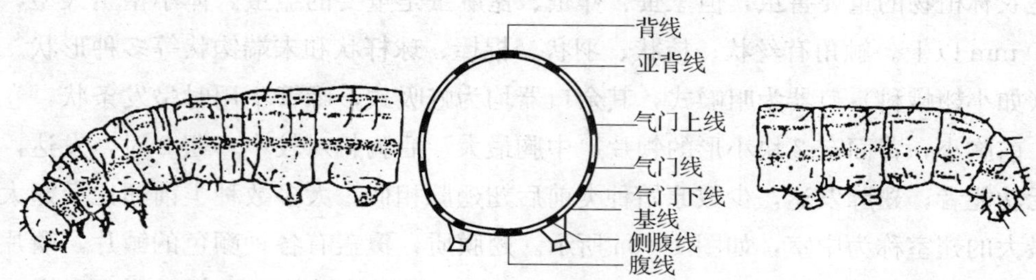

图 1—4 鳞翅目幼虫体上的纵线（黏虫）

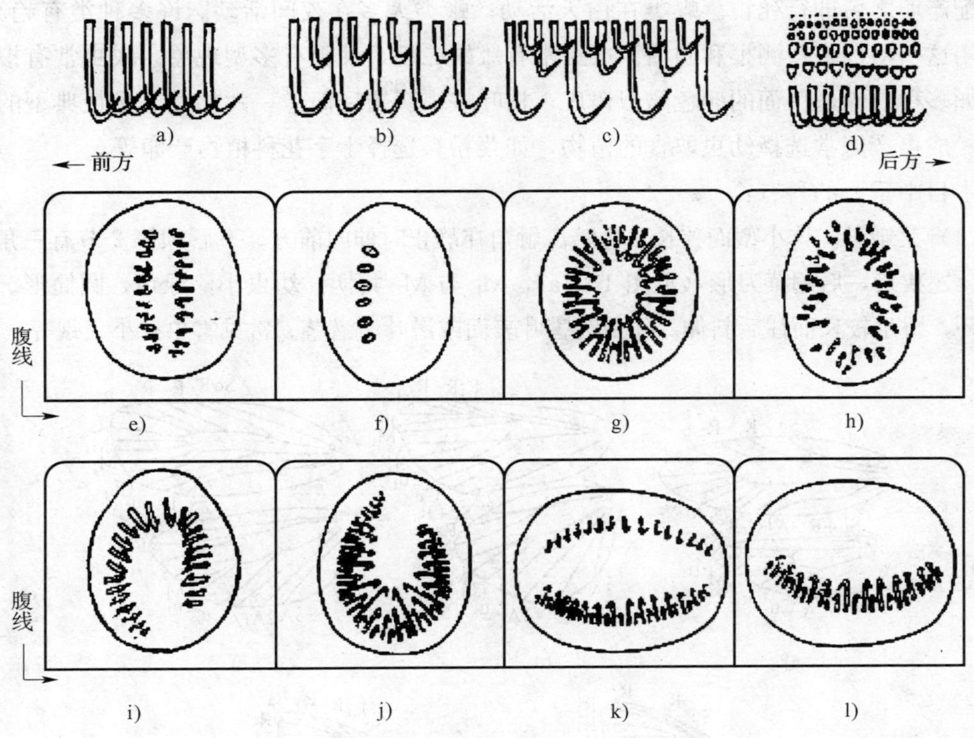

图 1—5 鳞翅目幼虫的趾钩类型

a）单序 b）双序 c）三序 d）单序多行 e）二横带 f）单横带状 g）双序环状 h）多行环状 i）内侧缺环 j）外侧缺环 k）二纵带 l）双序中带

蛹为被蛹，如图 1—6 所示。蝶类在敞开环境中化蛹。如凤蝶和粉蝶以腹部末端的臀棘和丝垫附着于植物上，腰部再缠 l 束丝，呈直立状态，称为缢蛹；蛱蝶和灰蝶则利用腹部末端的臀棘和丝垫，把身体倒挂起来，称为悬蛹。蛾类和弄蝶在树皮下、土块下、卷叶中等隐蔽处化蛹，也有在土壤中作成土室化蛹。许多种类能吐丝结茧，家蚕等茧丝为人类所利用。

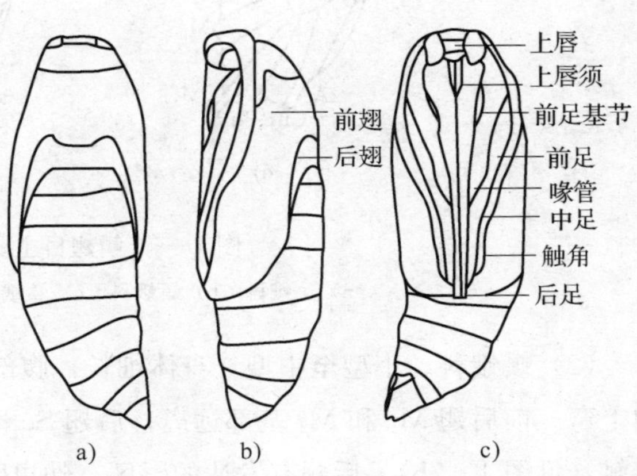

图 1—6 鳞翅目蛹的特征

a）背面 b）侧面 c）腹面

成虫吸食花蜜作为补充营养，一般不为害作物。有的种类根本不取食，完成交配产卵之后即行死亡。蝶类在白天活动；蛾类大多在夜间活动。许多种类有趋光性，可利用这一习性进行测报和防治。成虫常有雌雄二型，甚至有多型现象。成虫常有拟态现象，如多种蛱蝶翅反面的颜色酷似树皮；枯叶蛱蝶属翅反面像一片枯叶，是最典型的拟态例子。成虫产卵常选择幼虫取食的植物，如菜粉蝶选择十字花科植物产卵等。

本目中重要的科有：

（1）菜蛾科。体小型而狭长，色暗。触角在静止时伸向前方。下唇须第 2 节有三角形的毛丛。翅狭长，后翅菜刀形（见图 1—7a），M_1 与 M_2 共柄。幼虫小，绿色，圆筒形。趾钩单序环，臀足较长而往后斜伸。幼虫为害叶表面或潜叶、潜茎。常见害虫有小菜蛾等。

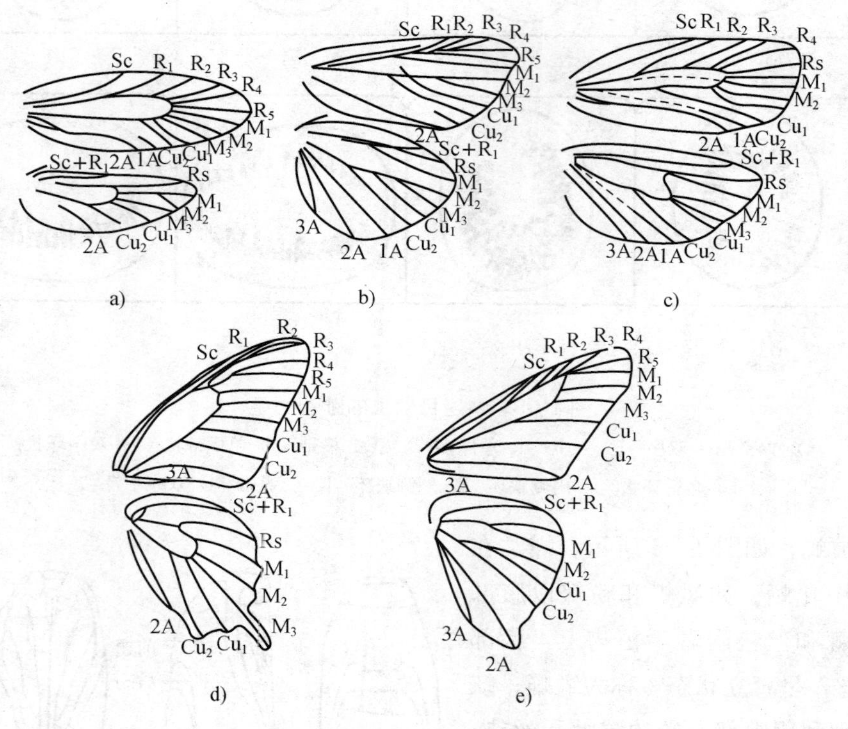

图 1—7　鳞翅目主要科的翅的形状

a）菜蛾科　b）螟蛾科　c）卷蛾科　d）粉蝶科　e）弄蝶科

（2）螟蛾科。小型至中型，身体细长，腹部末端尖削。下唇须相当长，在头的前面或向上弯。前后翅 M_1 和 M_2 基部远离；后翅 $Sc+R_1$ 和 Rs 在基部平行，在中室以外接近或接触（见图 1—7b），后翅有发达的臀区。幼虫趾钩 2 序，排成缺环；偶有单序、3 序和全环式的。本科重要害虫有二化螟、红豆荚螟、玉米螟、三化螟、稻纵卷叶螟等。

（3）卷蛾科。小型至中型，翅展通常不超过 20 mm。行动活泼，大多有保护色。体黄褐、褐、灰色，有条纹、斑点或大理石云纹。下唇须第 2 节被厚鳞。前翅近长方形，有时前缘有一部分向反面折叠。休息时前翅平叠于背上略呈钟罩状，如图 1—7c 所示。幼虫趾钩环式，2 序或 3 序。一般卷叶为害，有的钻蛀果实。重要害虫有苹果顶梢卷叶蛾、褐带长卷叶蛾等。

（4）夜蛾科。体中型至大型，色暗，少数有鲜艳色彩，粗壮，多鳞片和毛。触角丝状，雄虫常为栉齿状。复眼大，常具单眼。前翅 M_2 基部近 M_3 而远离 M_1，肘脉似 4 叉式；颜色略深，颜色常与栖居环境相似；后翅顶角圆钝。幼虫粗壮，腹足 5 对，少数种类第 3 腹节或第 3、4 节上的腹足退化，行走时似尺蛾幼虫。

夜蛾科是鳞翅目中最大的一科，有 2.1 万多种，我国已知 2 000 多种，包括许多重要害虫。根据其为害方式可分为 4 种类型：食叶种类（如黏虫、斜纹夜蛾、稻螟蛉等）、蛀食种类（如大螟、棉铃虫和鼎点金刚钻等）、切根种类（如小地老虎、大地老虎和黄地老虎等）、成虫吸果种类（如黄棉夜蛾、葡萄紫褐夜蛾等）。根据其习性可分为夜盗性（如地老虎和黏虫）、暴露性（如稻螟蛉）、钻蛀性（如大螟和金刚钻）和吸果性（吸果夜蛾类）4 类。夜蛾科除植食性种类外，还有少数肉食性和菌食性种类。

（5）粉蝶科。体中型。翅大多为白色或黄色，偶有红色和蓝色底色的，有黑色或绿色斑纹。前翅三角形 R 脉 3 条或 4 条。基部多合并，A 脉 1 条（见图 1—7d），后翅卵圆形。足 3 对，正常，爪上有齿，或再分裂。幼虫圆柱形，细长，表皮有小颗粒，无毛或多毛，绿色或黄色。趾钩中列式，2 序或 3 序。常见害虫有菜粉蝶等。

（6）弄蝶科。体小至中型，肥短，大多暗色，头大。触角前端膨大，并成钩状。前翅翅脉比较齐全，R 脉 5 条均出自中室，不共柄（见图 1—7e）。幼虫无毛，体呈纺锤形，前胸细瘦呈颈状，腹部末端有臀栉，腹足趾钩环式，2 序或 3 序；常吐丝缀数叶片作苞，在里面为害。重要的农业害虫有直纹稻苞虫、隐纹稻苞虫等。

（7）凤蝶科。大型美丽的蝶类。我国最大的凤蝶翅展达 150 mm 以上。翅有黑、绿、黄 3 种底色，缀以红、绿、蓝、黑色斑块或花纹，常有金属闪光。前翅经脉 5 条，臀脉 2 条。后翅臀脉 1 条，后翅基部上面有一钩状的肩横脉。幼虫肥大，前胸前缘有 Y 腺，受惊时翻出体外，很易识别；趾钩中列式，3 序或 2 序。常见害虫有柑橘凤蝶（见图 1—8）和玉带凤蝶等。

5. 半翅目

半翅目昆虫一般称为蝽象，简称“蝽”。多数种类体形宽而略呈扁平，椭圆形或长椭圆形，体壁坚硬。触角多为丝状，前胸背板及中胸小盾片发达。口器刺吸式，自头的前端伸出。前翅基部革质，端部膜质，称为半鞘翅，如图 1—9 所示。革质部分由爪片缝分为爪片和革片，有的在革片的外缘有狭的缘片及在端角区有小三角形的楔片；端部膜质部分称为膜片，其上有翅脉和翅室，如图 1—10a 所示。后翅膜质。翅不用时平置背面。有些种类无翅。跗节 1～3 节。腹部背面常可见到若虫腹臭腺孔的痕迹，如图 1—10b 所示。能散发出臭味。雌虫产卵器锥状、针状或片状，或长或短。

图 1—8　柑橘凤蝶

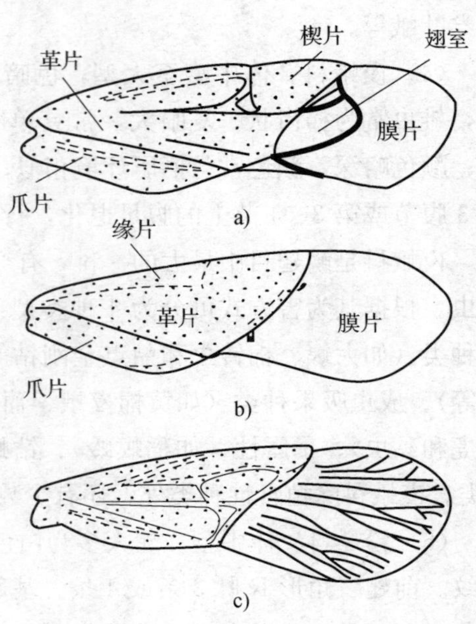

图 1—9　半翅目昆虫的半鞘翅

a）盲蝽科　b）花蝽科　c）缘蝽科

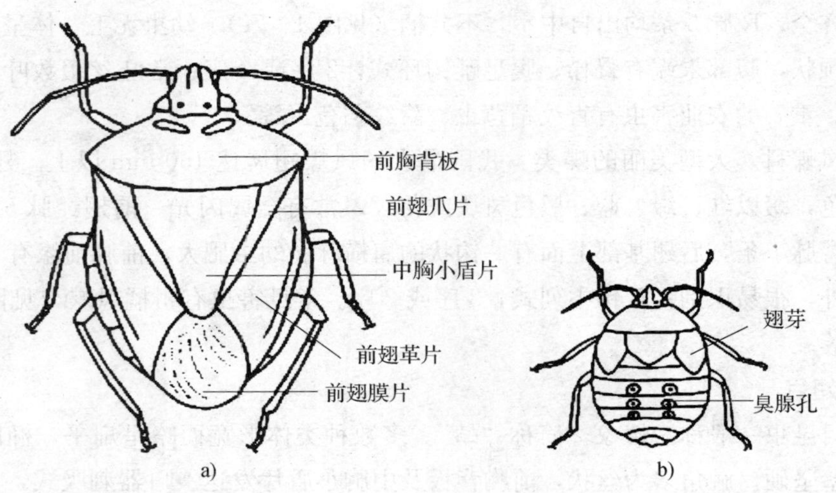

图 1—10　半翅目昆虫的身体构造

a）成虫　b）若虫

半翅目昆虫属渐变态昆虫。一年发生 1 代至数代，少数一年以上 1 代。大多数以成虫越冬，但盲蝽科以卵越冬。卵一般为聚产，陆栖有害种类多产于植物表面及茎秆的粗皮裂缝中，也有产于植物组织中；水栖类群则产卵于水草茎秆上或水面漂浮物体上。若虫多为 5 龄。生活环境有陆栖、半水栖和水栖。半翅目中有植食性的农业害虫，如荔蝽、绿盲蝽等；也有传播人畜疾病的吸血种类，如温带臭虫等。但是，也有对人类有益的种类，如捕食性的益蝽、猎蝽、姬蝽、花蝽等，是生物防治利用的对象；还有少数属于药用昆虫，如九香虫等。

6. 膜翅目

膜翅目包括蜂和蚁，是昆虫纲中较进化的目，包括各种蜂和蚂蚁。最微小的蜂体长 0.2 mm，粗大的熊蜂和细长的姬蜂，包括其长产卵管，体长达 75～115 mm。触角丝状、锤状或膝状等。口器咀嚼式或嚼吸式。翅呈膜质，前翅远较后翅为大，一般后翅有翅钩列。前翅常有一显著的翅痣，后胸常和第 1 腹节愈合，合并成并胸腹节，后者和第 2 腹节之间高度收缩，形成腹柄。常有发达的产卵器，能穿刺、钻孔和锯割，同时有产卵、刺螫、杀死、麻痹和保藏活的昆虫食物的功能。毒针是变形的产卵器，有毒囊分泌毒液（见图 1—11）。

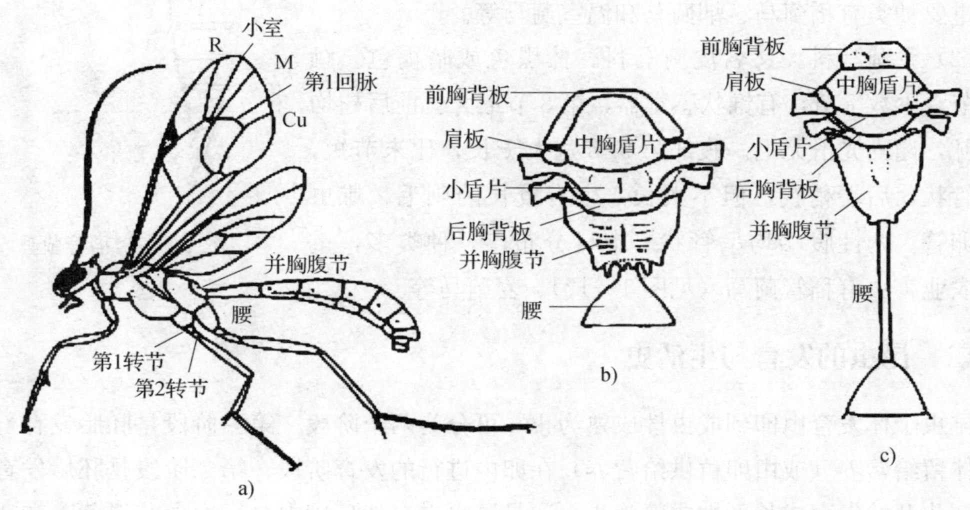

图 1—11　膜翅目体躯特征

a）单色姬蜂（雄）侧面　b）普通长脚胡蜂胸部背面，前胸背板与肩板接触

c）一种泥蜂的胸部，前胸背板与肩板不接触

膜翅目昆虫属全变态昆虫。食性很复杂，多数肉食性，如各种捕食性和寄生性的有益种类；少数种类植食性。寄生性是膜翅目昆虫的重要特性。有外寄生和内寄生之分，内寄

生约占80%。膜翅目昆虫的繁殖方式有有性生殖、孤雌生殖和多胚生殖。未受精卵通常发育成雄性。植食性和寄生性蜂类均有独栖习性，蚁和蜜蜂等有群栖习性，有多型现象，而且有职能分工，因而被称为“社会性昆虫”。

7. 缨翅目

缨翅目昆虫通称蓟马。体长0.5～7.0 mm，多数微小。头部下口式，口器锉吸式。触角6～9节，最前端1节称端突。缨翅，翅脉最多只有2条纵脉，不用时平放背上，长不及其腹端，能飞，但不常飞。跗节中垫呈泡状，本目因而又称为“泡足目”。爪1～2个。腹部末端呈圆锥状或细管状，有锯状产卵器或无产卵器。

缨翅目昆虫属过渐变态昆虫。多数种类植食性，是农业害虫，少数以捕食蚜虫、螨类和其他蓟马为生，是有益天敌。本目与农业生产有关的主要有以下2科：

（1）蓟马科。体略扁平。触角6～9节，第3和第4节上有叉状或简单感觉锥。前胸通常无明显纵缝。有翅或无翅。有翅种类翅前端尖狭，翅面上有微毛。产卵器锯状，侧面观尖端向腹方弯曲。为害多种植物的叶、果实、芽和花。重要种类有稻蓟马、烟蓟马和温室蓟马等。

（2）管蓟马科。又名皮蓟马科。体黑色或暗褐色。触角8节，少数7节，有锥状感觉器，第3节最大。前后翅均无翅脉，翅面光滑无毛。腹部第9节宽大于长，比末节短，末节管状，后端稍狭，但不太长，生有较长的刺毛，雌虫无产卵管。两性腹端均呈管状。本科分布广，种类多，重要的农业害虫有稻管蓟马（见图1—12）、麦蓟马等。

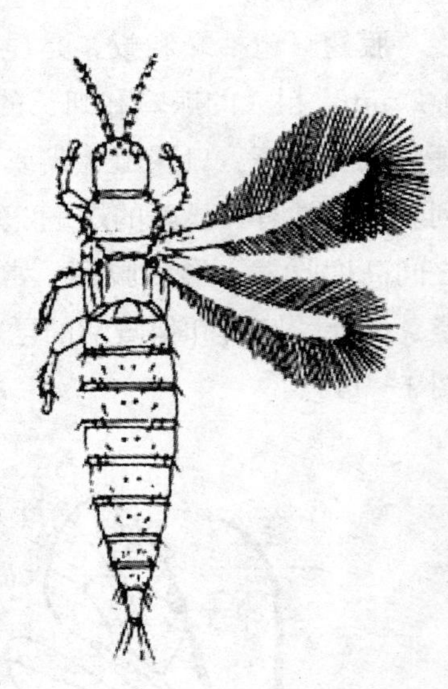

图1—12　稻管蓟马

二、昆虫的发育与生活史

昆虫个体发育由卵到成虫性成熟为止，可分为两个阶段。第一阶段是胚胎发育，即依靠母体留给营养（或由卵黄供给营养）在卵内进行的发育阶段；第二阶段是胚后发育，即从卵孵化开始发育成长到性成熟为止，这是昆虫在自然环境中自行取食获得营养和适应环境条件的独立生活阶段。

1. 昆虫变态

昆虫在从卵发育到成虫的过程中，要经过一系列外部形态和器官的阶段性变化，这种变化称为变态。按昆虫发育阶段的变化，变态主要有下列两类：

（1）不全变态。昆虫一生经过卵、若虫、成虫3个阶段，由于若虫除翅和生殖器官尚未发育完全外，其他在形态特征和生活习性等方面均与成虫基本相同，因此这样的不全变态又被称为渐变态。它们的幼期通称为若虫，如蝗虫、盲蝽、叶蝉、飞虱等。

（2）全变态。昆虫一生经过卵、幼虫、蛹、成虫 4 个阶段。幼虫在外部形态和生活习性上同成虫截然不同。幼虫不断生长经若干次蜕皮变为形态上完全不同的蛹，蛹再经过相当时期羽化为成虫。因此，这类变态必须经过蛹的过渡阶段来完成幼虫到成虫的转变过程，如三化螟、玉米螟等。

2. 昆虫个体发育

（1）卵期。卵是昆虫发育的第 1 个阶段（胚胎发育时期）。昆虫的生命活动是从卵开始的，卵自产下后到孵化出幼虫（若虫）所经过的时间称卵期。

各种昆虫卵的大小、形状各不相同，其产卵方式随种类而不同。有的单粒产卵（如菜粉蝶等），有的聚集成块（如玉米螟等），有的在卵块上还覆盖着一层茸毛（如毒蛾、灯蛾等），有的卵则具有卵囊或卵鞘（如蝗虫、螳螂等）。产卵场所亦因昆虫种类而异。多数将卵产在植物的表面（如三化螟、棉铃虫等），有的将卵产于植物组织内（如稻飞虱、稻叶蝉等）。金龟甲类等地下害虫则产卵于土中。成虫产卵部位往往与其幼虫（若虫）生活环境相近，一些捕食性昆虫，如捕食蚜虫的瓢虫、草蛉等常将卵产于蚜虫群落之中。

昆虫自卵中孵出后，进入幼虫（若虫）取食生长时期，也是大多数农林害虫为害的重要时期。所以灭卵是一项重要的预防措施，可以把害虫消灭在为害之前。而对多数天敌昆虫来说，幼虫（若虫）也是捕食或寄生于农林植物害虫的主要虫期。

（2）幼虫（若虫）期。不全变态类昆虫从卵孵化到变为成虫时所经过的时间，称为若虫期；全变态类昆虫自卵孵化到变为蛹时所经过的时间，称为幼虫期。幼虫期是昆虫一生中的主要取食为害时期，也是防治的关键阶段。

从卵孵出的幼体通常很小，取食生长后不断增大，当增大到一定程度时，由于坚韧的体壁限制了它的生长，就必须蜕去旧表皮，代之以新表皮，这种现象叫做蜕皮。昆虫在蜕皮前常不食不动，每蜕一次皮，虫体就显著增大，食量相应增加，形态也发生一些变化。幼虫（若虫）从孵化到第 1 次蜕皮及前后两次蜕皮之间所经历的时间，称为龄期。从卵孵化后至第 1 次蜕皮前称为第 1 龄期，这时的虫态即为 1 龄；第 1 次与第 2 次蜕皮之间的时期称为第 2 龄期，这时的虫态即为 2 龄，以此类推，这就是虫龄的含义。

昆虫蜕皮的次数和龄期长短，因种类及环境条件而不同。一般幼虫（若虫）蜕皮 4 或 5 次。在 2、3 龄前，活动范围小，取食很少，抗药能力很差；生长后期，则食量骤增，常暴食成灾，而且抗药力增强。所以，常选择在低龄阶段防治。

全变态昆虫的幼虫期随种类不同，其幼虫形态也各不相同。常见的主要有 3 种类型，即多足型（有 3 对胸足，2 对以上腹足，如蝶蛾类的幼虫）、寡足型（只有 3 对胸足，5 对腹足，如草蛉和多数甲虫的幼虫）、无足型（完全无足，如蝇类的幼虫）。

（3）蛹期。蛹是全变态昆虫由幼虫转变为成虫过程中所必须经过的一个虫期，是成虫的准备阶段。幼虫老熟以后，即停止取食，寻找适当场所，如瓢虫类附着在植物枝叶上，玉米螟在蛀道内，大豆食心虫入土吐丝作茧等，同时体躯逐渐缩短，活动减弱，进入化蛹前的准备阶段，称为预蛹（前蛹），所经历的时间即为预蛹期。预蛹期也是末龄幼虫化蛹前的静止期，预蛹蜕去皮变成蛹的过程称为化蛹。从化蛹期到变为成虫所经过的时间，称为蛹期。在此期间，蛹在外观上不吃不动，实际上内部正进行着幼虫器官解离和成虫器官形成的激烈生理变化，因此，这一时期其对不利环境因素的抵抗力很差。了解这一特性，可以采取相应措施来消灭害虫。如在二化螟的化蛹盛期，用深水灌溉就可使蛹窒息死亡。昆虫的蛹一般可分为离蛹、被蛹和围蛹。

（4）成虫期。成虫从羽化起直到死亡所经历的时间，称为成虫期。成虫是昆虫个体发育的最后阶段，其主要任务是交配、产卵，繁衍后代。因此，昆虫的成虫期实质上是生殖时期。

1）羽化。不全变态昆虫末龄若虫蜕皮变为成虫或全变态昆虫的蛹由蛹壳破裂变为成虫，都称为羽化。

2）性成熟和补充营养。某些昆虫在羽化后，性器官已经成熟，不需要取食就能交尾、产卵，这类昆虫的成虫期不为害作物，如三化螟、玉米螟等。大多数昆虫羽化为成虫时，性器官未完全成熟，需要继续取食，才能达到性成熟。这种对成虫性成熟不可缺少的营养，称为补充营养。这类昆虫的成虫阶段仍能为害农作物，如蝗虫。了解昆虫对补充营养的要求，可以作为害虫防治或预测害虫发生的重要依据。如用糖醋类发酵液诱杀黏虫、地老虎等。

3）交配和产卵。成虫性成熟后，即行交配和产卵。雌雄成虫从羽化到性成熟开始交配，所经时间称为交配前期。雌成虫从羽化到第 1 次产卵所经时间，称为产卵前期。产卵前期的长短，常因昆虫种类而异。在农作物害虫防治上，为把成虫防治在产卵以前，以及应用历期法进行发生期预测，了解害虫的产卵前期是必不可少的步骤。昆虫的产卵能力相当强，一般每头雌虫可产卵数十粒到数百粒，很多蛾类可产卵千粒以上。

4）性二型和多型现象。多数昆虫成虫的雌雄个体，在体形上比较相似，仅外生殖器等第一性征不同。但也有少数昆虫，其雌、雄个体除第一性征不同外，在体形、色泽以及生活行为等第二性征方面也存在差异，称为性二型。如独角犀的雄虫，头部具有雌虫没有的角状突起或特别发达的上颚。也有的昆虫在同一时期、同一性别中，存在着两种或两种以上的个体类型，称为多型现象。如飞虱有长翅型和短翅型个体，蚜虫有有翅型和无翅型个体等。

3. 昆虫的生活史

(1) 生活史概念。是指昆虫在一定阶段的发育史。生活史常以一年或一代时间为单位，昆虫在一年中的发育史称年生活史或生活年史，而昆虫在一个世代中的发育史称代生活史或生活代史。昆虫的生活史可用图或表格来表达。现介绍一种常用的表格形式，见表1—1。

表1—1　　昆虫生活史表格示意图（仿杜品等）

世代	月份								
	1～3	4	5	6	7	8	9	10	11
越冬代	(+++)	(+++)							
		+++	+						
第一代		··	···						
			———	—					
			△△	△△△					
				+++	++				
第二代				··	···				
				—	———	—			
					△△	△△△			
					+	+++	+++	++ (+)	(+++)

各虫态的表示方法有符号与字母两种。

卵常用符号“·”或字母E表示；

幼体常用符号“—”或字母L与N表示；

蛹常用符号“△”，或“⊙”，或“○”与字母P表示；

成虫常用符号“+”或字母A表示；

越冬虫态用括号“()”将代表符号或字母括起来。

(2) 昆虫生活史的多样性。昆虫生活史的多样性包括昆虫的化性、世代重叠、局部世代、世代交替和休眠与滞育。

1) 昆虫的化性。指昆虫，特别是具有滞育特性的昆虫在一年内发生的世代数。一年发生一代的称一化性，如大地老虎与大豆食心虫；一年发生2代的称二化性，如东亚飞蝗与二化螟；一年发生3代或以上的称多化性，如棉蚜；而两年才完成一代的称半化性，如大黑鳃金龟；两年以上才完成一代的称部化性，如华北蝼蛄和十七年蝉。

一化性昆虫，其年生活史与世代的含义相同；多化性昆虫，其年生活史就包括多个世代；部化性昆虫，其年生活史只包括部分虫态的生长发育过程。

昆虫的化性由种的遗传性和环境因素共同决定。多化性昆虫一年发生的世代数与环境因素特别是温度有很大关系，如亚洲玉米螟在黑龙江省一年发生 1 代，在山东省一年发生 2～3 代，在江西省一年发生 4 代，在广东和广西一年发生 5～6 代。

2）世代重叠。二化性和多化性昆虫常由于成虫发生期和产卵期长，或越冬虫态出蛰期不集中，造成前一世代与后一世代明显重叠的现象称世代重叠。如小菜蛾在杭州 9 月可有 8 个世代混合出现。在这种情况下，世代划分就很困难。

3）局部世代。同种昆虫在同一地区出现不同化性的现象称局部世代。如棉铃虫在河北和河南等地一年发生 4 代，以蛹越冬；但有部分第四代的蛹羽化为成虫并产卵发育为第五代幼虫，然而由于气温降低而死亡，形成不完整的第五代。

4）世代交替。一些多化性昆虫在年生活史中出现两性生殖世代与孤雌生殖世代交替的现象称世代交替或异态交替。这种现象在蚜虫、瘿蜂和瘿蚊中较常见，尤其是蚜虫常表现出多型和不同世代间生活习性的明显差异。

5）休眠与滞育。在昆虫生活史的某一阶段，当遇到不利环境条件时，生命活动会出现停滞现象以安全度过不利环境阶段，这一现象常与盛夏的高温干旱及隆冬的低温缺食相关，即所谓的越夏、夏眠和越冬、冬蛰。根据引起和解除滞育的条件，可将生命停滞现象分为休眠与滞育两类。

休眠又称蛰伏，是由不利环境条件直接引起的暂时性生长发育停滞的现象，当不利环境条件消除时能立即恢复生长发育。

引起休眠的主要因素是温度，如温带或寒带地区秋冬季节的气温下降、食物枯竭，或热带地区的高温干旱，都可以引起一些昆虫的休眠。有些昆虫需要在一定的虫态休眠，如东亚飞蝗都是以卵休眠的；有的则任何虫态都可休眠，如小地老虎在江淮流域以南以成虫、蛹和幼虫均可休眠。

滞育是昆虫在光周期和温度变化等外界因子的诱导下，通过体内生理变化过程控制的发育停滞现象。滞育是种的一种遗传性，也可以说是由环境条件引起的，但通常不是由不利环境条件直接引起的，滞育常出现于不利环境条件出现前，而且昆虫一旦进入滞育，即使给予最适宜的环境条件，也不会马上恢复生长发育。凡具有滞育特性的昆虫，都有固定的滞育虫态。

滞育一般可以分为专性滞育和兼性滞育两种类型。专性滞育又叫绝对滞育，是昆虫在同一世代的固定虫态出现滞育，这类滞育常为一化性昆虫所具有，如舞毒蛾在 6 月下旬至 7 月上旬产卵，此时尽管环境条件适宜，但不再进行生长发育，以卵越冬。兼性滞育是指昆虫在不同世代的固定虫态出现滞育的现象，这类滞育常为多化性昆虫所具有，如玉米螟在各地都以老熟幼虫越冬。引起昆虫滞育的外界因子主要有光周期、温度和食物，内在因子则是激素。外界因子中以光周期最稳定，是引起昆虫滞育的主要因子。在生态学中，将引起昆虫种群中50%的个体进入滞育的光周期定为临界光周期。不同种或同种不同地理种群的昆虫，其临界光周期不同，如亚洲玉米螟南京种群的临界光周期是13小时30分；三化螟南京种群为13小时45分，广州种群为12小时。

技能要求

体视显微镜的使用

操作准备

1. 清理操作台面。将工作台上垃圾杂物以及其他不需要的用品移走。保持操作台面清洁整齐。

2. 准备好工具和仪器。培养皿（含棉花）、过滤纸、毛笔、镊子、昆虫针、蜡盘、体视显微镜。观察对象为小型昆虫的，选用培养皿加棉花，观察对象为鳞翅目中型昆虫的，选用蜡盘。

3. 观察对象（稻飞虱、稻纵卷叶螟）准备。如为活体昆虫先用毒瓶杀死，确保虫体完整。

4. 将体视显微镜从柜中取出。取用（或放回）时，若需要连镜箱一起搬动，应将镜箱锁好，以免零件倾出而损坏。同时镜箱的钥匙必须拔除，避免不小心将钥匙碰断在锁孔里。取用体视显微镜时，必须用右手握持支柱，左手托住底座，小心平稳地取出或移动。

5. 体视显微镜的安放。将体视显微镜安放到操作台座位前正方略偏左位置。选择好目镜，安装好。取下镜管上的防尘罩，换上目镜，再将眼罩放在目镜的上端。将镜筒升高到一定位置。

操作步骤

以稻飞虱为例：

步骤1　观察对象的挑选

用镊子或毛笔挑选出形态完整的稻飞虱个体。挑选时，对个体较小的镊子不方便夹的，使用毛笔挑出。挑选的稻飞虱应特征明显，便于观察。

步骤2　观察对象的转移

用镊子或毛笔将挑选出的稻飞虱转移到观察用培养皿中央，如为干燥标本，加适量水湿润虫体。

步骤3　观察准备

将盛载需观察昆虫的培养皿放到载物盘上正中央位置。调节体视显微镜的物镜到最低倍，转动反光镜或打开光源调节光亮度。

步骤 4　观察调整

首先将物镜缓慢调到最低位置，注意不要碰到观察对象，避免物镜被污染。然后双眼从目镜观察，缓慢往上调节物镜直到观察到清晰的虫体。

步骤 5　视野调整

从目镜中观察到清晰的虫体后，双眼不离开目镜，用镊子或毛笔小心地将昆虫观察特征展现在上方，再将物镜微调直到最清晰。

步骤 6　清洁收镜

观察完毕后，将观察物体从体视显微镜载物盘移走，用专用抹布将载物盘擦拭干净后，将物镜调节到最低位置，将目镜取下放入镜盒中，按照取镜的方式将体视显微镜放回镜箱。

注意事项

1. 使用前必须检查是否缺少附件及镜体各部有无损坏，转动升降螺钉有无故障，若有问题及时报告。

2. 拧开锁紧螺钉，先把镜体上升到一定高度，然后锁紧镜体。

3. 观察时，先转动目镜管，使两个目镜间的宽度适合于两眼间的距离。然后转动升降螺钉，使无视觉圈的目镜成像清晰，同时转动视觉圈，使另一目镜的物像清晰。需要放大观察时，转动倍率盘。

4. 调节焦距时，转动升降螺钉应适度，不要用力过猛。

5. 目镜或物镜上有异物时，可用擦镜纸轻轻擦拭。

6. 用毕后，清理载物盘，松开锁紧螺钉，将镜体放下，并锁紧。用布把镜身擦干净，放入镜箱内。

第 2 节　农业植物病害基础理论

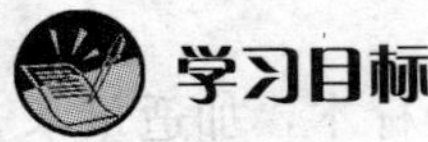

学习目标

了解植物病害的种类。

了解病原物的侵染途径和过程。

熟悉病原物侵染循环。

掌握病原物的越冬、越夏和传播途径。

掌握农业植物真菌病害、细菌病害、病毒病害、线虫病害的田间诊断方法。

能够区分农业植物非侵染性病害和侵染性病害。

能通过病原物的主要特征区别不同病害类别。

能够使用显微镜观察病原物。

能根据不同病原物的侵染特点，提出相应的防控措施。

知识要求

一、植物病害的种类

1. 真菌性病害

在植物传染性病害中，真菌性病害的种类最多，占全部植物病害的70%～80%，每一种作物都会受到几种，以至几十种真菌的侵害。真菌是一类不含叶绿素，没有根、茎、叶分化的真核生物。真菌典型的营养体是菌丝体，而它们的繁殖体是各种类型的孢子。

（1）主要症状。症状是植物发病后出现的反常现象，发病后外部显示的表现型。每一种病害都有它特有的症状表现，是描述、命名、诊断和识别病害的主要依据，包括病征和病状。病状是指发病植物本身所表现出来的反常现象；病征是指病原物在植物体上表现出来的特征性结构。

1）主要病状。

①萎蔫。萎蔫是植物的维管束病害，如茄果类蔬菜的枯萎病、黄萎病。两种病害的维管束、茎基部横切可见，变为深褐色。由细菌引起的青枯病有相似病状，但青枯病茎横切可见白色菌脓溢出，是其区别于黄萎和枯萎病的症状。

②腐烂。腐烂是植物组织大面积被分解和破坏。根、茎、花、果等均可发生腐烂，幼嫩和多肉的组织更容易发生。腐烂分软腐，如甘薯软腐病；湿腐，如黄瓜疫病。根据腐烂部位又可分为根腐，如菜豆等的根腐病；基腐，如番茄茎基腐病；果腐，如黄瓜灰霉病；花腐，如番茄花腐病等。

③坏死。在叶片上表现为叶斑和叶枯，叶斑因形状、颜色、大小不同可分为轮斑，即病斑上有清晰轮纹，如番茄早疫病、炭疽病等；叶斑的坏死组织可以脱落而形成穿孔，如炭疽病；病斑形成角斑，如黄瓜霜霉病，颜色以褐色为多，像茄子褐纹病、芹菜斑枯病等；幼苗沿地面茎坏死，缢缩成线状，迅速倒伏即蔬菜苗期猝倒病和立枯病。

2）主要病征。

①粒状物。在病部产生大小、形状、色泽、排列等各种不同的粒状物。有的粒状物

小，不易组织分离，包括分生孢子器等，如蚕豆褐斑病。有的粒状物较大，如蚕豆白粉病等。

②霉状物。霉是真菌病害常见的症状，可分为霜霉、黑霉、灰霉、青霉、绿霉等。如蔬菜的霜霉病、灰霉病、葱紫斑病、黑斑病等。

③绵状物。多呈棉絮状，如茄绵疫病、番茄疫病等。

④粉状物。分白粉、锈粉和黑粉。白粉，如黄瓜、番茄白粉病；锈粉，如菜豆锈病等；黑粉，如洋葱黑粉病等。

真菌性病害的类型、种类繁多，引起的病害症状也千变万化。但是，凡属真菌性病害，无论发生在什么部位，症状表现如何，在潮湿的条件下都有菌丝、孢子产生。

（2）病原生活史

1）营养体。除极少数真菌的营养体是单细胞外，大多都是纤细的管状物，叫菌丝。菌丝是由孢子萌发形成芽管，芽管不断生长伸长形成的。菌丝可以不断地分枝和向前生长，并互相交织在一起，形成菌丝体。菌丝有的有隔膜，叫有隔菌丝；有的没有隔膜，叫无隔菌丝。菌丝多数无色，少数呈褐色。

真菌的营养体在生长发育的不同阶段，或环境不适宜时，会发生形态上的变化，或者形成一定的组织体，这对真菌的繁殖、传播或度过不良环境有重要的意义。常见的形态有吸器、菌核、子座、根状菌索、假根。

①吸器：是由菌丝特化而成的，其作用是从寄主细胞内吸收营养物质。如小麦白粉病菌呈手指状的吸器。

②菌核：是由许多菌丝交织而成，颜色较深，质地较硬的休眠结构，如引起玉米纹枯病的菌核、引起苹果白绢病的菌核。菌核储有较多的养分，而且耐高温、低温和干燥。当条件适宜时，菌核可以萌发再产生菌丝体，或者从上面形成产生孢子的结构。

③子座：是由菌丝形成的一种垫状结构，少数是由菌丝和部分寄主组织结合而成。子座具有适应不良环境的作用，同时可以形成分生孢子。

④根状菌索：是由许多菌丝纠结而成的绳索状结构，外形与高等植物的根相似，菌索也有抵抗不良环境的作用。当条件适宜时，菌索恢复生长。

⑤假根：是由菌丝特化形成的根状结构，有固着菌体和吸收养分的作用。

2）繁殖体。真菌典型的繁殖方式是产生各种类型的孢子。由无性繁殖产生的孢子叫作无性孢子；由有性繁殖产生的孢子叫作有性孢子。在真菌中，无论是有性繁殖还是无性繁殖，产生孢子的机构都叫作子实体。如分生孢子器、分生孢子盘、子囊果等。

①无性孢子。无性孢子是从营养体上直接产生或者由菌丝分化形成的孢子梗和产孢细

胞产生的。常见的无性孢子见表1—3。

表1—3　　常见的无性孢子

名称	说明
厚垣孢子	厚垣孢子是由菌丝体或分生孢子的个别细胞膨大，细胞壁加厚、原生质浓缩形成的。如镰刀菌的厚垣孢子
孢囊孢子	孢囊孢子产生在孢子囊中，有细胞壁，没有鞭毛。孢子囊由菌丝分化成孢囊梗，孢囊梗顶端膨大形成。成熟后孢子囊破裂，散出孢囊孢子。如黑根霉等
游动孢子	游动孢子是在孢子囊内形成的孢子，没有细胞壁，有1～2根鞭毛。孢子囊产生在孢子囊梗上，成熟后脱落或不脱落。如瓜果腐霉病菌、辣椒疫霉病菌等
分生孢子	分生孢子是真菌中最常见的无性孢子，一般由菌丝分化形成分生孢子梗，分生孢子梗有的裸生，有的生长在一定结构的子实体里，如分生孢子器、分生孢子盘等。分生孢子在梗上顶生、侧生或串生，成熟后脱落。分生孢子的形态、大小、颜色、所含的细胞数目等各不相同

②有性孢子。有性孢子是由两个可交配的性细胞或性器官结合后产生的，它的形成可分为质配、核配和减数分裂3个阶段。真菌的性器官称为配子囊，性细胞称为配子。质配是指两个配子或配子囊配合，两者的细胞质和其中的细胞核结合在同一个细胞中。核配是指质配后成对的双核结合成一个二倍体的细胞核。减数分裂是两次连续的细胞核的相应的细胞分裂，形成4个细胞，每个细胞中的细胞核染色体数目减半，恢复单倍体。常见的有性孢子见表1—4。

表1—4　　常见的有性孢子

名称	说明
卵孢子	由异型配子囊交配形成的，是鞭毛菌中卵菌纲的有性孢子。雄器与藏卵器交配，在藏卵器中产生一个或几个卵孢子
接合孢子	由同型配子囊接合形成的，是接合菌的有性孢子
子囊孢子	由异型配子囊结合，是子囊菌的有性孢子。子囊孢子产生在子囊内，每个子囊内一般是8个子囊孢子。子囊裸生或聚生在子囊果中。子囊果有4种类型：一类，子囊壳，具有孔口；二类，闭囊壳，球形，没有孔口，闭囊壳有一个或多个子囊，闭囊壳上有各种形状的附属丝；三类，子囊腔，是子座组织溶解形成的空穴，子囊着生在这些空穴内；四类：子囊盘，是盘状或垫状的，子囊平行排列在子囊盘上
担孢子	着生在担子上的外生孢子，是担子菌的有性孢子

3）生活史。真菌的生活史是指真菌从一种孢子萌发开始，经过生长发育，最后产生同一种孢子为止的过程。

真菌典型的生活史包括无性和有性两个阶段。真菌孢子萌发长出芽管，芽管不断地伸长、分枝成为菌丝，菌丝生长到一定时期，从菌丝上分化出无性繁殖器官，产生无性孢子。到寄主作物生长后期，环境条件不再适于真菌生长时，真菌就形成有性生殖器官，产生有性孢子。如小麦白粉病菌，当小麦收获后，病害的分生孢子传到自生麦苗上，侵染自生麦，然后主要以菌丝状态在自生麦苗上越夏，到秋季再产生分生孢子侵染秋播小麦。如果夏季干旱，则产生闭囊壳越夏，秋季放出子囊孢子侵染秋播小麦。冬天，病菌以菌丝体在麦苗下部叶片上越冬，第二年春季产生分生孢子，成为春季的初次侵染的来源，随着小麦的生长白粉病菌不断产生分生孢子，重复再侵染，到抽穗期病势达到高峰。

各种真菌的生活史是不同的，有些真菌在它的生活史中没有或者目前还没有发现它的有性阶段。

4）主要类群。真菌种类很多，分布非常广泛。真菌属于菌物界、真菌门。根据 Ainswoth（安思沃斯）的分类系统，真菌门分为鞭毛菌亚门、接合菌亚门、子囊菌亚门、担子菌亚门和半知菌亚门。

①鞭毛菌亚门。鞭毛菌亚门的真菌营养体为无隔菌丝体，无性繁殖时形成孢子囊，有性生殖产生卵孢子。孢子和配子或其中一种是可以游动的。为害植物的鞭毛菌见表 1—5。

表 1—5　　为害植物的鞭毛菌

名称	说明
根肿菌属	白菜根肿病是由根肿菌属的病菌引起的，在病组织内呈鱼卵状排列的是病菌的休眠孢子囊
腐霉属	真菌的菌丝体呈棉絮状，孢子囊在菌丝顶端形成，孢子囊球形、柠檬形或姜瓣形，孢子囊萌发形成游动孢子。有性生殖在藏卵器内形成一个卵孢子。如引起黄瓜、茄子等绵腐病的病菌，以及幼苗猝倒病的病菌，都属于腐霉属真菌
疫霉属	真菌的孢子囊梗与菌丝有明显的区别，孢子囊柠檬形或卵圆形，顶端有乳状突起，成熟后脱落。如引起番茄晚疫病、马铃薯晚疫病、辣椒疫病等的病菌
霜霉菌	霜霉菌是鞭毛菌亚门中的高等菌类，都是专性寄生菌。无性繁殖产生孢子囊，孢子囊梗有限生长，有分枝，自气孔伸出。孢子囊成熟后脱落，随风传播，习性很像分生孢子。有性生殖在藏卵器内形成一个卵孢子。由霜霉菌引起的病害一般称霜霉病，如甘蓝霜霉病、黄瓜霜霉病、莴苣霜霉病、葡萄霜霉病等

②接合菌亚门。接合菌亚门真菌的营养体是无隔菌丝体。无性繁殖形成孢子囊和孢囊孢子，有性生殖产生接合孢子。本亚门真菌全部陆生，多数为腐生菌，仅小部分是植物上的弱寄生菌，可引起花腐病及储藏器官软腐病，如甘薯软腐病。甘薯软腐病菌的菌丝体，当生长到一定时间后，分化出匍匐丝以及假根，与假根对生的是孢囊梗，在孢囊梗顶端的黑色小粒点是孢子囊，孢子囊壁易破裂，从里面散出大量的圆形、单胞的孢囊孢子。

③子囊菌亚门。子囊菌亚门的真菌除酵母菌外，营养体都是有隔菌丝。无性繁殖产生分生孢子，有性繁殖产生子囊孢子。常见的为害植物的子囊菌见表1—6。

表1—6　　常见的为害植物的子囊菌

名称	说明
外囊菌目	子囊散生，平行排列在寄主表面，不形成子囊果。子囊孢子可以芽殖方式产生芽孢子。为害植物造成叶肿、畸形等症状，如桃缩叶病等
白粉菌目	一类专性寄生菌，菌丝体大都着生在植物表面，以吸器伸入寄主表皮细胞。子囊果为闭囊壳，闭囊壳里有一个或多个子囊，在闭囊壳表面有各种形状的附属丝。在病株表面散生的白粉状物是白粉菌的菌丝体和分生孢子，小黑点则是闭囊壳，如苹果白粉病、小麦白粉病、瓜类白粉病、葡萄白粉病等
球壳菌目	子囊果为子囊壳，子囊单层壁，顶壁较厚，有侧丝。无性繁殖很发达，其中许多种类的分生孢子还着生在各种子实体上，如分生孢子盘、分生孢子器。引起的植物病害有苹果树腐烂病、小麦全蚀病、苹果炭疽病、棉花炭疽病、西瓜炭疽病、茄子褐纹病和甘薯黑斑病等
格孢腔菌目	子囊座内为单个子囊腔，子囊之间有假侧丝；子囊长圆柱形；子囊孢子多格或砖格，也有单胞或双胞。黑星菌属的假囊壳大多在病残余组织的表皮层下形成，周围有黑色、多格的刚毛；长圆形的子囊平行排列，成熟时伸长；子囊孢子椭圆形，双细胞大小不等。由黑星菌属真菌引起的病害有梨黑星病、黄瓜黑星病等

④担子菌亚门。担子菌亚门真菌的营养体为有隔菌丝体，有性生殖产生担子和担孢子。高等的担子菌可以产生大型的子实体，称为担子果，例如蘑菇、木耳、茯苓、灵芝等都是这类真菌的担子果。侵害植物的病原菌多为低等的担子菌，常见的如冬孢菌纲中的锈菌目、黑粉菌目真菌，它们引起的植物病害称为锈病、黑粉病。

a. 锈菌目。锈菌目的真菌简称锈菌。锈菌的生活史在真菌中是最复杂的，具有多型性，单主寄生或转主寄生。在其生活史中，最多可以产生5种类型的孢子，它们是性孢子、锈孢子、夏孢子、冬孢子和担孢子。如梨锈病、小麦锈病等。

性孢子器是由担孢子萌发形成的单核菌丝体侵染寄主形成的。性孢子器中有性孢子和授精丝。锈孢子器和锈孢子是由性孢子器中的性孢子与授精丝交配后形成的双核菌丝体产生的，锈孢子双核，因此，锈孢子器和锈孢子一般是与性孢子器和性孢子伴随产生。夏孢子是双核菌丝体产生的成堆的双核孢子，在生长季节中可连续产生多次，作用与分生孢子相似，但分生孢子是由单倍体菌丝产生。冬孢子也是双核的菌丝产生的双核孢子，一般是在生长的后期形成的休眠孢子。担子和担孢子是冬孢子萌发形成先菌丝，它的小梗上产生担孢子。冬孢子是原担子，先菌丝是后担子。锈菌的担孢子一般也叫做小孢子，是经过减数分裂后形成的单核孢子。

b. 黑粉菌目。黑粉菌目的真菌简称黑粉菌。黑粉菌全部是植物的寄生菌，主要为害禾本科植物，在寄主上形成冬孢子堆，表现黑粉状的病征，因而称黑粉病。黑粉菌的冬孢子又叫厚垣孢子，它是由双核菌丝内膜壁加厚而成的，萌发产生担子和担孢子。常见的黑粉菌引起的病害有小麦散黑穗病、小麦秆黑粉病、玉米瘤黑粉病等。

⑤半知菌亚门。半知菌亚门真菌是指那些在生活史中没有发现或根本就没有有性阶段的真菌。

半知菌的营养体是发达的有隔菌丝体，无性繁殖产生分生孢子，分生孢子着生在分生孢子梗上，分生孢子梗单生或丛生，有的聚生在分生孢子盘上或分生孢子器内。有些种类的半知菌不产生分生孢子。半知菌引起的一些常见病害属于丛梗孢目、黑盘孢目、球壳孢目和无孢目。

a. 丛梗孢目。丛梗孢目真菌的分生孢子梗散生或丛生，形成束丝或分生孢子座。柑橘青霉病、桃疮痂病、玉米大斑病、花生褐斑病、稻瘟病、棉花黄萎病、番茄灰霉病等都是由丛梗孢目的真菌引起的病害。

b. 黑盘孢目。黑盘孢目真菌的分生孢子梗产生在分生孢子盘上。有的分生孢子盘四周或分生孢子梗之间具有黑色的刚毛。黑盘孢目真菌引起的病害有辣椒炭疽病、苹果褐斑病、苹果炭疽病等。

c. 球壳孢目。球壳孢目真菌的分生孢子梗和分生孢子着生在分生孢子器内，引起的病害有梨干腐病、苹果树腐烂病、苹果及梨轮纹病、番茄斑枯病、芹菜斑枯病、茄子褐纹病等。

d. 无孢目。无孢目真菌不产生分生孢子。菌丝体可以形成菌核。它引起的病害，最常见的是棉花立枯病。另外，韭菜白绢病、小麦纹枯病、小麦根腐病、花生白绢病等也是由无孢目真菌引起的。

（3）真菌性病害的诊断。对已发病的植物进行诊断，判断其是否为真菌性病害，首先观察其是否具有真菌性病害的主要病状：①坏死型：有猝倒、立枯、疮痂、溃疡、穿孔和叶斑病等。②腐烂型：有苗腐、根腐、茎腐、秆腐、花腐和果腐病等。③畸形型：有癌肿、根肿、缩叶病等。④萎蔫型：有枯萎和黄萎病等。其次，观察其病害在发病部位是否具有真菌性病害的霉状物、粉状物、锈状物、丝状物、黑色小粒状物等病征，如霜霉、白锈、白粉、煤污、白绢、菌核、黑粉和锈粉等。

若以上症状均具备，则可诊断为真菌病害。对病部不容易产生病征的真菌性病害，可以采用保湿培养，以缩短诊断过程。即取下植物的受病部位，如叶片、茎秆、果实等，用清水洗净，置于保湿器皿内，在 20～23℃时培养 1～2 天，往往可以促使真菌孢子的产生，然后再作出鉴定。对还不能确诊的病害，可进行室内镜检，对照病原物确定病害的种类。

2. 细菌性病害

引起细菌性病害的细菌主要类群有棒状杆菌属、假单胞杆菌属、野单胞杆菌属、黄单胞杆菌属、欧文杆菌属 5 个属。革兰氏染色除棒状杆菌属呈阳性外其他 4 菌属都是阴性。

细菌病害主要特点是非专性寄生菌，与寄主细胞接触后通常是先将细胞或组织致死，然后再从坏死的细胞或组织中吸取养分，因此导致的症状是组织坏死、腐烂和枯萎，少数能引起肿瘤，这是分泌激素所致。初期受害组织表面常为水渍或油渍状、半透明，潮湿条件下有的病部有黄褐色或乳白色胶黏、似水珠状的菌脓；腐烂型往往有臭味。这是细菌病害的重要标志。

细菌与真菌的区别主要在于真菌受病植物一般症状有霉状物、粉状物、锈状物、丝状物及黑色小粒点，而细菌则无，这是田间诊断的重要依据。由细菌引起的病害种类、受害植物种类及危害程度仅次于真菌性病害，而且近年来有上升趋势。

（1）主要症状

1）斑点。植物由假单胞杆菌侵染引起的病害中，有相当数量呈斑点状。通常发生在叶片和嫩枝上，叶片上的病斑常以叶脉为界线形成角形病斑，细菌为害植物的薄壁细胞，引起局部急性坏死。细菌病斑初为水渍状，在扩大到一定程度时，中部组织坏死呈褐色至黑色，周围常出现不同程度的半透明的褪色圈，称为晕环。如水稻细菌性褐斑病、黄瓜细菌性角斑病、棉花细菌性角斑病等。

2）叶枯。多数由黄单胞杆菌侵染引起，植物受侵染后最终导致叶片枯萎。如水稻白叶枯病、黄瓜细菌性叶枯病、魔芋细菌性叶枯病等。

3）枯萎。大多是由棒状杆菌属引起的，在木本植物上则以青枯病假单胞杆菌为最常见，一般由假单胞杆菌侵染植物维管束，阻塞输导通路，引起植物茎、叶枯萎或整株枯萎，受害的维管束组织变褐色，在潮湿的条件下，受害茎的断面有细菌黏液溢出。如番茄青枯病、马铃薯青枯病、草莓青枯病等。

4）溃疡。一般由黄单胞杆菌侵染植物所致，后期病斑木栓化，边缘隆起，中心凹陷呈溃疡状。如柑橘溃疡病、菜用大豆细菌性斑疹病、番茄果实细菌性斑疹病等。

5）腐烂。多数由欧文氏杆菌侵染植物后引起腐烂。植物多汁的组织受细胞侵染后通常表现腐烂症状，细菌产生果胶酶，分解细胞的中胶层，使组织解体，流出汁液并有臭味。如白菜细菌性软腐病、茄科及葫芦科作物的细菌性软腐病，以及水稻基腐病等。

6）畸形。由癌肿野单胞杆菌的细菌可以引起植物的根、根颈或侧根以及枝秆上的组织过度生长，形成畸形，呈瘤肿状或使须根丛生。假单胞杆菌也可能引起肿瘤，如菊花根癌病等。

（2）主要病征

细菌性病害与其他病害的区别，一是植株病变部位无明显附属物（如菌丝、霉、毛、粉等）；二是发病后期病变部位往往有菌脓出现，而真菌病害则有霉状物（如菌丝、孢子等）。

1）菌脓。

斑点型和叶枯型细菌性病害的发病部位，先出现局部水渍状半透明病斑，在气候潮湿时，从叶片的气孔、水孔、皮孔及伤口上有大量的细菌溢出黏物——菌脓。

青枯型和叶枯型细菌病害的确诊依据，用刀切断病茎，观察茎部断面维管束有否变化，并用手挤压，即在导管上流出乳白色黏稠液——菌脓。

2）臭气。

腐烂型细菌病害的共同特点是，病部软腐、黏滑，无残留纤维，并有硫化氢的臭气。而真菌引起的腐烂则有纤维残体，无臭气。如鉴别白菜软腐病和菌核病常用此法。

3）菌溢。

细菌病害，除少数（如苹果根癌病）外，绝大多数能在受害部位的维管束或薄壁细胞组织中产生大量的细菌，并且吸水后形成菌溢，因此，镜检病组织中有无细菌的大量存在（菌溢的出现）是诊断细菌病害简单易行的方法。遇到细菌病害发生初期，还未出现典型的症状时，需要在低倍显微镜下进行检查。其方法是，切取小块新鲜病组织于载玻片上，滴点水，盖上玻片，轻压，即能看到大量的细菌从植物组织中涌出云雾状菌泉。早期确诊水稻白叶枯病常采用此法。

（3）发病条件。细菌性病害是由细菌病菌侵染所致的病害，如软腐病、溃疡病、青枯病等。侵害植物的细菌都是杆状菌，大多数具有一至数根鞭毛，可通过自然孔口（气孔、皮孔、水孔等）和伤口侵入，侵入后，通常先将寄主细胞或组织杀死，再从死亡的细胞或组织中吸取养分，以进一步扩展。在田间，病原细菌借流水、雨水、昆虫等传播。由于暴风雨能大量增加寄主伤口，有利于细菌侵入，促进病害的传播，创造有利于病害发展的环境，常是细菌病害流行的一个重要条件。病原细菌在病残体、种子、土壤中过冬，在高温、高湿条件下容易发病。

（4）细菌性病害的诊断。细菌性病害的田间症状是坏死、萎蔫、腐烂和畸形等不同病状，其共同特点是在植物受病部位能产生大量的细菌，以致当气候潮湿时从病部气孔、水孔、伤口等处有大量黏稠状物——菌脓溢出。腐烂型病害有臭气。此外，鉴定植物细菌性病害，可通过实验室进行一系列分离、培养和接种试验，确定某种细菌致病。

3. 病毒病害

病毒病害是由植物病毒寄生引起的病害。植物病毒必须在寄主细胞内寄生生活，专化性强，某一种病毒只能侵染某一种或某些植物。但也有少数为害广泛，如烟草花叶病毒和黄瓜花叶病毒。一般植物病毒只有在寄主活体内才具有活性；仅少数植物病毒可在病株残体中保持活性几天、几个月，甚至几年；也有少数植物病毒可在昆虫活体内存活或增殖。植物病毒在寄主细胞中进行核酸（RNA 或 DNA）和蛋白质外壳的复制，组成新的病毒粒体。植物病毒粒体或病毒核酸在植物细胞间转移速度很慢，而在维管束中则可随植物的营养流动方向迅速转移，使植物周身发病。

（1）主要症状

1）变色。由于营养物质被病毒利用，或病毒造成维管束坏死阻碍了营养物质的运输，叶片的叶绿素形成受阻或积聚，从而产生花叶、斑点、环斑、脉带和黄化等。花朵的花青素也可因而改变，使花色变成绿色或杂色等，常见的症状为深绿与浅绿相间的花叶症，如烟草花叶病等。

2）坏死。由于植物对病毒的过敏性反应等可导致细胞或组织死亡，变成枯黄至褐色，有时出现凹陷。在叶片上常呈现坏死斑、坏死环和脉坏死，在茎、果实和根的表面常出现坏死条等。

3）畸形。由于植物正常的新陈代谢受干扰，体内生长素和其他激素的生成和植株正常的生长发育发生变化，可导致器官变形，如茎间缩短，植株矮化，生长点异常分化形成丛枝或丛簇，叶片的局部细胞变形出现疱斑、卷曲、蕨叶及带化等。

（2）传播、发生与防治

1）传播。植物病毒除借带毒的繁殖材料如接穗、鳞茎、块根、块茎等传播外，主要是通过昆虫以及螨类、土壤中的真菌、线虫等媒介体，此种传播方式称介体传播。此外，花粉与种子可传播瓜类及豆类植物的病毒，嫁接可传播果树病毒等，此种传播方式则称非介体传播。在自然界某种植物病毒通过一种或多种方式传播，因植物病毒的种类不同而异。传毒昆虫以具刺吸式口器者为主，如蚜虫、叶蝉、飞虱、白粉虱等；仅少数具有咀嚼式口器。它们在为害植物的同时将病毒从病株传到健株上。

蚜虫是植物病毒的主要传播者之一。有的种类只传播一种病毒，也有的可传播多种病毒；还有某些病毒由多种蚜虫传播。蚜虫传毒特性根据其保持传毒时间长短可分为以下三类：

①非持久性传毒。获毒时所需的饲毒时间很短，蚜虫获毒后即能传毒，不需要经过潜育期，但不能持久（一般为 4 h 以内）。这类病毒一般均能以汁液传播，并引起花叶型症状，如黄瓜花叶病毒等。

②半持久性传毒。需要较长的饲毒时间方能获毒，随着饲毒时间的延长其传毒能力可提高。获毒的蚜虫不需要经过潜育期，但能保持较长时间（10～100 h）的传毒能力。如甜菜黄化病毒等。

③持久性传毒。某些性状与半持久性相似，但获毒和传毒的时间更长，并需要经过一定时间的潜育期，其保持传毒的时间在 100 h 以上。通常可终生传毒，有的甚至还可经卵传播，如大麦黄矮病毒等。后两类病毒多半引起黄化和卷叶症状，一般不能经由汁液传播。

2）发生与防治。植物病毒病的发生与寄主植物、病毒、传毒介体、外界环境条件，以及人为因素密切相关。当田间有大面积的感病植物存在，毒源、介体多，外界环境有利于病毒的侵染和增殖，又利于传毒介体的繁殖与迁飞时，植物病毒病害就会流行。

除少数植物繁殖材料如接穗、鳞茎等可利用脱毒技术获得无毒繁殖材料，或通过药液热处理进行灭毒外，尚无理想的治疗方法。宜以预防为主，综合防治，一方面消灭侵染来源和传播介体；另一方面采取农业技术措施，包括增强植物抗病力、培育和推广抗病或耐病品种等。

（3）病毒病害的诊断。植物病毒病害没有病征，常具有花叶、黄化、条纹、坏死斑纹和环斑、畸形等特异性病状，田间比较容易识别。但有时常与一些非侵染性病害相混淆，因此，诊断时应注意病害在田间的分布，发病与地势、土壤、施肥等的关系，发病与传毒昆虫的关系，症状特征及其变化、是否有由点到面的传染现象等。

当不能确诊时，要进行传染性试验。如对一种病毒病的自然传染方式不清楚时，可采用汁液摩擦方法进行接种试验。如果不成功，可再用嫁接的方法来证明其传染性，注意嫁接必须以病株为接穗、而以健株为砧木，嫁接后观察症状是否扩展到健康砧木的其他部位。

4. 线虫病害

线虫又称蠕虫，是一类较低等的动物，它们在自然界分布很广，种类繁多。在淡水、海水、池沼、沙漠和各种土壤中都有存在，而其中最大量的是存活于土壤和水中；也有不少类群寄生在动物上，如常见的蛔虫、钩虫等，对人畜的健康带来很大的危害；还有一些类群寄生在植物上，引起植物发生病害，这些寄生在植物上的线虫就称为植物寄生线虫。植物寄生线虫是植物侵染性的病原之一，它们广泛寄生在各种植物的根、茎、叶、花、芽和种实上，使植物发生各种线虫病。

受害植物可因侵入线虫吸收体内营养而影响正常的生长发育；线虫代谢过程中的分泌物还会刺激寄主植物的细胞和组织，导致植株畸形，使农产品减产和质量下降。最常见的有根结线虫、孢囊线虫、肾状线虫等，它们都是最重要的病原线虫。中国较为严重的植物线虫病有花生等多种作物的根结线虫病、大豆孢囊线虫病、小麦粒线虫病、甘薯茎线虫病、水稻干尖线虫病、松材线虫病、柑橘半穿刺线虫病等。

（1）主要症状。症状因线虫的种类、为害部位及寄主植物的不同而异。大多数植物线虫为害植物的地下部分，如根、块茎等，如马铃薯根腐病就是由于马铃薯茎线虫取食根部造成伤口，并使地上部分表现叶片发黄、植株矮小、营养不良。

1）根部症状。

①结瘤。入侵线虫周围的植物细胞由于受到线虫分泌物的刺激而膨大、增生，形成结瘤。通常由根结线虫、鞘线虫和剑线虫引起。远距离传播则主要靠携带线虫的种苗和其他种植材料的调运。

②坏死。植物被害部分酚类化合物增加，细胞坏死并变成棕色，可由短体线虫引起。

③根短粗。借助于水的流动，线虫在根尖取食，根的生长点遭到破坏，致使根不能延长生长而变短粗。常由毛刺线虫、根结线虫和剑线虫引起。

④丛生。由于线虫分泌物的刺激，根过度生长，须根呈乱发丛状丛生。世代长短因种类不同而有很大差别，根结线虫、短体线虫、孢囊线虫、长针线虫及毛刺线虫均可引起这种症状。

2）地上部分症状。

①叶片。叶片可扭曲畸形、坏死或变色，或局部形成斑点，如小麦粒线虫病，水稻干尖线虫病、菊花叶线虫病等。

②茎。茎可肿胀、扭曲、腐烂。如洋葱鳞茎腐烂是由茎线虫为害所引起的。

③花。花序变短，或不孕，或变成虫瘿状。如水稻干尖线虫病、小麦粒线虫病等。

④整株死亡。如松材线虫萎蔫病，由于受线虫为害，松树树脂道被堵塞，水分正常输送受到破坏，造成上部叶变红黄色，后变褐色，最后整株松树萎蔫枯死。

（2）病原生活史。植物线虫由于形态不同，分为两大类，一类是雌雄同形，绝大多数属于此类；另一类是雌雄异形，少数属于此类，但都是重要线虫病原。这两类生活史有所不同。

雌雄同形的植物寄生线虫，即雌雄虫均呈线状，细长透明，虫体很小。一般体长仅 1 mm，体宽 0.05 mm 左右，多呈线形，无色或乳白色，不分节，假体腔，左右对称。其口腔壁加厚形成吻针的特征，是大多数植物寄生线虫与其他线虫的重要区别之一，要借助体视显微镜才能看清。这类线虫的种类和数量都很多，分布又广泛，凡是有土壤和水的地方都有可能存在。还有少数雌雄不同形状的植物线虫，雌虫呈梨形、球形或囊状，而雄虫仍呈线状。

由于线虫是一种低等动物，虽然个体细小，但肝胆俱全。所以，线虫虫体内部构造既简单又全面，它有发达的消化系统和生殖系统，这样才能从植物体内吸取它所需要的营养，以使自己顺利生长发育和繁衍大量后代，才能生存于自然界中。但其神经系统和排泄系统很简单，一般要在高倍显微镜下才能看清楚这些内部结构。

一般植物寄生线虫的生活史都比较简单，从卵发育成幼虫，经 4 次蜕皮，最后变成成虫。大多数线虫生活周期为 3～4 周。现以根结线虫为例阐述：根结线虫产卵后，卵在卵壳内发育成 1 龄幼虫，并在卵壳内蜕皮一次，孵化后为 2 龄幼虫；2 龄幼虫栖息在土壤内，伺机侵染植物，通常从根尖侵入根内，并在根内定居和生长，再经两次蜕皮变成 4 龄幼虫，在第四次蜕皮前，雄幼虫变为细长形，雌幼虫膨大为长梨形；最后一次蜕皮后，分别成为雌、雄成虫。雄虫离开根在土壤中活动，雌虫留在根内，可以不经交配而产卵，卵产在胶质的卵囊内。完成上述生活周期需一月左右。因此在温暖的环境条件下，每年可完成 5～10 世代。

（3）线虫的传播：线虫靠自行迁移而传播的能力很有限，一年内最大的移动范围为 1 m 左右。因此，线虫远距离的移动和传播，通常是借助于流水、风、病土搬迁和农机具沾带病残体和病土、带病的种子、苗木、薯块和其他营养材料，以及人的各项活动。所以，使用种子、苗木时应检查是否带有线虫，千万不要人为地将病原线虫带到无线虫的地块里。

（4）线虫病害的诊断。植物寄生线虫一般寄生在植物根部，也有些线虫种类寄生在植物的茎、叶、种子上。对有病植株进行检查，并对根际土壤进行分离。如根上发现有不正常的根瘤，或在根上看见线虫孢囊，则可以认为是根结线虫或孢囊线虫所致的病害。如无根结之类症状，则可将叶斑或烂根部分直接在镜下检查，看到了大量的同类寄生线虫，或分离土壤也得到了大量线虫，并结合地上部症状特点，可以初步认为是线虫病害。因为线虫病害，除了根结线虫病有明显的症状特征外，其他类型线虫病均无特异症状。同时，由于大部分线虫都是为害根部，地上部往往表现生长势弱，叶发黄，根系弱小或腐烂，这些有时和其他病原或不良因素引起的症状就难以区别。因此，还必须经过分离得到较多的线虫，才可能初步诊断是由线虫为害所引发的病害。准确诊断还需要进行接种试验，得到相同的症状，才能确定线虫是其真正的病原。

（5）线虫病害的防治。线虫病害的防治方法主要有：利用线虫病被动传播为主的特点严格执行检疫措施；利用植物线虫在不适宜的寄主上难以繁殖的特点，选用抗病、耐病品种；利用大多数植物线虫有在土壤中的生活史的特点，用化学药剂处理土壤；进行种子汰选和种苗的热处理；通过轮作、秋季休闲、翻耕晒土、田间卫生等耕作措施破坏植物线虫存活的适宜条件，以及利用天敌控制等。

二、植物病害的发生与发展

1. 病原物的侵染过程

病原物的侵染过程是指从病原物与寄主接触、侵入到寄主发病的过程，简称病程。可分为接触期、侵入期、潜育期和发病期 4 个时期。

(1) 接触期。指病原物从休眠状态转变为活跃的侵染状态，或者从休眠场所向寄主生长的场所移动以准备侵染寄主，是在侵入寄主之前与寄主植物的可侵染部位的初次直接接触。对寄主植物来说，就是进入敏感状态，如种子萌芽长出幼苗等。当环境条件满足寄主的生长，又适合病原物的侵染时，只要病原物接触到寄主就能侵入。

(2) 侵入期。指从病原物侵入寄主到与寄主建立寄生关系为止的一个阶段。病原物有各种不同的侵入途径：角质层或表皮的直接穿透侵入、自然孔口（气孔、水孔、皮孔）的侵入、自然或人为造成的伤口侵入。

病原物侵入以后，必须与寄主建立寄生关系，才有可能进一步发展引起病害。外界环境条件、寄主植物的抗病性，以及病原物侵入量的多少和致病力的强弱等因素，都可能影响病原物的侵入和与寄主关系的建立。

(3) 潜育期。指从病原物与寄主建立寄生关系到寄主植物表现明显症状的一个阶段为止。

在潜育期内，病原真菌和线虫要从寄主获得更多的营养物质供其生长发育，病原细菌和病毒则必须繁殖或复制更多的群体，病原物在寄生繁殖的同时也逐渐发挥其致病作用，使寄主的生理代谢功能发生改变。

对寄主来说，要尽量限制病原物的寄生与掠夺，尽量抵抗或破坏病原物的毒害作用，实际上潜育期内充满了病原物的侵略与掠夺和破坏作用，以及寄主植物的种种抑制与反抗作用，充满了病原物与寄主的斗争过程。潜育期的长短取决于病原物与寄主相互斗争的结果，寄主抗性强，病原物致病力弱的潜育期长，病原物致病力强的潜育期就短。

一般病害的潜育期是比较固定的。有的较短，有的较长。它受寄主抗性强弱、环境条件的适合与否以及病菌致病力强弱的影响。影响潜育期长短的环境因素主要是温度。如大斑病为 7 天，黑粉病为一年，果树病害为 3～5 年。

(4) 发病期。寄主出现症状就表示潜育期的结束。症状出现以后，病害还在不断发展，如病斑不断扩大，侵染点数不断增加，病部产生更多的子实体等。发病期是指出现症状一直到生长期结束甚至植株死亡为止的整个阶段。

大多数真菌病害在发病期内还包括有产孢繁殖和子实体的进一步传播等行为。发病期内病害的轻重以及造成的损失大小，不仅与寄主抗性、病原物的致病力和环境条件适合程度有关，而且与人们采取的防治措施有关。

2. 病原物的侵染途径

各种病原物的侵入途径和方式有所不同，真菌大都是以孢子萌发形成的芽管或者以菌丝从自然孔口或伤口侵入，有的真菌还能从角质层或者表皮直接侵入，高等担子菌还能以侵入能力很强的根状菌索侵入。植物病原细菌主要是通过自然孔口和伤口侵入，有的只能从伤口侵入，但也有一些特殊的事例，如豆科植物的根瘤细菌可以侵入表面没有角质化的根毛细胞，而一般植物病原细菌是不能从角质层或表皮细胞直接侵入的。植物病毒主要从各种方式造成的微伤口侵入。虫媒传染的病毒是通过虫媒口器取食时侵入寄主植物。汁液和嫁接传染的病毒通过其他媒介造成的伤口侵入寄主植物。

真菌直接侵入的典型过程如下：落在植物表面的真菌孢子，在适宜的条件下萌发产生芽管，芽管的顶端可以膨大而形成附着胞，附着胞以它分泌的黏液将芽管固定在植物的表面，然后从附着胞上产生较细的侵染丝。直接侵入的真菌就是以侵染丝穿过植物的角质层。有的真菌穿过角质层后就在角质层下扩展，有的穿过角质层后，随即穿过细胞壁进入细胞内；也有的真菌穿过角质层后先在细胞间扩展，然后再穿过细胞壁进入细胞内。一般来说，直接侵入的真菌都要穿过细胞壁和角质层。至于非直接侵入的真菌除去在细胞间寄生的以外，到一定时期也是要穿过细胞壁而进入细胞内。侵染丝穿过角质层和细胞壁以后，就变粗而恢复原来的菌丝状。

3. 环境和寄主对侵染的影响

病原物在侵入前的活动，大致可以分为与寄主植物接触以前和接触以后。大多数病原物都是被动地被携带或传播，随机地落在寄主植物和其他任何物体上的，病原物的休眠体大多是随着气流或雨水的飞溅落到植物上，还可随昆虫等媒介或田间操作工具等传到植物上。一般只有很少部分的病原物能被传到寄主植物表面，大部分都落在不能侵染的植物或其他物体上。

病原物的侵入和环境条件有关，其中以湿度和温度的关系最大。湿度是病原物侵入的必要条件，细菌侵入需要有水滴和水膜存在；绝大多数气传真菌，湿度越高，对侵入越有利，最好有水膜存在；线虫的侵入也与湿度有关；病毒的侵入方式比较特殊，与湿度关系较小。温度则影响萌发和侵入的速度。各种病原物在其适宜的温度范围内，一般侵入快，侵入率高。温度、湿度对一些病原真菌的影响往往具有综合作用，如小麦叶锈病的夏孢子萌发侵入的最适宜温度为15～20℃，在此适温下叶面只要保持6 h左右的水膜，病菌即侵入叶片；如果温度为12℃，叶面结水则需保持16 h才能侵入；低于10℃，即使叶面长期结水，也不能或极少侵入。

4. 植物病害的侵染循环

病害循环指的是一种病害从前一个生长季开始发病到下一个生长季再度发病的过程。侵染过程只是整个病害循环中的一个环节。

侵染循环包括以下 3 个环节：病原物的越冬、越夏，初侵染和再侵染，病原物的传播。

(1) 病原物的越冬与越夏场所。在作物生长季节结束后，病原物必须在一定的场所进行越冬或越夏。越冬或越夏的场所，也就是病害的初次侵染来源。病原物的越冬或越夏场所主要有下列几方面：

1) 种子苗木等繁殖材料。有许多病原物常潜伏在种子或其他繁殖材料的内部。有的附在表面或混杂其间越冬。当播种后，不仅植株本身发病，而且往往形成田间发病中心。种苗带病既是每年病害的初次侵染来源，也是病害远距离传播的重要原因。如麦类黑穗病、油菜菌核病等。

2) 田间病株。病原物可在多年生的寄主植物上越冬、越夏，成为初次侵染来源，如茶树、果树、林木上的各种病菌。一年生的自生苗或野生寄主也常常是病原物的越冬、越夏场所。如一些野菜就是油菜病毒病的越夏场所，又如小麦锈病在自生苗上越夏。

3) 病株残体。一般非专性寄生的病原物，都能在病株残体中越冬、越夏。病株残体，主要是指寄主植物的秸秆、秸枝、落叶、落花、落果以及死根等各种形式的残余组织。如白叶枯病能在病草上越冬，成为第二年初侵染来源。

4) 土壤。土壤是多种病原物非常重要的越冬、越夏场所。其具体形式常因病原种类不同而异，有的常以各种休眠体——闭囊壳、卵孢子、菌核、线虫的孢囊等，散落在土壤中越冬、越夏。如腐霉菌能独立生活在土壤中，引起植株生病。但土壤中越冬、越夏的病原物，一般都不能长期存活，因此，轮作、间作、深耕均有助于控制病害的发生。

5) 肥料。混有病原物的厩肥或用病株残体制的堆肥或栏肥，未经充分腐熟，也可成为病害发生的初次侵染来源。

6) 传病介体。昆虫是病毒传染的主要媒介。有的病毒既能在昆虫体内越冬，也可以在昆虫体内增殖。如水稻矮缩病病毒就是在黑尾叶蝉体内越冬、繁殖的。

各种病原物的越冬、越夏场所均具有自己的特异性和稳定性。同时，病原物在越冬、越夏期间很少活动，此时期是其生活过程中的薄弱环节。因此，研究掌握病原物的初侵染来源常是制定防病措施的重要依据。

(2) 病害流行。在适合病害发生、发展的条件下，在一定的时间、一定的地区范围内，病害大量发生，不仅发病普遍，而且发病程度也严重，这种现象叫作病害的流行。经常引起流行的病害，叫作流行性病害。如稻瘟病、葡萄白腐病等。流行性病害的危害性，主要表现为病害发生发展速度快，波及的面积大，所造成的损失往往是毁灭性的。流行性病害也不是在任何情况下都流行的，必须具备以下 3 个基本条件：

1）大量的感病寄主。每种病原物都有一定的寄主范围，没有感病的寄主植物的存在，病害就不可能发生。因此，有大面积的感病品种，而且植株处于感病阶段，是引起病害流行的基本条件。

2）有大量致病力强的病原物。大量致病力强的病原物的存在是病害流行的先决条件。对于只有初侵染的病害来说，病原物的越冬或越夏的数量，即初侵染来源，对病害的流行有先决性的影响。而再次侵染严重的病害，除初侵染来源外，再侵染重复多、潜育短期，对病害的流行常起着很大的作用。在此基础上，大量的病原物繁殖体还需要有效传播方式的配合，才能在短期内传播扩散，引起病害流行。

3）有适宜病害发生发展的环境条件。在感病寄主和病原物都具备的条件下，病害的流行就取决于环境条件。环境条件适宜病原物的发展而不利于植物的生长发育，病害就流行。

一般以上 3 个条件是紧密联系，缺一不可的。但具体对某一种流行性病害来讲，3 个条件并不同等重要，往往其中必有起主导作用的因素，影响病害的发展和流行。如麦类赤霉病的流行，主导因素就是抽穗扬花期的气候条件。

（3）病原物的初侵染和再侵染。在一种作物生长季节开始后，第一次受到病原物侵染而引起发病的称为初次侵染或初侵染。受到初侵染的病部，病原物产生繁殖体，在同一生长季节中再传播侵染，引起再次发病称为再次侵染或再侵染。

有些病害在一个生长季节中只有初侵染，没有再侵染，如麦类黑穗病。而大多数的病害，在一个生长季节内可以发生多次再侵染，造成病害由轻到重，由少数中心病株扩展到点片发生和普遍流行，如稻瘟病等。

病害有无再侵染，直接与防治策略和防治效果有关。对于只有初次侵染的植物病害，设法彻底消灭初侵染来源即能获得满意的效果。对于有再侵染的病害，除了消灭初侵染来源外，在寄主作物生长期间，根据病害发生情况和田间的环境条件，还要不断采取各种有效措施进行防治。

在同一生长季节，再侵染可能发生许多次，病害的侵染循环按再侵染的有无分为：

1）多循环病害。一个生长季节中除初侵染过程外还有再侵染过程，如梨黑星病、各种白粉病和炭疽病等属于这类病害。

2）单循环病害。一个生长季节只有一次侵染过程，如松落叶病、槭黑痣病属于这类病害。

单循环病害每年的发病程度取决于初侵染的多少，只要集中消灭初侵染来源或防止初侵染，这类病害就能得到防治。对于多循环病害，情况就比较复杂，除防治初侵染外，还要解决再侵染问题，防治效率的差异也较大。

（4）病原物的传播。病原物经过越冬、越夏，度过寄生植物休眠阶段之后，必须按照一定的方式进行传播，才能与田间重新种植的寄主发生接触，进而引起侵染和造成病害发生。病害发生后的再次侵染也需要传播，因此，病原物传播是病害发生过程中各个环节间相互联系的纽带。

病原物种类不同，传播方式也不同，大致可分为自身主动传播、自然动力传播和人为传播 3 类。自身主动传播的是少数，如游动孢子和细菌在水中游动、线虫的蠕动、真菌菌丝体和菌索的扩展、孢子的放射等。但这种传播距离有限，也不普遍。绝大多数病原物靠自然动力传播，又可分以下 4 种：

1）风力传播。多数真菌能产生大量孢子，孢子小而轻，便于风力传播。真菌的孢子很多是借风力传播的，真菌的孢子数量多，体积小，易于随风飞散。气流传播的距离较远，范围也较大，但可以传播的距离并不就是有效距离，因为部分孢子在传播的途径中死去，而且活的孢子还必须遇到感病的寄主和适当的环境条件才能引起侵染，传播的有效距离受气流活动情况、孢子的数量和寿命以及环境条件的影响。

借风力传播的病害，防治方法比较复杂，除去注意消灭当地的病原物以外，还要防止外地病原物的传入。确定病原物的传播距离，在防病上很重要，转主寄主的砍除和无病苗圃的隔离距离都是由病害传播距离决定的。

2）雨水传播。许多细菌性病害和部分真菌性病害，常黏聚在胶质物内，需要借雨滴的溅散和淋洗进行传播，特别是雨后流水和灌溉水可把病原物传播到更广的范围。

植物病原细菌和真菌中的黑盘孢目，球壳孢目的分生孢子多半是由雨水传播的，低等的鞭毛菌的游动孢子只能在水滴中产生和保持它们的活动性，雨水传播的距离一般都比较近，这样的病害蔓延不是很快。对于生存在土壤中的一些病原物，还可以随灌溉和排水的水流而传播。

3）昆虫及其他动物传播。病毒类主要靠叶蝉、飞虱、蚜虫等刺吸式昆虫传播的，此外，线虫、鸟类等也可以传播。有许多昆虫在植物上取食活动，成为传播病原物的介体，除传播病毒外还能传播病原细菌和真菌，同时在取食和产卵时，给植物造成伤口，为病原物的侵染造成有利条件。此外，线虫、鸟类等动物也可传带病菌。

4）人为传播。人类在商业活动和各种农事操作中，常常无意识地帮助了病原物的传播。例如带病的种子和苗木，由于引种、换种等都可人为地远距离传播，以致病区的扩大和新病区的形成。植物检疫的作用就是为了限制这种人为传播，防止危险性病害扩散。

人们在育苗、栽培管理及运输等各种活动中，常常无意识地传播病原物。种子、苗木、农林产品以及货物包装用的植物材料，都可能携带病原物。人为传播往往是远距离的，而且不受外界条件的限制，这是实行植物检疫的原因。

第 2 章

病虫害预测预报

第 1 节　预测预报方法

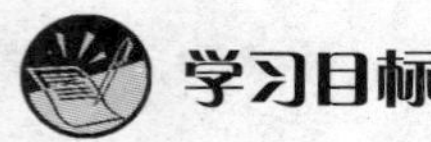

学习目标

了解病虫害预测预报的种类。

熟悉预测预报的基本方法。

掌握病虫情报的撰写方法。

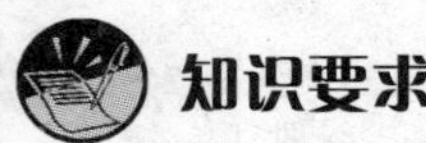

知识要求

病虫害的预测预报就是根据病虫害的历史发生资料和当前发生消长规律，有目的地针对病虫的发生情况进行调查研究，结合掌握的天气预报等，运用适当的方法和技术，对该病虫的未来状态进行科学的分析、估算和推断。将预测的结果通过各种形式，向有关单位、个人或者社会发布、告知，以便做好防治准备工作，这一工作称为预报。

一、预测预报的种类

病虫害预测预报是为有效地进行病虫害防治服务的，其目的是要掌握病虫为害植物的主要发生期，以确定防治时间；掌握病虫发生数量，以确定发生面积和估计为害程度，做好防治前的准备工作。常常按照预测内容、预测时间长短、预测空间范围等对预测预报进行分类。

1. 按照预测内容分

（1）发生期预测。发生期预测就是预测农作物有害生物的某种虫态或虫龄的出现期或为害期；某种病害的侵染过程时期或流行阶段；对具有迁飞性、扩散性的害虫，预测其迁出或迁入本地的时期；从害虫生活史、病菌的侵染或流行过程、物候学的角度，预测其发生期，以此作为确定防治适期的依据。

（2）发生量预测。发生量预测就是预测有害生物的发生数量或田间虫口密度、病害发生程度的普遍率或严重度等，估测病虫未来的虫口数量或病害流行程度是否有大发生的趋势，是否会达到防治指标。从有害生物猖獗理论及农业技术经济学观点出发，运用多年积累的系统资料，以此作为中长期预测的依据。

（3）迁飞害虫预测。迁飞害虫预测是根据害虫发生虫源或发生基地内的迁飞害虫发生动态、数量，及其生物、生态和生理学特性，以及各迁出迁入地区的作物生育期与季节相互衔接的规律性变化，结合气象预测资料，来预测迁飞的时期、迁飞数量及作物虫害发生区域等。

(4) 为害程度预测及产量损失估计。在发生期、发生量预测的基础上，根据病菌的致病力、害虫的为害能力和作物产量的损失率，推断病虫灾害程度的轻重或所造成损失的大小；配合发生量预测进一步划分防治对象田，确定防治次数，并选择合适的防治方法，控制或减少为害损失。

(5) 风险评估。分为外来入侵性有害生物风险评估和内源性有害生物风险评估。前者是指对检疫性有害生物一旦入侵后，可能在哪些区域定殖和为害程度的评估；后者则是对非检疫性有害生物可能在哪些区域发生和为害程度的评估。

2. 按预测时间长短分

(1) 长期预测。长期预测的期限常在一个季度或一年以上。预测时期的长短仍视有害生物种类不同和生殖周期长短而定。生殖周期短、繁殖速度快，预测期限就短，否则就长，甚至可以跨年度。超过一年以上的预测，也可称为超长期预测。

(2) 中期预测。中期预测的期限一般在 20 天到一个季度，常在一个月以上，但视病虫种类不同，期限的长短可能有很大的差别。如一年 1 代、一年数代、一年十多代的害虫，采用同一方法预测的期限就不同。通常是预测下一个世代的发生情况，以确定防治对策和进行防治工作部署。

(3) 短期预测。预测的期限对病害一般为一周以内，对害虫则在 20 天以内。一般做法是：根据过去发生的病情或一两个虫态的虫情，推算以后的发生时期和数量，以确定未来的防治适期、次数和防治方法。其准确性高，使用范围广。

3. 按预测空间范围分

(1) 迁出区虫源预测（或本地虫源预测）。在一定环境条件影响下，某种昆虫从发生地区迁出或从外地迁入的行为活动是昆虫种群行为之一。迁出区虫源预测主要查明迁出区的虫源基数和发育进度，判别是属于迁出型还是本地型虫源后，再分别组织实施预测。

(2) 迁入区虫源预测（或异地虫源预测）。迁入区虫源预测主要查明迁入区的气候条件、作物长势和生育期阶段，以及迁入区的虫情，预测迁入害虫未来发生趋势。

二、病虫害预测的基本方法

1. 以生物学为基础的预测法

这类方法都以生物的生长发育、生存、繁殖、侵染循环、生活史等生物学特性为基础，结合环境因素的影响或相互关系，并分析出一定的生物学参数或关系式。又可分为经验预测和实验预测两大类。

经验预测一般有发育进度预测法、分龄分级预测法、物候预测法、气候图预测法、经验预测法等短期预测，准确性很高，至今仍为基层测报系统最常用的基本方法。

实验预测法是应用实验生物学方法，求出某些生物学参数，进而进行预测的方法。

2. 数理统计预测法

数理统计预测法大致可归为三大类：一是专家调查法；二是因果关系分析法，如回归分析、相关分析、形似分析、差别分析、模糊分析、聚类分析等；三是时间序列分析法，如自回归滑动平均、指数平滑、季节交乘、方差分析、周期外推法等。

3. 信息预测法

信息预测法以抽象体系、物理体系和信息体系作为预测的理论基础，并且把自然科学和社会科学的预测统一起来。信息预测法能综合利用各类预测方法，例如专家系统与统计预测或决策支持系统相结合，基于人工神经网络的预测方法等都已被证实为准确率很高的优秀预测方法。

4. 预测方法举例

下面以发育进度预测法为例介绍害虫发生期预测的具体方法。

发育进度预测法又称历期预测法，历期是指昆虫各虫态在一定温度条件下完成其发育所要求的天数。这种预测法是通过对前一虫态田间发育进度，如化蛹率、羽化率、孵化率等的系统调查，当调查到其百分率达到始盛期（16%）、高峰期（50%）、盛末期（84%）的标准时，分别加上当时气温下各虫期的历期，即可推算出后一虫期的发生时期。

例如，某地于 2012 年系统调查了稻田二化螟越冬代化蛹率，4 月 16 日为 50% 左右，即越冬代化蛹高峰日为 4 月 16 日，可继续求得越冬代成虫的发蛾高峰期：

发蛾高峰期＝化蛹高峰期＋蛹期

如当时气温下的蛹期为 16 天，则越冬代发蛾高峰期为 5 月 2 日。计算出发蛾高峰期，再测知产卵前期和卵期，则又可求得第一代卵孵高峰期：

卵孵高峰期＝发蛾高峰期＋产卵前期＋卵期

如当时气温下产卵前期为 5 天，卵期为 15 天，则第一代二化螟卵孵高峰期为 5 月 22 日。依此类推，可继续测知 2、3 龄幼虫高峰期。2 龄前是害虫防治的最佳时期，对钻蛀性害虫，则掌握在卵孵高峰期防治。

三、病虫情报的撰写方法

病虫害预测结果的发布通常使用病虫情报的模式，病虫情报一般要达到 3 个方面的作用：一是为农业生产者提供病虫发生信息、未来趋势及防治指导意见；二是给植保科研、农资生产和经营企业提供信息，为农药等农资生产种类和数量提供参考；三是给各级行政部门提供信息，为指挥决策病虫灾害防治、政策制定提供依据。

1. 病虫情报的格式和内容

病虫情报不同于一般的文学作品、科普材料，它在写作格式上除了有文字方面的要求外，对技术层面的要求更加严格。归纳起来，一是对病虫发生程度、发生期、发生面积预报要准确；二是分析要有理有据，综合性强；三是提出的防治意见要符合当地实际，切实可行；四是文字要精练，结构要严谨。具体格式和内容要求根据不同情报种类有所区别。

（1）情报的内容。

1）长期预测的情报。对主要病虫进行全面分析预测，预报的5个重点缺一不可，即发生程度、发生面积、发生时期、发生区域、预测依据。

2）中短期预测的情报。对预报的病虫害后阶段发生动态、防治适期进行预测，提出防治指导意见。一般包含以下几个内容：当前发生情况、下一阶段发生趋势、防治措施或意见、注意事项。

3）阶段性小结类情报。在病虫发生的一定阶段性，对病虫害发生和防治情况进行小结，对病虫发生情况作一回顾，对下阶段病虫发生情况预测，提出防治措施。主要包括以下几部分内容：当前发生情况、防治情况、下阶段趋势、防治措施和意见、注意事项。

（2）基本格式要求。

1）发生趋势。长期预报的发生趋势重点描述预计病虫发生程度、发生期、发生面积，发生程度由发生量和发生面积2个因素决定，以发生面积为主导因素，即当发生量与发生面积比例不一致时，发生程度级别以发生面积比例的级别为准。发生程度用文字表示，分5级：轻发生（1级）、中等偏轻发生（2级）、中等发生（3级）、中等偏重发生（4级）和大发生（5级）。

中短期预报的发生趋势重点描述发生程度、发生面积、主要虫态或病害为害阶段出现的时间等，发生期描述防治虫态或防治虫态前一虫态盛期、高峰期，发生期与前一年（或历年）相比是早、是迟或是相近。发生面积指发生程度达防治指标以上的面积，预报时需要将病虫的发生范围、面积大小明确表示出来，这也是表示病虫发生程度的一个方面。

2）预报依据。主要是长期预测预报情报中，对所掌握的影响病虫害发生的各种因素进行分析，不同病虫害预测依据不尽相同，但一般包括天气因素、作物栽培（如品种、生育期等）、病虫基数、历史发生规律等几个方面。

3）发生情况。用数据描述当前病虫害发生情况，与前阶段比较，与历年同期数据或上年同期数据比较。引用数据一般包括系统调查和普查的调查时间、病虫生育阶段、调查面积、抽样点数、有病虫样点数、该病虫的各项指标、重点发生区作物情况等。

4）防治意见。根据对病虫发生趋势的预报，结合当地实际提出防治意见，内容包括5个方面：一是防治对策。包括主治对象、兼治对象，需要密切注视病虫的发生动态。二是防治适期。同一作物发生的病虫以主治对象确定防治适期，次要病虫能兼治的兼治，不能兼治的，指出达到防治指标时单独防治，同一时期不同作物防治适期分开写。三是防治指标。指出对主治对象实施防治时其发生应该达到的数量。四是防治对象田。在不需要全面防治时，根据群众容易掌握的作物形态特征、生育指标指出防治对象田。五是防治措施。包括农业、生物、化学防治措施，要简单易行，群众容易接受，推荐的农药品种要经过实践证明是高效、低毒的品种，尽量做到低残留、低成本，兼治的病虫如需两种农药混配，要列出混配的农药名称。

5）注意事项。主要指化学防治中应注意的问题。由于各级病虫测报机构发布的病虫情报读者对象不同，在格式上有所区别。一般来说，省市级植保机构所写病虫情报主要写发生趋势，预报依据；市、县级，尤其是县级病虫测报机构所写病虫情报面向广大农民，直接为生产服务，针对性强，需要写出防治意见和注意事项。

2. 情报写作中的问题与技巧

（1）情报写作中的常见问题

1）调查中的问题。一是最基本的调查没有开展，没有第一手调查数据。二是采用的调查方法不正确。调查田块的选择、抽样方法不正确，选点不能代表当地的情况；调查时间不连续，调查不全面，对象太单一等。

2）撰写中的问题。一是过于简单，看完后不能给人留下综合印象，如：“全区普查有虫株率5％，百株虫量3头。”二是没有普查的点数，没有普查代表面积，没有重点发生地点。三是简单罗列调查数据，没有任何汇总分析；只有实况，没有预测。四是长期预报只有发生程度，没有发生量和发生时间；中短期预报，只预报发生时间，不预报发生量和发生程度及发生地点等。

（2）注意事项和技巧。首先，要钻研业务，熟练掌握病虫发生规律、影响病虫发生的因素等多方面知识。其次，要规范调查。按照国家标准或者当地标准做好调查工作。没有规范的调查结果及系统的历史资料，即使业务再好，也是巧妇难为无米之炊。所以，要写好病虫情报，必须按测报调查方法开展调查，积累系统可比的资料，这样才能写出内容充实、准确及时的病虫情报。最后，要认真对待。写好病虫情报是植保测报人员应尽的职责。测报人员平时要多看高质量的病虫情报，多练，多写。要认真对待每一期病虫情报，不能马虎了事。在此基础上写出的病虫情报更具有指导意义。

第 2 节　测报调查及资料整理

学习目标

熟悉测报调查的方法和要求。

掌握常用病虫害调查资料的统计计算方法。

能够熟练根据提供的数据准确计算病害的普遍率和病情指数，虫害的卷叶率、亩虫量、虫口减退率、防治效果、发生面积、防治面积、挽回损失和发生程度。

能够熟练准确地填报病虫害测报数据。

能够熟练应用性诱剂、糖醋酒液预测预报。

知识要求

一、测报调查类型和要求

要搞好病虫害的预测预报和防治工作，首先必须掌握病虫害在田间的发生动态，这就需要我们经常到田间进行调查，对调查所得的数据进行必要的整理和分析。对于生物调查数据进行整理和分析所用的数学分析方法，通常称为生物统计方法。调查统计不仅可以使我们掌握病虫害的发生动态，获得准确的数据资料，更重要的还在于它是我们发现问题，分析、判断和解决问题的基础。因此，植物病虫害的调查统计是开展预测预报和防治工作的基础。

1. 目的和方法

病虫害的测报调查，即监测，一般分为系统调查和大田普查两大类型，不同类型有不同的目的和方法。

（1）系统调查。系统调查是为了掌握病虫害发生动态和规律，最终服务于预测预报和防治策略研究的监测。为此，需要连续进行定时、定点、定量的调查。一方面强调调查方法和数据的规范性，以便长期积累、相互比较；另一方面这种观测可能是针对整个病虫害系统的，虽然调查以病虫害为主，但同时还要全面观测有关的气象因素、栽培条件和作物生长状况，以便建立可靠的预测模型。

系统调查是病虫害监测的重要方面，系统调查监视一种病虫害发育发展进度、数量或密度的动态变化，可以暂时忽略某一时刻调查数据对全田的代表性，只要选择一些固定的调查单位，如一定面积的作物、固定的植株、叶片甚至病斑，按照一定的时间序列进行监测。在适宜的观测期内一般要定期调查，通常至少进行5次以上调查。各次调查的方法和标准也应该一致。系统调查通常包括以下调查内容：测报灯或性诱调查、越冬基数调查、病虫发生动态监测等。

（2）大田普查。大田普查即生产性调查，目的是了解生产田中病虫害发生和为害程度、范围，以指导防治。这类调查应该选在某种病虫害的防治适期或发生盛期，或作物形成产量的关键生育期；调查往往采用属性取样或成数取样，注重大范围的普查和分类调查，而不要求十分精确；往往只检查病虫数量和为害程度。如防治后调查防治效果、病虫发生为害高峰过后，病虫为害损失情况调查。

大田调查的记载标准多以目测为准，也可以随机取一些样点进行病害发生率和严重度的调查。主要是了解病情发生趋势，凭此普查结果估计未来发展趋势和损失，以及是否需要采取防治措施来控制等。常以病虫害种类、病（虫）田率、病株率（有虫株率）为代表值。普查一般有以下几种情况：

1）发生和为害情况调查。普查一个地区在一定时间内的病虫种类、发生时间、发生数量及为害程度等。对于当地常发性和暴发性的重点病虫，则应详细记载害虫各虫态的始盛期、高峰期、盛末期和数量消长情况或病害由发病中心向全田扩展的增长趋势及严重程度等，为确定防治适期和防治对象提供依据。

2）防治效果调查。包括防治前与防治后、防治区与不防治区的发生程度对比调查，病虫害次数的发生程度对比调查，以及不同防治时间、采取措施等，为选择有效防治措施提供依据。防治效果调查可按下式计算：

$$\text{虫口减退率}=\frac{\text{防治前虫口密度}-\text{防治后虫口密度}}{\text{防治前虫口密度}}\times 100\%$$

对于繁殖力强的害虫（如蚜虫、红蜘蛛等），防治后虫口仍有增长时，防治效果应按下式计算：

$$\text{防治效果}=\left(1-\frac{\text{防治区虫口数}}{\text{对照区虫口数量}}\right)\times 100\%$$

$$\text{病害防治效果}=\frac{\text{对照区感病指数}-\text{防治区感病指数}}{\text{对照区感病指数}}\times 100\%$$

下面简单介绍一下相关概念。

经济损失允许水平（经济损害水平）：是一个临界的害虫密度，在这个密度时实施人工防治的成本刚好等于由于防治而得到的经济收益。

经济损失允许密度：害虫经济损失允许水平下的害虫密度。

2. 基本要求

（1）代表性与准确度。调查的目的之一是用一些数值代表实际情况，或通过抽样调查和数理统计获得相对可靠的代表值。它们和实际发生情况（真值）相比较都会有一定的误差，而误差的反面就是准确度。要提高监测的准确度，就必须讲究取样方法、取样数量和不断提高自己的观察判断能力。

（2）可比性与规范化。多次或多点调查结果之间要进行比较，通过多次对比才能作出评价和找到规律，因此调查方法的标准化是病虫资料质量的保证之一。

（3）完整性。由于病虫害发生发展受到多方面因素的综合影响，要做好预测工作，就需要尽可能详尽地掌握有关情况。调查病虫害时一定要注意观察它们所处的环境，包括气象、土壤和栽培管理，也要注意它们在时间上的搭配。

（4）经验和直观判断能力。病虫害监测大多是通过肉眼观察和仪器测量获得估计值和测量值。由于植物病虫害是一种生物现象，病虫害流行又涉及整个生态系统的复杂关系，所以要求监测者具备一定的专业知识和能力。在识别病虫害症状，评估病虫害严重度、发生病虫面积，极端值取舍等方面，监测者的直观判断能力都具有十分特殊的意义。为此，需要稳定测报队伍，并且不断培养和提高其素质。

3. 调查主要内容

（1）单位病虫发生程度。对于任何一个单位都可以调查到有病（虫）或无病（虫）两种状态，这是按质的不同来区分的调查结果。如果进一步细分，有病（虫）的，在不同取样单位上害虫的个体数量或发病程度还会有很大差别。为此，还需要对有病虫的单位进行分级调查或数值调查，例如在害虫调查中经常采用的单株虫口数量（相当于以株为单位的害虫密度）。由于植物病原物大多很小，不容易计数，所以病害调查中多采用发病面积（或体积）占调查单位的面积（或体积）的百分比来表示，也称为严重度。

严重度用分级法表示，即将严重程度由轻到重划分出几个级别，分别用各级的代表值或百分率表示。调查统计时，以整株或者以个别器官为单位，对照事先制定的严重度分级标准，找出与实际情况最接近的级别。严重度分级标准除用文字描述外，还可制成分级标准图。

如调查叶部病害时：

严重度＝（病斑面积/叶片总面积）×100％

实际工作中病害严重度多采用目测估计的办法获得。由于眼睛的分辨能力和严重度的几何级数成正比，所以严重度的级别可以设 1％、5％、10％、20％、40％、60％、80％、100％共 8 级或 1％、3％、6％、12％、25％、50％、75％、87％、94％、97％、99％、

100%共12级（或将87%以上合并成1级）。对于一些症状比较复杂的病（虫）害（多指系统性侵染病害），虽然严重度仍用0～n的数值表示，但其级别往往不能依据简单的一种数量来划分，要根据多种形态指标进行病情分级。如水稻纹枯病单株病情分级要兼顾是否枯死和病斑高度：

0级：全株无病；

1级：从顶叶到第3叶片以下叶鞘或叶片发病；

2级：从第2叶片以下叶鞘或叶片发病；

3级：顶叶发病；

4级：全株发病，早枯。

（2）群体发生程度。由于只有大量个体发生病虫时才能对生产构成损失，所以重要的是了解群体发生病虫的程度，这就需要在个体观测的基础上进行统计分析。主要监测内容有被害率（有虫株率、病株率、病叶率、病果率、病穗率等）、虫口密度、普遍率、病情指数、损失率等。

有虫株率是将观测的单元分为有虫和无虫两类，计算有虫单位数占调查单位总数的百分比。虫口密度是计算每单位上平均虫口数，如果以100株为单位，就是百株虫量。普遍率、病情指数代表植物群体中病害发生的普遍程度，是将观测的单位分成病、健两类，计算发病的植物单位数占调查单位总数的百分比。植物单元可以是植株、叶片、茎、果、穗等，相应于普遍率的名词为病株率、病叶率、病果率、病穗率等。病情指数是将普遍率和各单位病情严重度结合起来，用一个数值全面反映植物群体发病程度。

1）被害率（或为害率）。是病虫为害植株或植物器官（叶片、根、茎、果实、种子等）占调查植株总数或器官总数的百分率，反映病虫为害的普遍程度，如卷叶率、发病率等。

$$\text{被害率}=\frac{\text{有虫（发病）单位数}}{\text{调查单位总数}}\times 100\%$$

2）虫口密度。表示在单位面积内的虫口数量。

$$\text{虫口密度}=\frac{\text{调查总虫数}}{\text{调查总单位数}}\times 100\%$$

虫口密度也可用百株虫数表示：百株虫数＝查得总活虫数/调查总株数×100

3）病情指数。是全面考虑为害率与严重度两者的综合指标。取样点的每个样本，按病情严重度分级标准，调查出各级样本数据，代入公式计算出病情指数。

$$\text{病情指数}=\frac{\sum(\text{各级病情数}\times\text{各级样本数})}{\text{最高病情级数}\times\text{调查总样本数}}\times 100\%$$

4）损失率。损失是指产量或经济效益的减少。所以，病虫所造成的损失应该以生产水平相同的受害田与未受害田的产量或经济总产值对比来计算，也可用防治区和不防治的对照区产量或经济总产值对比来计算。

$$损失率=\frac{未受害田平均产量或产值-受害田平均产量或产值}{未受害田平均产量或产值}\times 100\%$$

除此以外，有时还用其他常用指标定量估计病害数量。例如，病田率（发病田块数占调查田块总数的百分率）、病点率（发病样点数占调查样点总数的百分率）和病田单位面积内传病中心或单片病叶数量等指标。

值得注意的是，调查单位通常指农作物的单个植株、叶片、花、果、穗等。根据需要，也可以确定以田块或一定面积甚至乡镇、区、县等为调查单位。调查单位在很大程度上影响着调查的精细度，但也不能要求太细，要根据具体调查目的和时间、人力条件而定。

4. 监测仪器和新技术

（1）常用仪器。包括诱集害虫的测报灯、性诱剂诱捕器、采集病原物的孢子捕捉仪、鼠密度自动监测仪等，以及环境监测仪器，如自动田间小气候仪等。

（2）遥感技术。分为卫星遥感和雷达遥感。遥感技术是近年来迅速发展起来的一门综合性探测新技术。它接受目标物辐射或反射的不同电磁波，通过一系列处理和解释过程，快速而准确地提供被测目标的有关信息。由于遥感技术所利用的电磁波波长可以小到 0.3 μm，大到 3 m，可以“看”到人眼感受不到的光，又由于这种技术具有快速、监测面积大、获得资料规范和可以直接输入计算机等优点，现已广泛应用于军事侦察、气象预报、地质勘探、农业估产等领域，在病虫害监测预测中也会有广阔的应用前景。近地面遥感和航空遥感可能比较适合病害的监测，而在系统性侵染的病害和林木病害监测上比较容易实现。

（3）计算机联机系统。随着计算机科学和技术的飞速发展和广泛利用，人类已经可以做到将环境因素的监测、记录传输、存储全部自动化，甚至在输入一定的数据加工规则和预测公式以后，计算机能够作出病害预报。

二、调查方法和步骤

1. 选择抽样方法

病虫害的测报调查主要目的是开展病虫预测预报和进行病虫综合治理，因此采取的调查方法主要是抽样调查。抽样调查的方法很多，但在实际的测报调查中，应用较多的是系统抽样和分层抽样。

（1）系统抽样又叫等距抽样。如田间调查的对角线取样、五点取样等。该方法带有主观性，它未充分体现随机原则，但当对病虫的田间分布规律有所认识时，采用这种方法比较节省人力和时间，又便于实施，因此较常用。但是要克服主观因素带来的误差。取样必须有代表性，这是正确反映田间病虫害发生情况的重要环节。取样的地段称样点，样点的选择和取样数目的多少，是由病虫种类、田间分布类型等决定的。最常用的病虫调查取样方法有五点取样法、对角线取样法、棋盘式取样法、平行线取样法、“Z”字形取样法等。

1）五点取样法。从田块四角的两条对角线的交驻点，即田块正中央，以及交驻点到四个角的中间点等五点取样。或者，在离田块四边 4～10 步远的各处，随机选择 5 个点取样，是应用最普遍的方法。

2）对角线取样法。调查取样点全部落在田块的对角线上，可分为单对角线取样法和双对角线取样法两种。单对角线取样方法是在田块的某条对角线上，按一定的距离选定所需的全部样点。双对角线取样法是在田块四角的两条对角线上均匀分配调查样点取样。两种方法可在一定程度上代替棋盘式取样法，但误差较大。

3）棋盘式取样法。将所调查的田块均匀地划成许多小区，形如棋盘方格，然后将调查取样点均匀分配在田块的一定区块上。这种取样方法，多用于分布均匀的病虫害调查，能获得较为可靠的调查结果。

4）平行线取样法。在桑园中每隔数行取一行进行调查。本法适用于分布不均匀的病虫害调查，调查结果的准确性较高。

5）“Z”字形取样法（蛇形取样）。取样的样点分布于田边多，中间少，对于田边发生多、迁移性害虫，在田边呈点片不均匀分布时用此法为宜，如螨等害虫的调查。

不同的取样方法，适用于不同的病虫分布类型。一般来说，单对角线式、五点式适用于田间分布均匀的病虫，而双对角线式、棋盘式、平行线式适用于田间分布不均匀的病虫，“Z”字形取样则适用于田边分布比较多的病虫。

（2）分层抽样。此法是目前应用得最多的一种抽样调查方法，尽管有时我们还未意识到。例如调查某一地区病虫发生量或病虫定点系统观察，都是先根据整个区域的概况，将各个田块按某种重要特征划分为几个类型（分层抽样的层），再在每个层里按随机或系统抽样方法调查。采用这种方法需要在设计抽样调查方案前，把握好每个层的权重，并根据权重比例分配每个层的抽样数量，在抽样结果统计汇总时，按层计算加权平均值。

2. 设计调查方案

根据调查目的，采用适当的抽样方法。将被调查对象，即一种或几种病虫的调查项目制成表格。表格要满足调查结果对精度、可靠性，以及业务规定的精度要求，并对田间调查实际操作、人员及所需仪器设备费用等均应阐述清楚。

取样单位和数量要根据病虫在田间分布的均匀程度和种群密度大小确定。病虫分布均匀，或病虫种群密度较大时，取样点可适当少些；在调查时间、人力许可时应尽可能多取一些样。在检查害虫发育进度时，检查总虫数不能过少，如幼虫和蛹，活虫数要在 30 头以上。

3. 实施抽样调查

抽样调查要求准确、及时和完整。准确，就是如实地反映客观实际，这是保证调查资料质量的首要环节；及时，即要求在调查方案规定的时间内完成任务。因为调查对象是生物（病虫），它们是一些有生命的物体，在不断地繁殖、死亡。因此，不能将调查时间拖得太久，只能在某一时刻对其数量、质量进行估计，这样才有较高的准确率；完整，是指调查单位不重复、不遗漏，所列调查项目的资料收集齐全。若调查资料残缺不全，就不可能反映所研究对象的全貌，也不便于地区之间的分析比较。此外，如有新手参加或调查人员较多，必须就作物病虫害严重度分级标准、表格填写、工具使用等内容进行培训，务求调查标准一致。

4. 原始数据整理、汇总

抽样调查所获得的资料都是一个个样本数据，要反映被调查对象的特征，必须及时对抽样调查所获得的原始资料进行整理、汇总，将大量原始资料转化为反映总体的基本统计指标。数据整理汇总时要注意核实表格中项目是否填全，有漏填的要对填报人进行查询，及时补上所漏项目；审核数值是否有错或有假，以便及时更正。抽样调查所获得的数据是植保科学的宝贵财富，是提高植保水平的基础。因此，要对资料科学地整理分类，编目造册，专柜存放，保证资料的完整和安全。

三、调查数据记载和整理

1. 调查数据的记载

病虫害调查记载是调查中的一项重要工作，无论哪种内容的调查都应有记载。所有的记载应妥善保存。当地病虫害发生档案作为历年病虫害发生的历史记录，对本地区病虫害预测预报有重要作用。记载是摸清情况、分析问题和总结经验的依据。记载要准确、简要、具体，一般都采用表格形式。表格的内容、项目可依据调查目的和调查对象设计。对测报等调查，最好按统一规定，以便积累资料和分析比较。通常在进行群众性的测报调查时，首先进行病虫发生情况的调查：调查病虫为害植物的发生期，以确定防治时间；调查病虫田间的发生数量，以确定防治对象田，即“两查两定”。

例如，防治二化螟要进行：①查卵块孵化进度，定防治适期。②查枯鞘团或枯鞘率，定防治对象田。二化螟卵块密度及发育进度调查记载表见表 2—1。

表 2—1　　二化螟卵块密度及发育进度调查记载表

日期		类型田	调查丛数或面积	当天卵块数	累计卵块数	折合每亩卵块数	当天孵化块数	当天孵化率（%）	累计孵化块数	累计孵化率（%）	备注
月	日										

2. 病虫害调查统计

对调查记载的数据资料要进行整理、计算、比较、分析，从中找出规律，才能说明问题。

（1）发生面积

1）发生面积统计。达到轻发生以上的田块统计发生面积。对发生多代（次）有害生物的发生面积要按代次分别统计，如为害玉米的玉米螟在北方一、二、三代次发生明显，要分代次分别统计；一种有害生物为害多种作物（如黏虫分别为害玉米、谷子、高粱等）或一种作物同时发生多种有害生物时，要按作物和有害生物种类分别统计。

农田杂草，不分种类，按作物统计，其发生面积系指达到 2 级以上的面积。

农田害鼠，不分作物，不分种类，按行政区划统计达到防治指标的面积即为发生面积。

2）病虫发生面积统计方法。

①单项病虫发生面积的统计方法。根据抽样调查结果，首先计算各类型田块达到防治指标的地块数及占各类型调查地块的百分比，其次以各类型代表面积及达到防治指标地块所占比例，采用加权平均法求得某一单项病虫发生面积的比例，并以此百分比乘以受害作物种植面积即为该单项病虫发生面积。

例如：某年某市种植小麦 90 万亩，3 月 22—25 日在有代表性的 5 个乡镇抽样调查麦蚜发生情况，整理结果见表 2—2。

采用加权平均法计算发生面积所占百分比：

$$M=\sum(A_iC_i)/\sum_{i=1}^{n}A_i$$

表 2—2　　麦蚜抽样调查整理表

地块类型	调查地块数	代表面积（亩）	达到防治指标		发生面积（亩）	发生程度（级）
			地块数	百分比（%）		
一	15	75	4	26.67	20.00	2
二	10	35	3	30.00	10.50	3
三	5	15	3	60.00	9.00	4
合计（平均）	30	125	10	31.60	39.5	2.72

A_i 表示各调查类型田的代表面积，C_i 表示达到防治指标地块占调查地块的百分比。

$$M=\frac{75\times 26.67+35\times 30.00+15\times 60.00}{75+35+15}\times 100\%\approx 31.60\%$$

麦蚜发生面积＝90×31.60％＝28.44（万亩）

②以作物为单位对多种病虫害发生面积的统计。以作物为单位的多种病虫害发生面积的统计方法，即是该作物逐个单项病虫发生面积的累加数字。

（2）防治面积

1）防治面积统计的范围和内容。防治面积指各种有害生物各次化学防治面积和生物防治面积的累加面积。

2）防治面积统计方法。在统计防治面积时，各种有害生物不同代（次）的防治面积要分别统计，同一代（次）有害生物用药多次的，以各次用药面积累加。一次用药兼治多种有害生物时，凡针对不同对象自行加入相应农药混配防治的，要分别统计防治面积。一种农药（包括工厂生产的复配农药）兼治多种有害生物时，只统计主治对象的面积。

农田杂草的防治面积，按照农业部规定只统计化学用药的面积。

农田害鼠的防治面积，按实际投饵面积及有针对性的拌种兼治面积统计在防治田鼠的面积内。

（3）挽回损失。自然损失量是指作物受有害生物为害后在不防治的情况下的自然损失量。挽回损失量是通过防治有害生物后挽回的损失，可以表达为：挽回损失＝自然损失量－实际损失量。实际损失是通过防治后因残存有害生物为害造成的损失。

1）损失量的计算方法

①自然损失量的计算方法。作物因有害生物为害所造成的损失，一般来说直接决定于有害生物数量的多少，但并不是任何情况下都是完全一致的，有时作物受害后并不使产量

完全损失，即作物被害达到百分之百，其损失则达不到百分之百。但如果害虫直接为害产量部位和穗部或使整株枯死如死苗，这时被害百分率与损失百分率就完全相等。作物受害程度与损失的实际结果受到多种因素的影响，例如害虫的口器、取食的习性和部位、作物品种的特性和生育阶段不同，造成的结果也不一样。

产量损失可用损失百分率来表示，也可以用损失的实际数量来表示，具体计算公式及调查方法包括以下 3 个方面：

a. 选择若干未受害的植株和受害的植株进行测产，求出单株平均产量，采用以下公式计算损失系数：

$$Q=\frac{a-e}{a}\times 100\%$$

式中 Q——损失系数；

a——未受害植株的单株平均产量；

e——被害植株的单株平均产量。

b. 产量损失的大小不仅决定于损失系数，还决定于被害株率，因此，应在调查田中调查统计受害株百分率，可按下式计算：

$$P=\frac{m}{n}\times 100\%$$

式中 P——受害株百分率；

n——检查总株数；

m——被害株数。

c. 根据上述资料计算产量百分率。计算公式如下：

$$C=\frac{QP}{100}$$

式中 C——产量损失百分率；

Q——损失系数；

P——受害株百分率。

然后计算单位面积的自然损失数：

$$L=\frac{amC}{100}$$

式中 L——单位面积实际损失产量；

a——未受害植株单株平均产量；

m——单位面积总株数；

C——产量损失百分率。

②综合损失率的计算方法。以上公式只是一般的计算原则，而且只是一种虫害为害作物时其损失量的估算方法。但是一种作物上不是只发生单一的病虫为害，而是多种病虫综合发生为害而影响产量，造成损失。如果通过逐个病虫累加机械地计算损失量易造成统计数字偏高，为克服这一弊端，需要测定以作物为单位多种病虫为害所造成的综合损失率，以综合损失率为基础计算出以作物为单位的总的损失量，然后根据单项病虫占总发生面积的比重，将总损失逐一分解到单项病虫中去。一般以作物为单位的病虫为害综合损失率，采用现行五级制划分，粮棉油作物病虫害大发生的综合产量损失率可分别按25%、50%、30%计算，级差分别为5%、10%和6%进行统计。据此自然损失量的计算方法见表2—3。

表2—3　病虫为害综合产量损失率　%

	一级	二级	三级	四级	五级
粮食作物病虫	5	10	15	20	25
棉花病虫	10	20	30	40	50
油料作物病虫	6	12	18	24	30

a. 先根据某类作物病虫综合损失率指标求相应发生级别的损失率，然后计算不防治的每亩自然损失数。每亩平均单产和相应级别的损失率的乘积即为每亩的损失率。

b. 不防治自然总损失量的计算：即每亩自然损失数乘以各种病虫发生总面积。如果各项病虫发生总面积已超过种植面积，可按种植面积计算。

c. 单项病虫害损失总量的计算：在计算出该作物总损失量的基础上，首先计算单项病虫害在该作物病虫总发生面积中的比重。

$$\frac{\text{单项病虫害发生面积}\times\text{相对应的级别}}{\text{发生总面积}\times\text{综合发生程度}}\times 100\%$$

其次根据各种病虫害占发生面积的比重，分别计算出单项病虫不防治的损失量。

公式为：

不防治总损失量×单项病虫害占总发生面积的百分比

2）挽回损失的计算方法

①计算单项病虫挽回损失数。

$$\text{挽回损失数}=\frac{\text{单项病虫不防治损失数}}{\text{单项病虫发生面积}}\times\text{防治面积}\times 90\%$$

式中：90%为防治效果，为一参数，可根据具体防治情况而定。

②以作物为单位挽回损失的计算。逐项病虫挽回损失累加即是。

3）实际损失的计算方法。首先计算单项病虫的实际损失，即以不防治损失数减去挽回损失数，再逐项病虫累加即某作物的实际损失数。

4）农田害鼠为害损失的计算标准。于秋季作物收获期用堵洞法一次调查鼠密度，按害鼠的实有数量计算。

实际损失＝老鼠只数×每年每只老鼠耗粮量（9 kg/只·年）

挽回损失＝灭鼠只数×每年每只老鼠耗粮数

5）农田草害的为害损失。根据全国农田杂草调查组的调查资料，在杂草严重为害时（即5级）各种作物杂草的为害损失率（％）：水稻为13.4，小麦为15，杂粮为10.4，大豆为19.4，棉花为14.8，花生为9。根据实地调查杂草级别折算出相应的损失率。参考前述病虫害计算的损失量的办法，分别计算各种作物田杂草的挽回损失和实际损失。

（4）发生程度。是在对有害生物防治之前，在自然发生情况下用各种指标（如虫口密度或病虫指数）来表示其发生的轻重，称为发生程度。

发生程度的统计按照全国统一的五级分级方法统计。这五级是：1级轻发生，2级中等偏轻发生，3级中等发生，4级中等偏重发生，5级大发生。每级发生程度的标准，有全国统一标准的按全国标准统计，无全国统一标准的，按照地方制定的地方标准统计。病虫发生程度的分级标准，应以该病虫在自然发生情况下的为害损失率为基础，再折算成防治前可以取得的直观的病虫密度等指标。

（5）防治指标。防治指标是有害生物防治的一个参数，即有害生物种群数量（或被害株率、病情指数）增长到造成经济损害引起的损失相当于实际防治费用，而需采取防治措施时的临界值，也叫经济阈值。即当人们预测到一场生物灾害的发生水平将要超过经济损害水平时，应该在防治适期内找到某一时期，此时有害生物的发生达到了某一种临界值，对此必须采取某种控制措施，以防止有害生物种群密度增加而达到经济损害水平。经济阈值的设定是为了控制开始时的种群密度，是防治行动的指标。不同的防治适期其防治指标也不同。

拟定防治指标，应在确定防治适期的前提下，根据有害生物发生为害规律，以及经济允许损失的要求来确定，即考虑以下方面：①确定经济允许水平；②确定防治适期；③掌握有害生物发生消长规律，特别是发生期的长短和天敌主要作用于寄主的发育阶段等，综合地统计分析，确定防治指标。

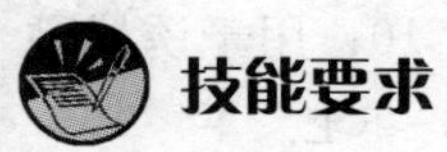

技能要求

性诱剂预测预报的方法

操作准备

1. 材料和工具准备

诱芯、诱捕器、支架、细铁丝、钢丝钳、洗衣粉、一次性手套等。

2. 选择诱捕器

根据诱捕昆虫种类选择相应的诱捕器。

3. 场地选择

选择开阔、周围靶标对象寄主作物面积较大的区域。

操作步骤

步骤 1　安装诱芯

戴上一次性手套，将诱芯从包装中取出；将诱芯 S 形嵌入诱芯架的凹槽内。

步骤 2　安装诱捕器

首先将装好诱芯的诱芯架装到诱捕器支架上，其次将诱捕器的接虫部分安装好，最后将诱捕器固定到支架上。

步骤 3　悬挂诱捕器

将诱捕器按照一定密度，悬挂到农田中；按照不同昆虫的要求，将诱捕器高度调整到合理位置。

注意事项

1. 性信息素产品易挥发，因此，需要存放在较低温度的冰箱中，保存处应远离高温环境，诱芯应避免暴晒。

2. 使用前才打开密封包装袋，一旦打开包装袋，应尽快使用所有诱芯。

3. 只有在使用毛细管型时才剪开铝箔包装袋的封口。

4. 诱捕虫数超过一定量时要及时更换接收袋。

5. 适时清理诱捕器中的死虫，收集到的死虫不要随便倒在田间。

6. 诱捕器可以重复使用。使用水盆诱捕器时，要及时加水，以维持一定的水面高度。

7. 由于性信息素的高度敏感性，安装不同种害虫的诱芯前需要洗手，以免污染。

糖醋酒液的配制

操作准备

1. 计算各成分用量

根据计划诱杀昆虫的种类和放置诱钵的个数，计算糖、醋、酒各组分的用量。

一般用于诱捕小地老虎的配制比例为：酒∶糖∶醋∶水＝1∶3∶4∶10；用于诱捕黏虫的配制比例为：酒∶水∶糖∶醋＝1∶2∶3∶4。一般一钵总用液量为3～5 L。

2. 材料准备

准备酒500 mL，白糖1 500 g，醋2 000 mL，清水若干，或按照计算出的总量准备。

3. 工具准备

准备称量固体用的秤、量液体用的量筒、容器、搅拌棒。

4. 自我防护

穿上工作服，戴上手套。

操作步骤

步骤1　称量

按照计算出的各组分数量，准确称取各成分。首先在秤上放置一张干净白纸，去皮后，将糖用勺子转移到白纸上，称足分量后，用纸把糖转移到容器中。然后用量筒量取相应的白酒和醋倒入容器中。

步骤2　稀释

按照剂量加入糖醋酒后，按照比例加入足够的水稀释。

步骤3　搅拌

用搅拌棒搅拌均匀，使糖完全溶解在液体中，形成透明状液体。

步骤4　装瓶

配制好后，将配制液装入带密封盖的干净瓶中，贴上标签。标签上应标注“诱虫用糖醋酒液”、各组分比例和用量、配制日期、配制人等。

注意事项

1. 不同害虫应用不同的组分比例。
2. 称量时，不可将糖直接放在秤上称量，应放在纸上或其他容器中称量。
3. 配制时一定要搅拌均匀，不可有固体沉淀。
4. 装瓶后一定要贴好标签，避免被不知情人挪作他用。

第3节　预警平台及统计软件使用

能够熟练应用“农业有害生物预警系统”，进行病虫害监控数据的填报、上传、查询

等简单操作。

能够应用 Excel 制作病虫害发生统计分析图。

知识要求

一、农业有害生物预警系统的使用

1. 系统登录

打开网页浏览器（Internet Explorer），输入在线系统的网址（或 IP 地址），在出现的网页面或登录页面上输入用户名和密码后，单击登录，进入系统后台（见图 2—1）。

整个系统界面分为三部分：功能菜单栏，列出该系统的所有功能；主窗体，系统操作界面；树形窗体，显示报表树等（见图 2—2）。

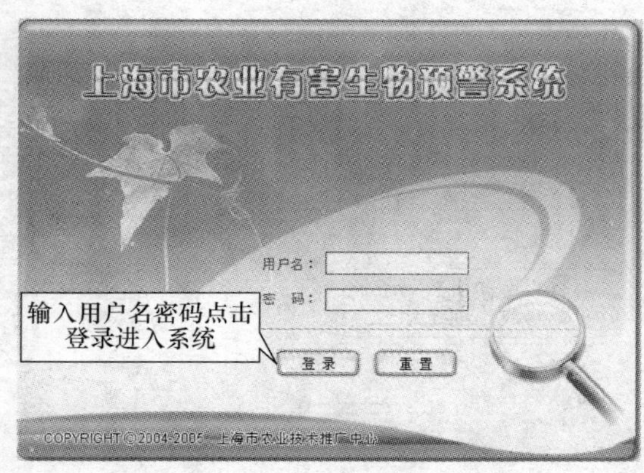

图 2—1　登录页面

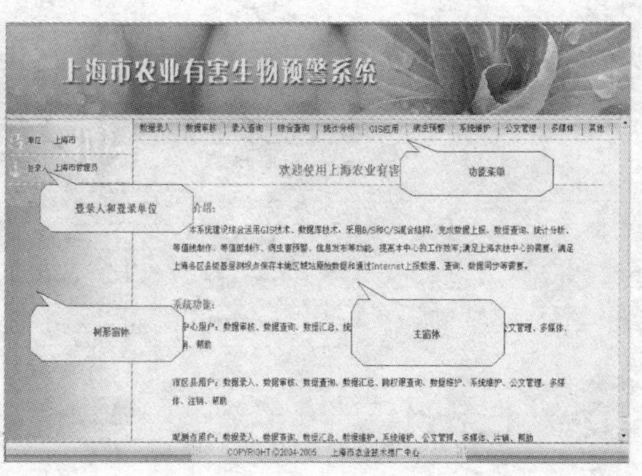

图 2—2　系统后台主界面

2. 数据管理

数据录入包括测报信息和气象信息的录入、修改、删除等。

（1）数据录入。

1）报表选择。单击功能菜单栏的“数据录入”，选择需要录入表的所属类别，如图 2—3 所示。

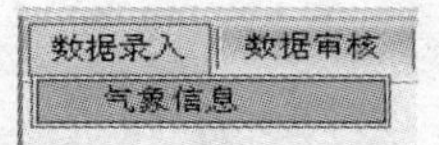

图 2—3　选择“数据录入”

左侧树形窗体出现该类别所有需要录入的报表，如图 2—4 所示。

单击需要录入的报表，主窗体显示该表在数据库中的所有录入的数据。

2）新增或打开数据报表。在主窗体中单击“新增”按钮，出现所要录入报表的表结构（见图 2—5），或者单击已存在的未审核的数据表格后方的“编辑”按钮，打开数据表结构，如图 2—5、图 2—6 和图 2—7 所示。

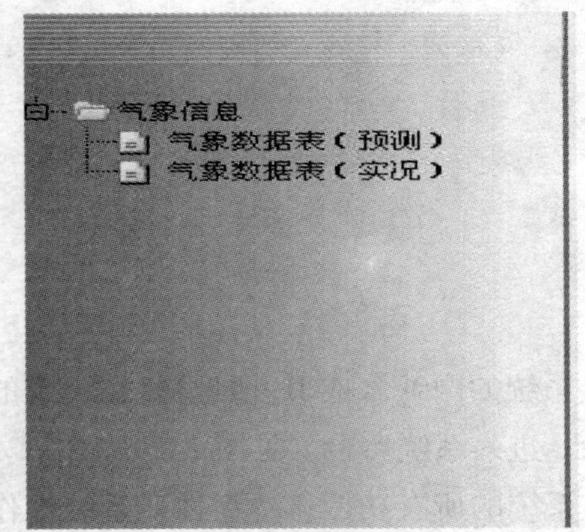

图 2—4　需要录入的报表

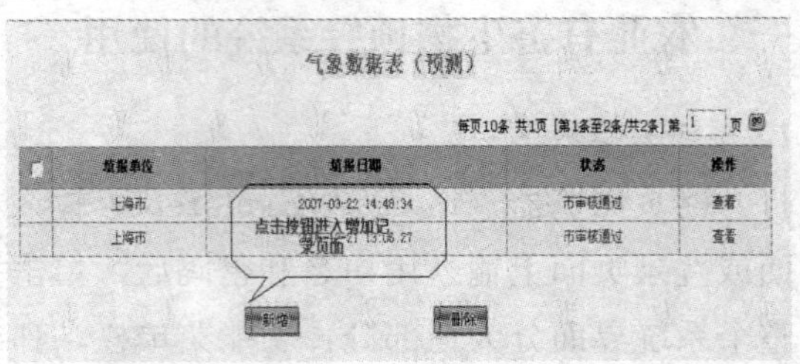

图 2—5　新增表界面

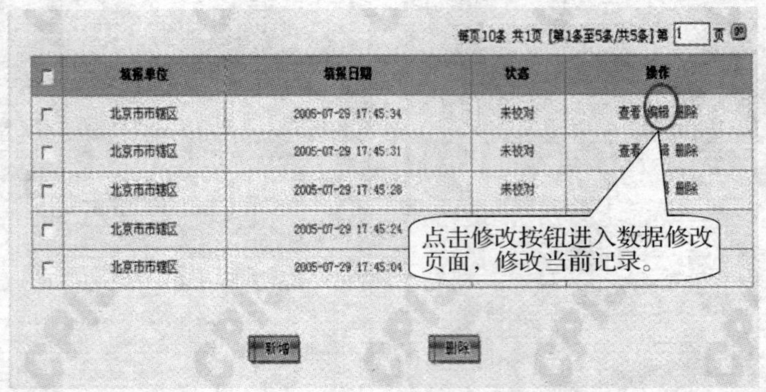

图 2—6　打开已有表界面

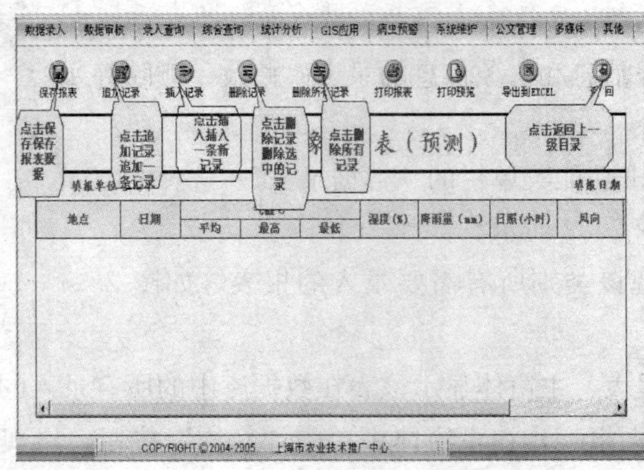

图 2—7　新增的表结构界面

3）增加数据表格记录行。单击表结构上面的“追加记录”或者“插入记录”按钮增加录入的表行，输入数据。

4）数据输入和保存。将鼠标移入在新增加的数据记录行中，单击相应的表格，录入相应数据。所有的数据录入完后，单击“保存报表”对数据进行保存。

(2) 修改数据。数据录入保存后，未审核或审核未通过的数据，可以进行修改。修改步骤如下：首先打开需要修改数据的表格（方法参考数据录入打开表格），单击数据后方的“编辑”按钮，进入修改界面，修改数据，然后单击“保存报表”后退出。

(3) 删除数据。删除多个数据表格：选择列表页面中需要删除的记录前的复选框（可多选），单击下方的“删除”按钮，出现删除确认提示，如图 2—8 所示。

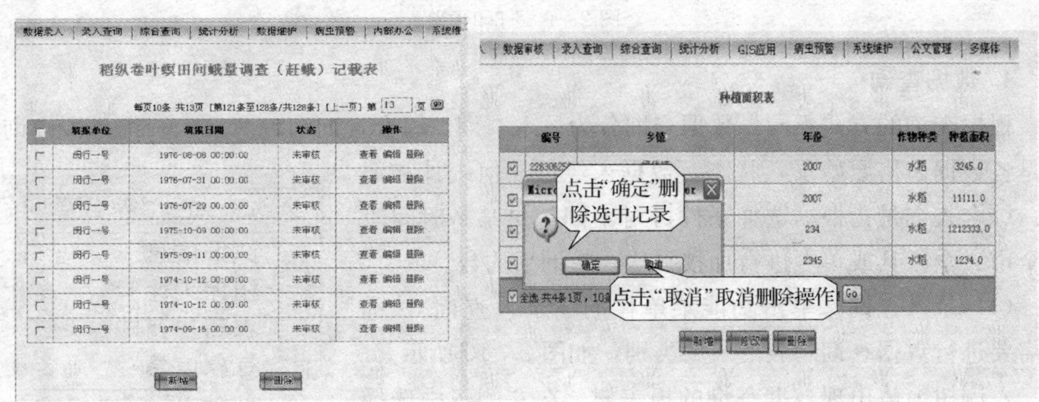

图 2—8　删除数据

删除单个数据表格：单击需要删除表格后方的“删除”按钮，弹出删除确认框，单击“确定”按钮，进行删除。单击“取消”按钮取消删除操作。

删除表格中的某几条或全部数据：进入表格的编辑状态，选择需要删除的表格记录，单击表格上方工具栏的“删除记录”，弹出删除确认框，单击“确定”按钮，进行删除。单击“取消”按钮取消删除操作。要删除表格中的所有记录，单击表格上方工具栏的“删除所有记录”，弹出删除确认框，单击“确定”按钮，进行删除。单击“取消”按钮取消删除操作。

3. 数据导出

(1) 导出到 Excel。单击“导出到 EXCEL”按钮，弹出选择界面，输入导出 Excel 文件所放的本地目录，单击“确定”，所选报表的格式和数据将完全导出到 Excel 表中，用户可对导出的 Excel 文件进行进一步操作。

(2) 打印/打印预览。单击“打印预览”按钮，将出现当前报表的打印预览界面，单击“打印”按钮进行打印，如图 2—9 所示。

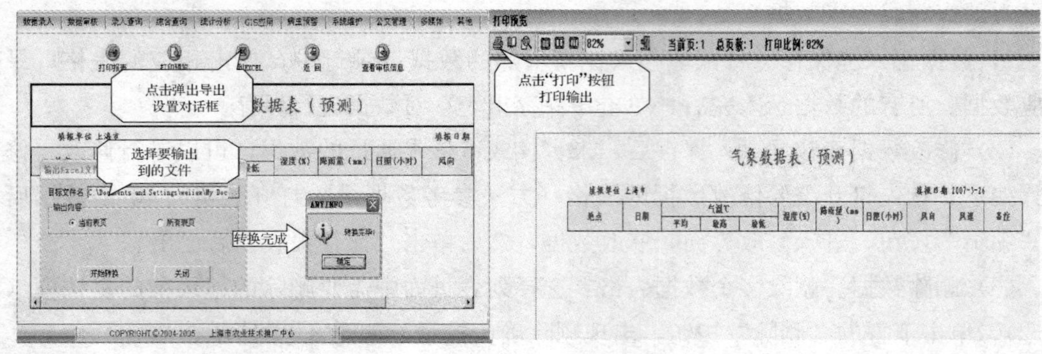

图 2—9　打印预览

4. 数据查询

根据查询的方式不同，数据查询分为录入查询、综合查询两种。录入查询是指查询出的是各数据表格原始录入状态，数据未经过任何统计和汇总。综合查询是指根据选择条件可对不同年份某一时间段的全市、全区县或单点进行加权平均，查询平均数。

(1) 录入查询。单击功能菜单栏的“录入查询”，选择需要进行数据查询的表的所属类别，如图 2—10 所示。

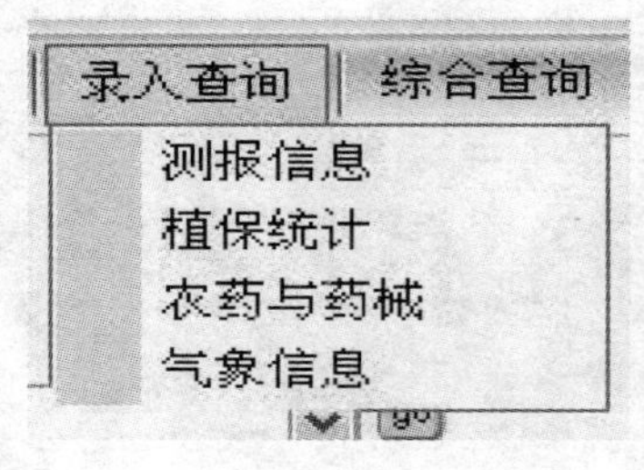

图 2—10　录入查询

左侧树窗体出现数据查询的报表树，在左侧树中选择需要进行数据查询的报表，单击报表名称，右侧主窗体出现查询条件设置界面，如图 2—11 所示。

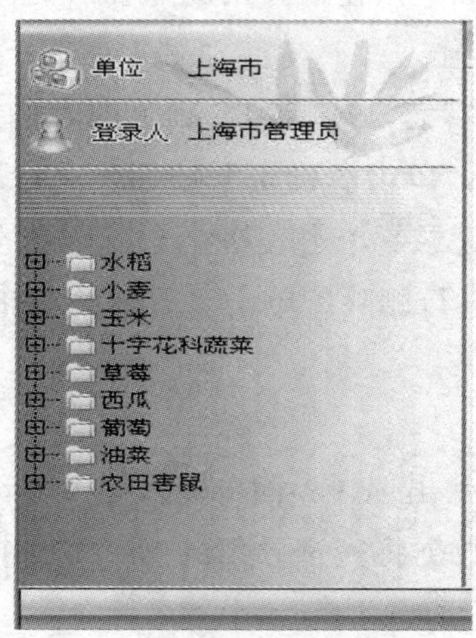

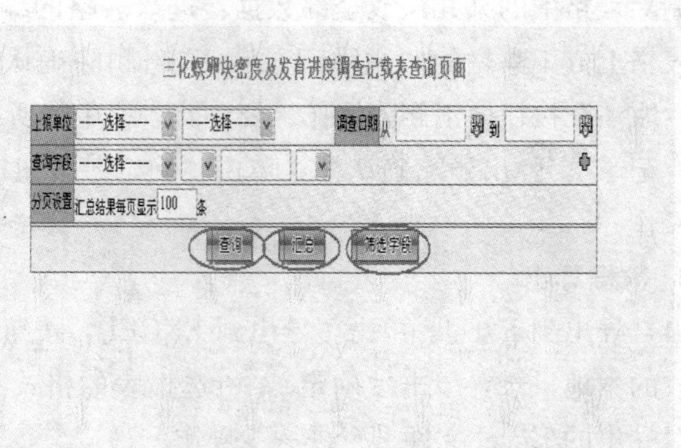

图 2—11　报表树及其查询结果

单击自定义列按钮，如图 2—12 所示。

三化螟卵块密度及发育进度调查记载表

☑全部

☑备注 ☑类型田 ☑品种
☑生育期 ☑调查丛数或面积 ☑当天卵块数
☑累计卵块数 ☑折合每亩卵块数 ☑当天孵化块数
☑当天孵化率 ☑累计孵化块数 ☑累计孵化率

确定

每页 100条 [共33336条记录/共334页] 第 1页 下一页 末页 转到 1

稻纵卷叶螟田间蛾量调查（赶蛾）记载表

填报单位	调查日期	世代	类型	品种	生育期	赶蛾面积	赶蛾蛾数	亩蛾量	雌蛾发育一级头	雌蛾发育一级比例	雌蛾发育二级比例	雌蛾发育二级头数	雌蛾发育三级头数	雌蛾发育三级比例	雌蛾发育四级比例	雌蛾发育四级头数	雌蛾发育五级头数	雌蛾发育五级比例	交配率
金山一号	2004-06-13 09:32:13.0		杂草田			66.60	2.00	20.00	0.00	0.00	0.00	0.00	0.00	0.00	0.00	0.00	0.00	0.00	0.00
金山一号	2004-06-14 09:34:02.0		同上			66.60	1.00	10.00	0.00	0.00	0.00	0.00	0.00	0.00	0.00	0.00	0.00	0.00	0.00
金山一号	2004-06-17 09:34:31.0		同上			66.60	1.00	10.00	0.00	0.00	0.00	0.00	0.00	0.00	0.00	0.00	0.00	0.00	0.00
金山一号	2004-06-20 09:35:03.0		同上			66.60	1.00	10.00	0.00	0.00	0.00	0.00	0.00	0.00	0.00	0.00	0.00	0.00	0.00
金山一号	2004-06-24 09:35:31.0		同上			66.60	1.00	10.00	0.00	0.00	0.00	0.00	0.00	0.00	0.00	0.00	0.00	0.00	0.00
金山一	2004-06-26 09:36:06.0		同上			66.60	5.00	50.00	0.00	0.00	0.00	0.00	0.00	0.00	0.00	0.00	0.00	0.00	0.00

图 2—12 自定义选项及设置

填写相关的查询条件，单击“查询”按钮，主窗体按条显示所有符合查询条件的记录，如图 2—13 所示。

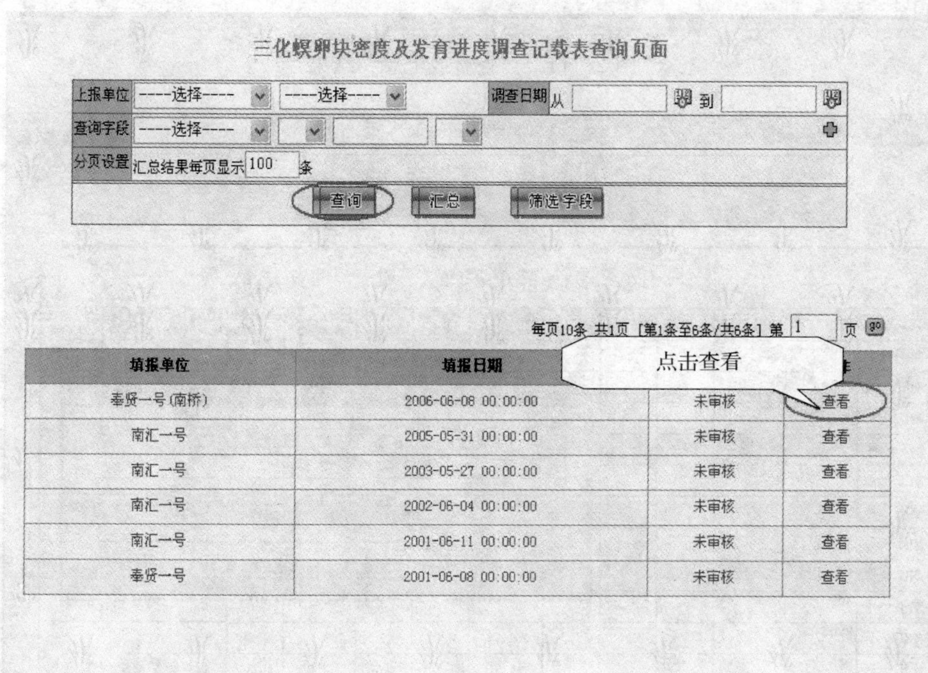

图 2—13 查询及其结果

单击操作栏中的“查看或汇总”链接，可以查看详细数据，如图 2—14 所示。

单击操作栏中的“导出到 EXCEL”链接，出现“数据导出”对话框（见图 2—15）。

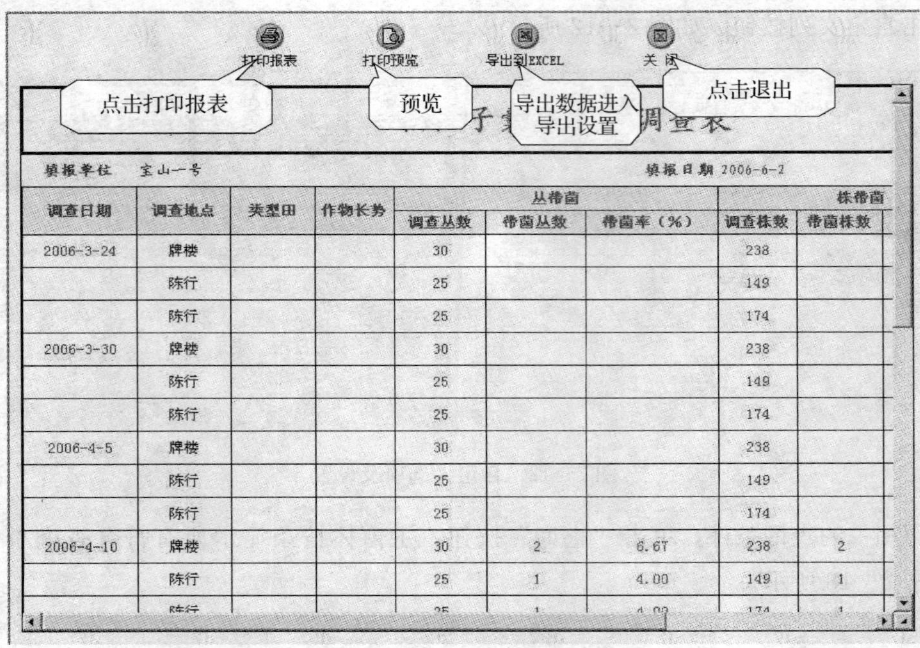

图 2—14 “查看或汇总”结果

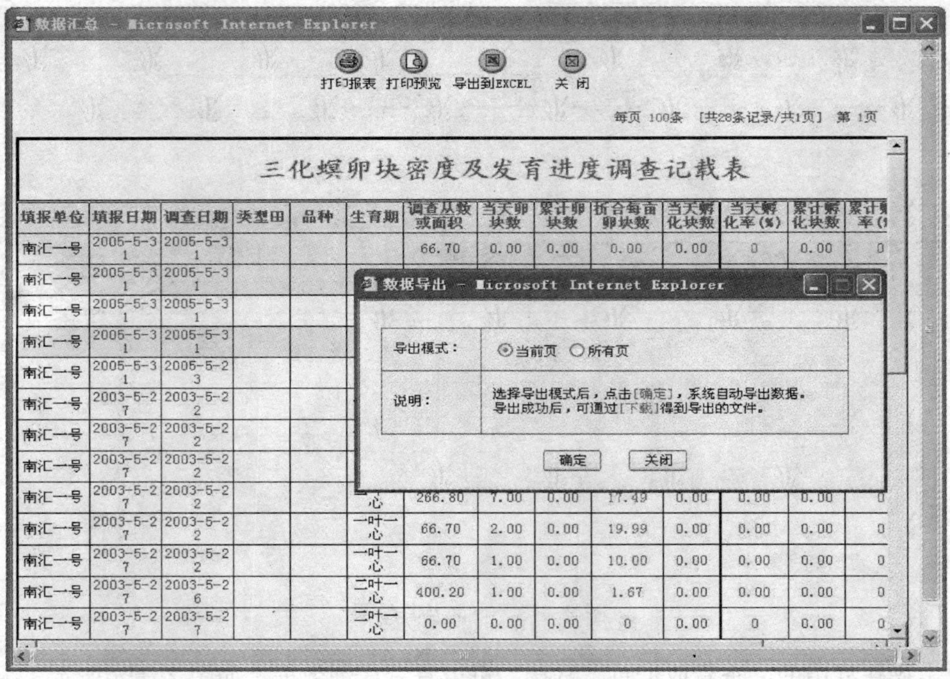

图 2—15 “数据导出”对话框 1

单击对话框中的“确定”按钮，如图 2—16 所示。

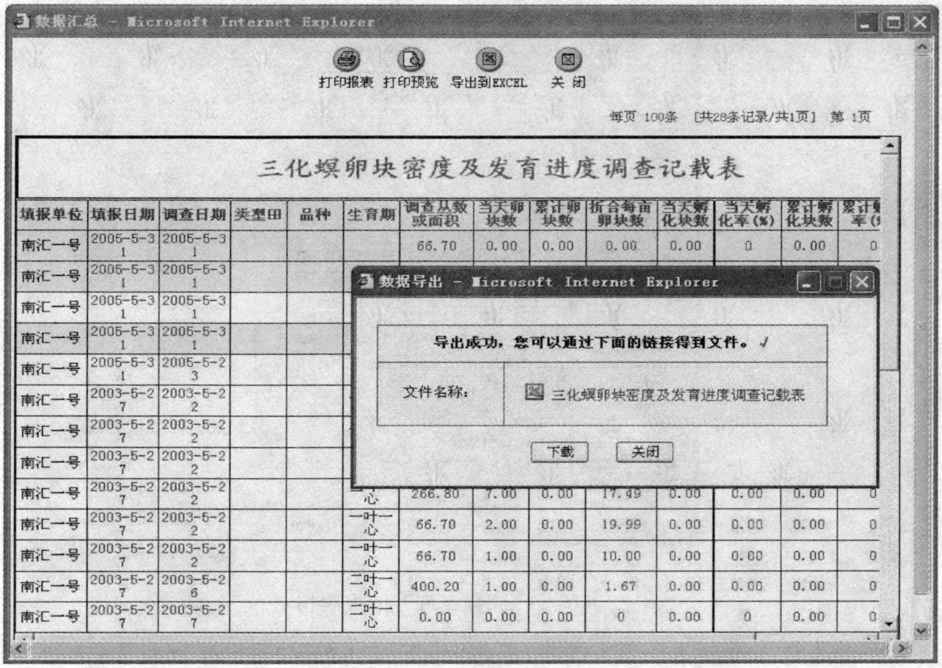

图 2—16 “数据导出”对话框 2

单击对话框中的“下载”按钮，完成数据导出。

(2) 综合查询。单击功能菜单栏的“综合查询”，选择需要进行综合查询的报表的所属类别，如图 2—17 所示。

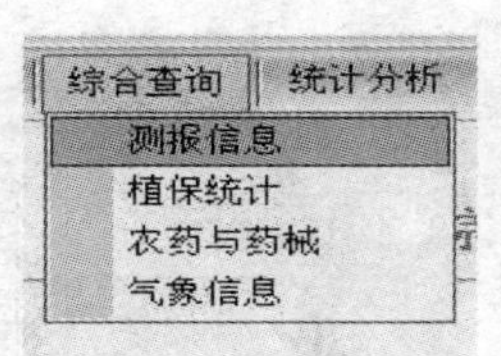

图 2—17 “综合查询”报表树

左侧树窗体出现综合查询的报表树，如图 2—18 所示。

在左侧树窗体中选择需要进行综合查询的报表，单击报表名称，右侧主窗体出现综合查询条件设置界面，如图 2—19 所示。

填写相关的查询条件，单击“下一步”按钮，进入详细条件设置页。

如果上一步选择的条件为“全市平均”，进入选择平均字段页，如图 2—20 所示。

如果上一步选择的条件为“区县平均”，进入选择区县页，单击“下一步”，进入选择查询统计的区县，如图 2—21 所示。

如果上一步选择的条件为“单点平均”，进入选择观测点页，单击“下一步”，进入选择查询统计的监测点，如图 2—22 所示。

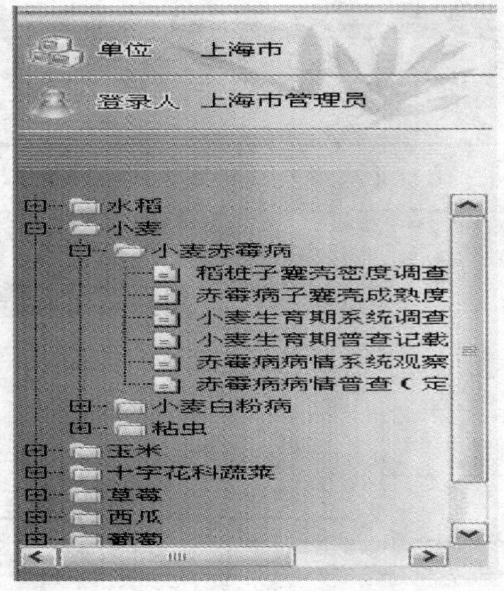

图 2—18 “综合查询”的报表树

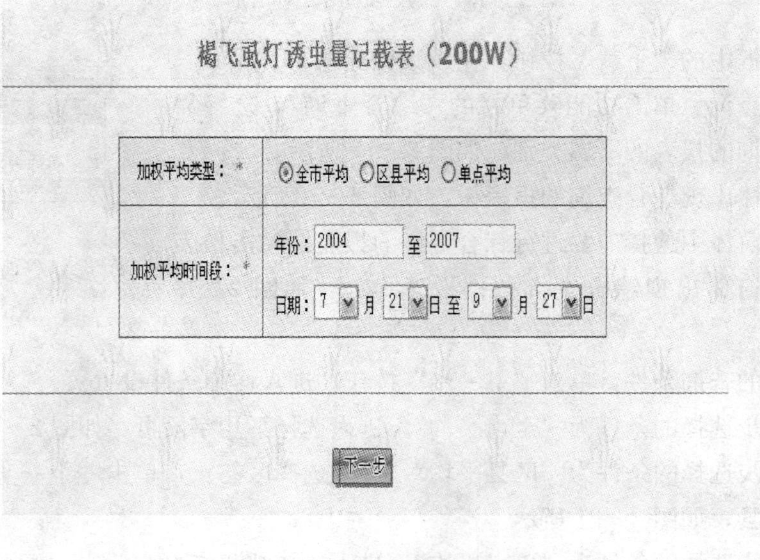

褐飞虱灯诱虫量记载表（200W）

加权平均类型：*	⊙全市平均 ○区县平均 ○单点平均
加权平均时间段：*	年份：2004 至 2007 日期：7 月 21 日 至 9 月 27 日

下一步

图 2—19 综合查询条件设置界面

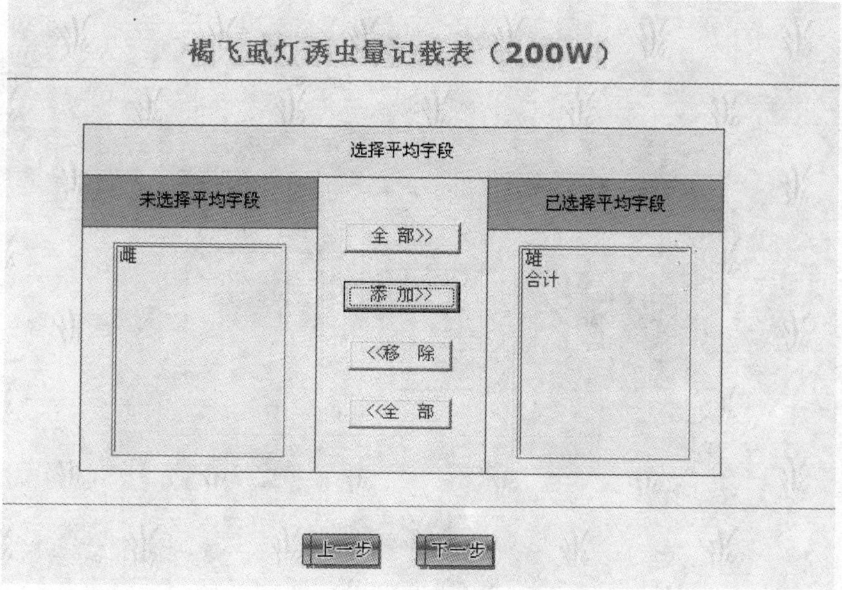

褐飞虱灯诱虫量记载表（200W）
选择平均字段
未选择平均字段
已选择平均字段
雌
全 部>>
添 加>>
<<移 除
<<全 部
雄
合计
上一步
下一步

图 2—20　“全市平均”条件下“选择平均字段”

褐飞虱灯诱虫量记载表（200W）
选择区县
未选择区县列表
已选择区县列表
上海市
上海市浦东新区
上海市闵行区
上海市宝山区
上海市嘉定区
上海市南汇区
上海市奉贤区
上海市松江区
上海市金山区
上海市青浦区
全 部>>
添 加>>
<<移 除
<<全 部
上一步
下一步

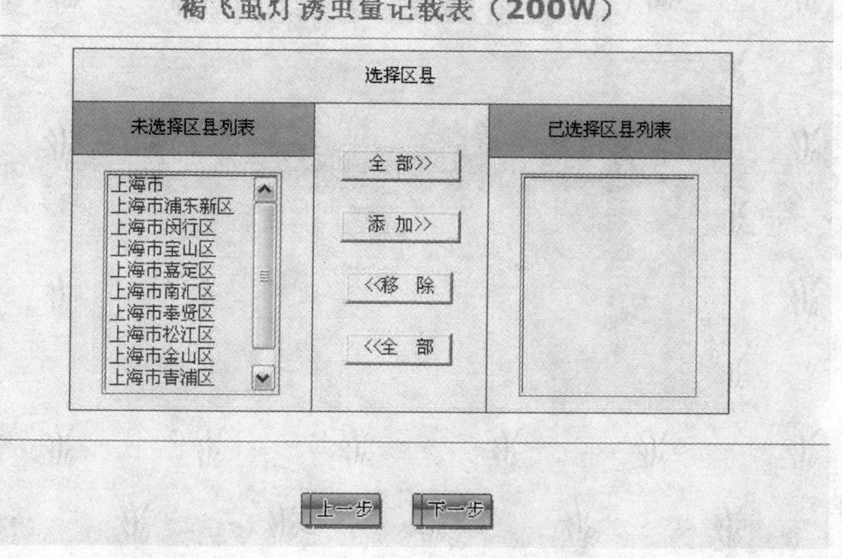

图 2—21　“区县平均”条件下“选择查询区县”

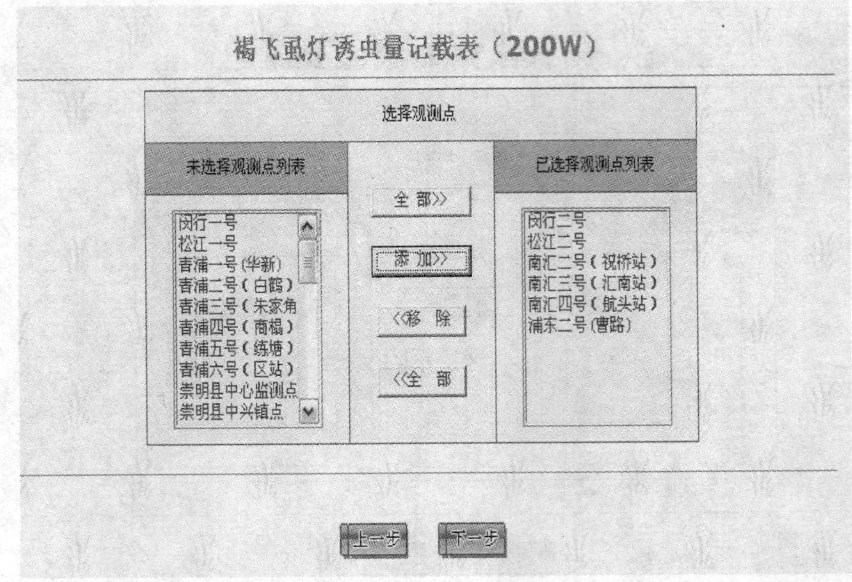

图 2—22 “单点平均”条件下“选择查询监测点”

设置好平均条件后，单击“下一步”，进入选择平均结果展示页，如图 2—23 所示。

褐飞虱灯诱虫量记载表（200W）

全市雌平均值：

日期	2003年	2004年	2005年	2006年	2007年
08-20				0.66	
08-21				2.43	
08-22				2.10	
08-23				1.34	
08-24				0.31	
08-25				1.36	
09-10				13.70	

全市雄平均值：

日期	2003年	2004年	2005年	2006年	2007年
08-20				0.59	

图 2—23 结果展示

5. 统计分析

单击功能菜单栏的“统计分析”，选择需要进行统计分析的表的所属类别，如图 2—24 所示。

左侧树窗体出现“统计分析”的报表树，如图 2—25 所示。

图 2—24　统计分析

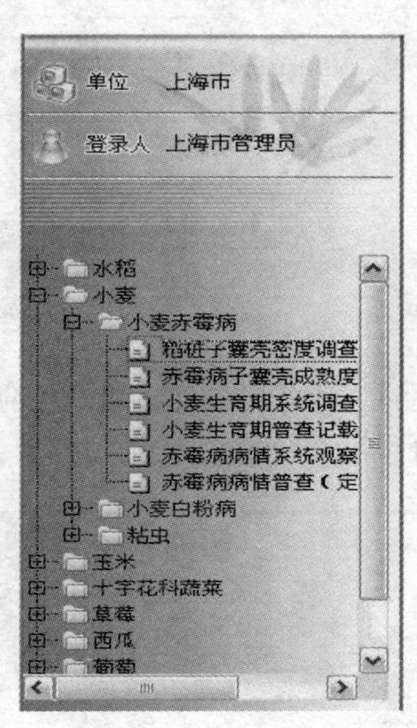

图 2—25　“统计分析”报表树

在左侧树窗体中选择需要进行统计分析的报表，单击报表名称，右侧主窗体出现统计分析条件设置界面，如图 2—26 和图 2—27 所示。

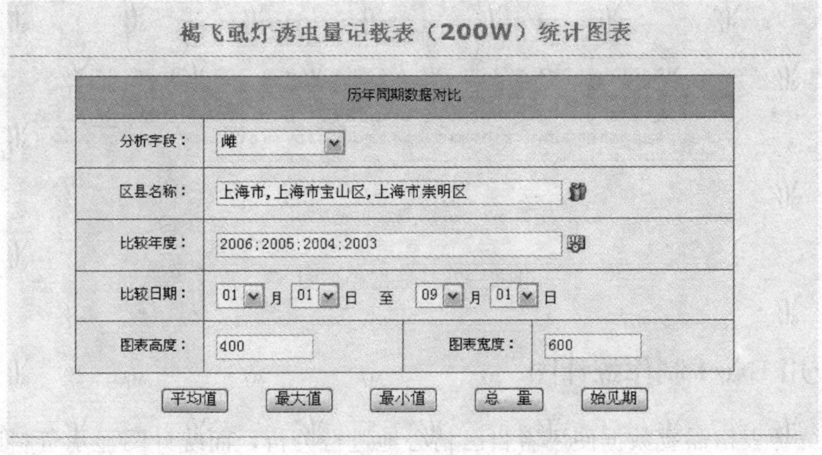

图 2—26　历年同期数据对比统计分析条件设置界面

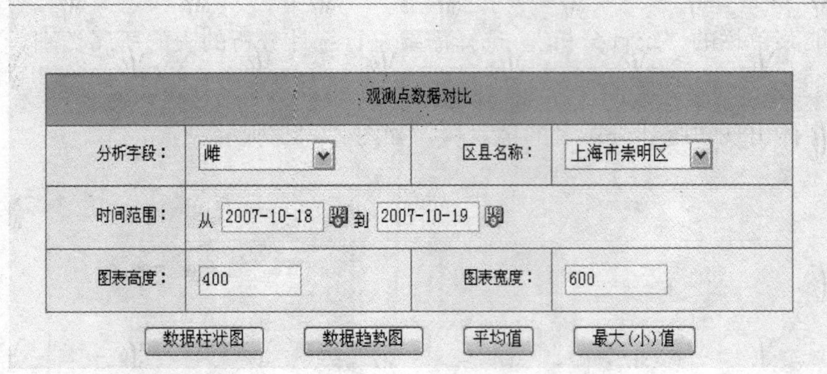

图 2—27　观测点数据对比统计分析条件设置界面

填写相关的统计分析条件，单击相应的分析按钮，系统自动以图表方式显示详细的分析信息，如图 2—28、图 2—29 所示。

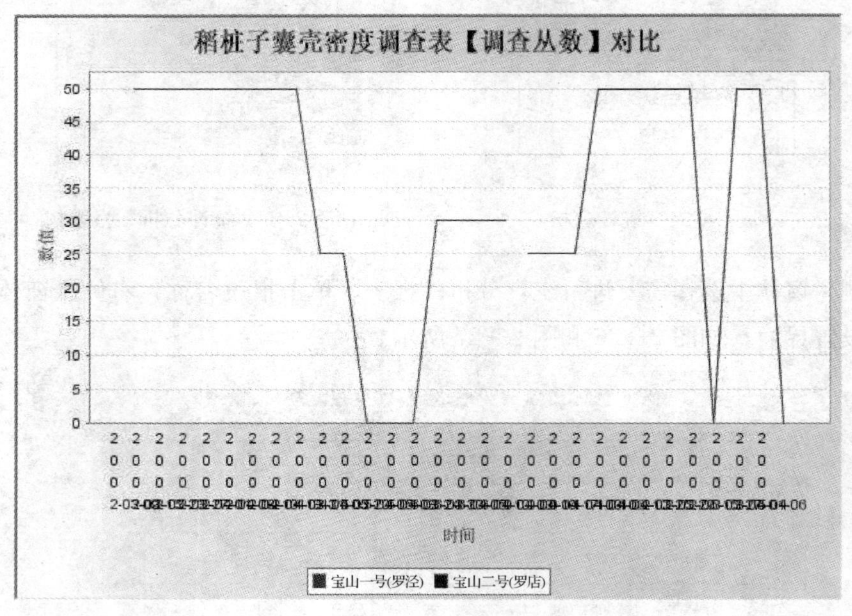

图 2—28　数据趋势图

二、应用 Excel 制作统计图

传统的统计表格需要数据使用者自己精心地进行分析，而统计图显示资料则具有形象生动、一目了然的优点，通过图形可以方便地观察到数量之间的对比关系、总体的结构特

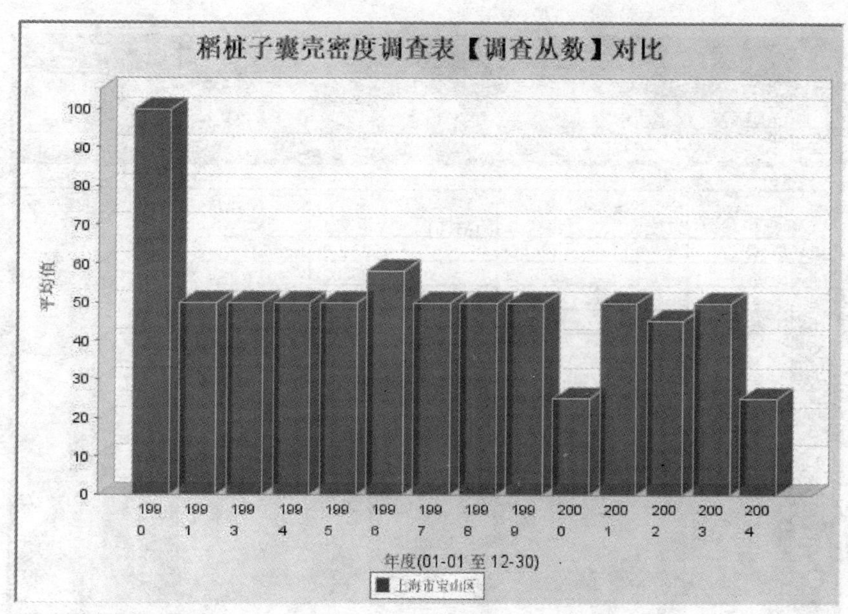

图 2—29　数据柱状图

征以及变化发展趋势。统计图在统计整理中的应用越来越广泛。Excel 提供了大量的统计图形供用户根据需要和图形功能选择使用。Excel 提供的图形工具有柱形图、折线图、饼图、散点图、面积图、环形图、股价图等。各种图的做法大同小异，本章以柱形图为例，分别介绍制作统计图的工作步骤。

1. 创建工作表

打开 Excel，将统计资料输入到表单中，如图 2—30 所示。

2. 插入图表

在想绘制图形的数据中选择任一单元格，然后在“插入”菜单中选择“图表”选项，或单击工具栏中的图表向导按钮，出现如下对话框（见图 2—31）。

3. 选定图表类型

在对话框中选择所需要的图表的类型，此处在“图表类型”中选“柱形图”，在“子图表类型”中选第一个“簇状柱形图”，然后单击“下一步”按钮，出现如下对话框（见图 2—32）。

4. 确定数据范围

在“数据区域”中规定数据区域。单击“系列”选项，规定每一数据系列的名字和数值的区域，然后单击“下一步”按钮，出现如下对话框（见图 2—33）。

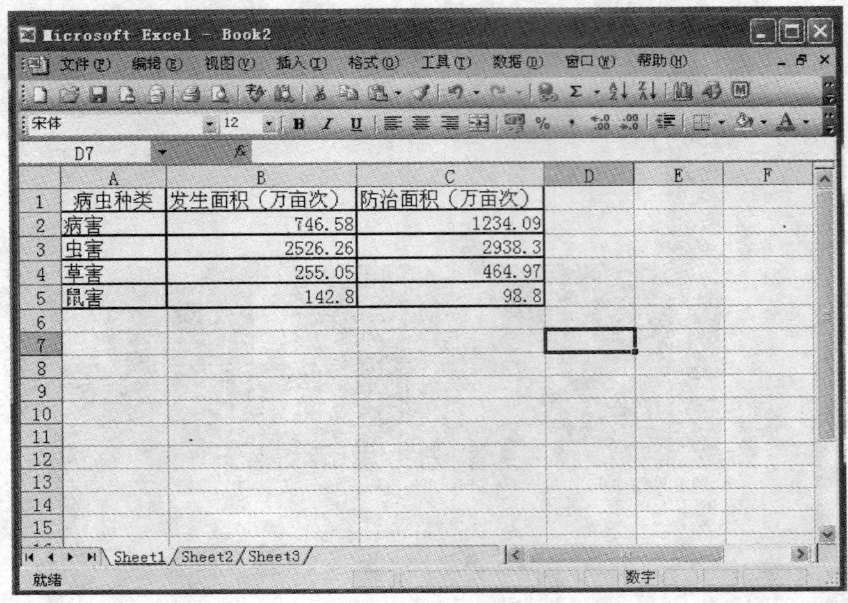

	A	B	C
1	病虫种类	发生面积（万亩次）	防治面积（万亩次）
2	病害	746.58	1234.09
3	虫害	2526.26	2938.3
4	草害	255.05	464.97
5	鼠害	142.8	98.8

图 2—30　创建工作表

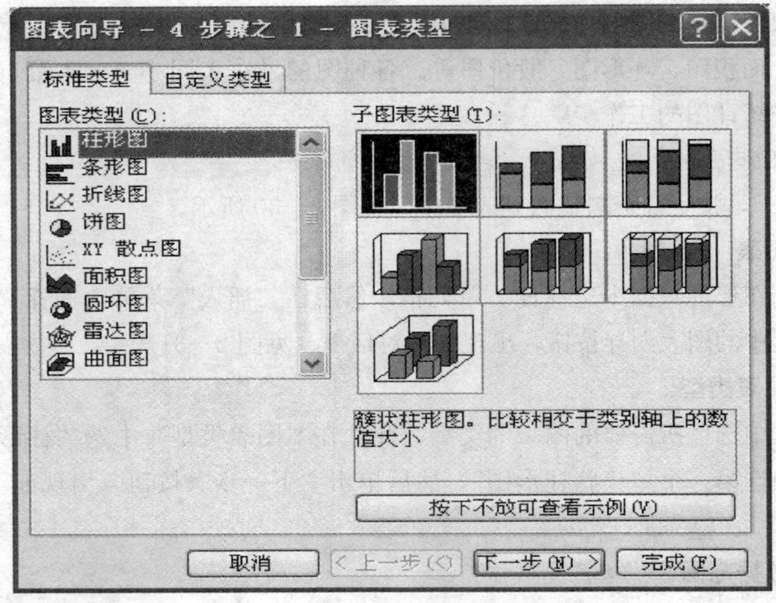

图 2—31　“图表导向”步骤 1

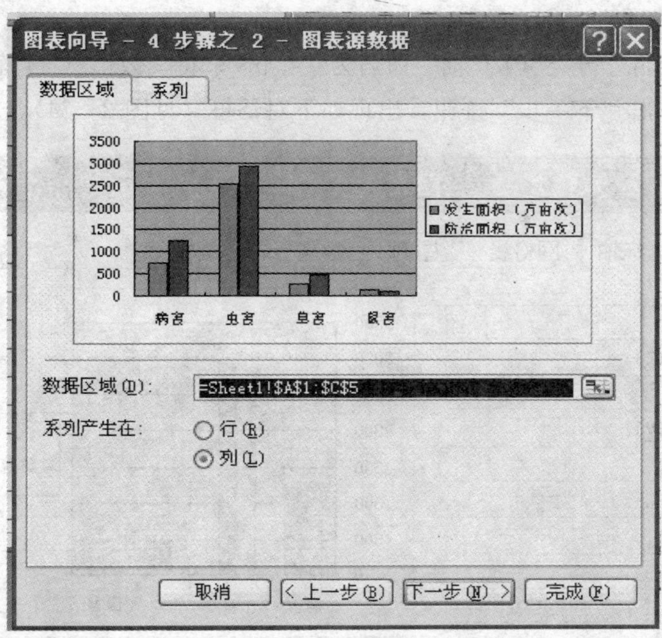

图 2—32　“图表导向”步骤 2

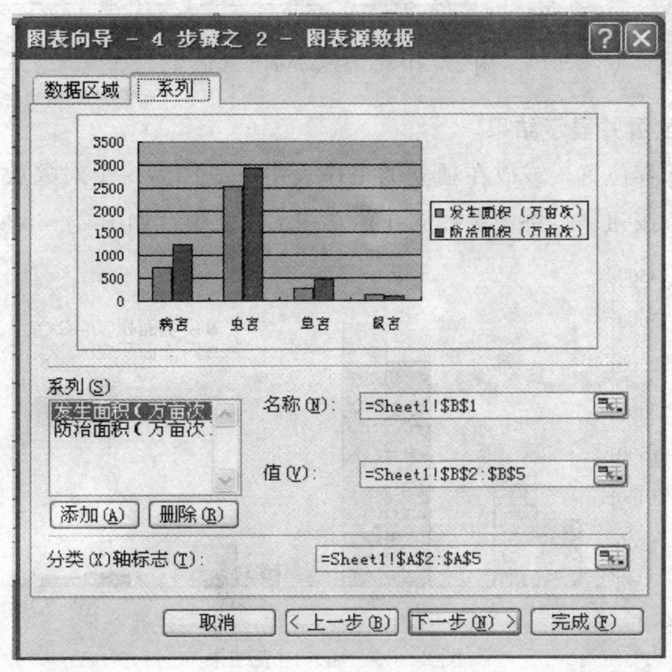

图 2—33　“图表导向”步骤 3

5. 选用图表选项

给图表命名，将“分类（X）轴”命名为“年份”；将“数值（Y）轴”命名为“百分比（%）”，然后单击“下一步”按钮，出现如下对话框（见图 2—34）。

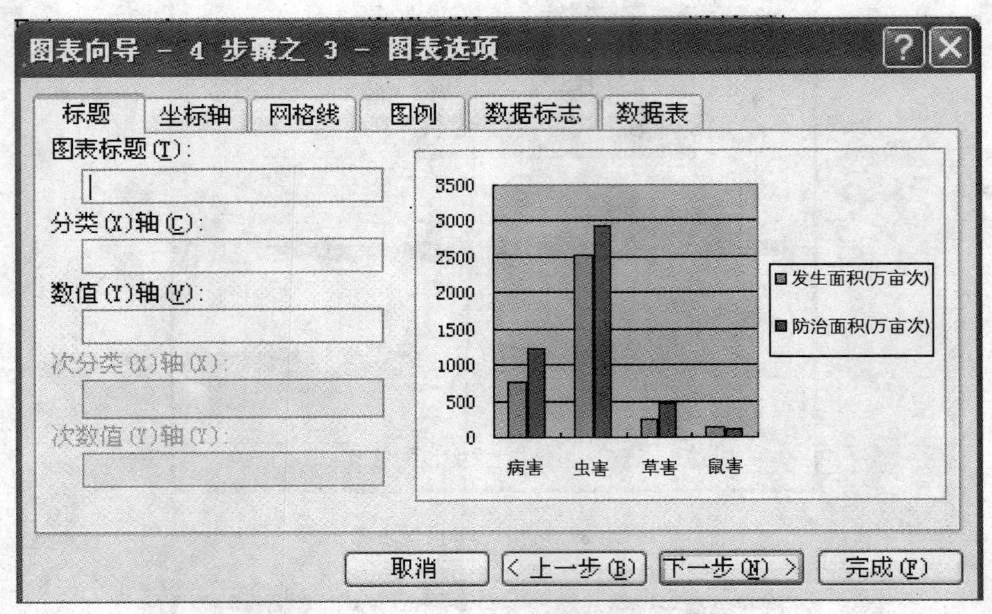

图 2—34 “图表导向”步骤 4

6. 选择图表位置并显示结果

为图表选择保存位置，或放在独立的工作表中，或作为一个对象放在当前工作表中。然后单击“完成”按钮。本例中选择放在独立的工作表中，如图 2—35 所示。

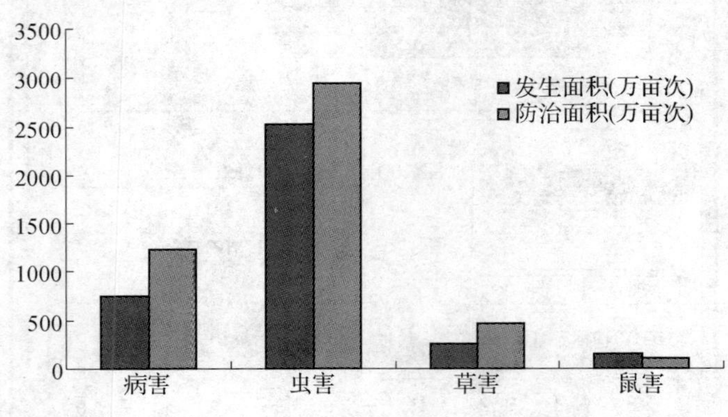

图 2—35 插入图表结果

第3章

粮油作物主要病虫草害

第 1 节　水稻常见病害

学习目标

熟悉水稻主要病害的发病因素。

掌握主要病害的为害症状、预测预报方法和综防措施。

能够根据图片或标本识别不同病害。

能够针对不同病害制定相应的防治措施。

能够熟练操作种子处理的各个步骤。

知识要求

一、水稻白叶枯病

水稻白叶枯病是由细菌侵害引起的病害，水稻从苗期到抽穗期都会发生，但以分蘖末期至抽穗前期发病为多。水稻发病后，一般秕粒增多，病害严重则影响抽穗灌浆，造成重大损失。

1. 发病症状

水稻白叶枯病症状有以下几种类型：叶枯型、急性型、凋萎型、黄叶型。其中叶枯型是最常见的典型症状。病斑先从叶尖或叶缘发生，最初为黄绿色或暗绿色斑点，后沿叶脉扩展为长条状病斑枯死，枯死部分为黄白色或灰白色，枯死部和健全部界限明显，交界处有时显波浪状。湿度大时，病叶上分泌出蜜黄色小珠状细菌流胶，流胶的量比细菌性条斑病少。

白叶枯病与生理性叶片枯死症状容易混淆，应注意区别。区别时，除了根据病害发展情况进行判断之外，生理性病害的主要特点是叶片里没有细菌。鉴别时，可在初期病斑处剪一小块叶片，放在滴有净水的载玻片上，盖上盖玻片，约停 1 分钟后，在光线不太强烈处用肉眼观察，如在与叶脉垂直的切口处有混浊的液体不断流出，即说明叶片里有细菌；反之，就是生理性枯死。

2. 发病规律

带菌种子、带病稻草和残留田间的病株稻桩是主要初侵染源。李氏禾等田边杂草也能传病。细菌在种子内越冬，播种后，细菌可通过幼苗的根和芽鞘侵入，引起发病。发病时，一般先出现中心病株，然后在病株上分泌包含细菌的细菌流胶（又叫菌脓），借风、雨、露水、灌溉水、昆虫、人为等因素传播。一般自分蘖末期起至抽穗阶段最易感病。

白叶枯病的发生、流行与气候、肥水管理、品种等都有密切关系，尤其与水的关系极为密切。

（1）高温高湿、多雾和台风、暴雨的侵袭都能引起病害严重发生。最适宜于白叶枯病菌发病温度是26～30℃，当气温高于33℃或低于20℃时病害发展受到抑制。由于病菌的侵染和传播与风雨、洪涝、雾露等都有关系，因此，不同年份降雨量的多少和空气湿度高低，是决定发病轻重的主要原因。

（2）凡灌深水或稻株受淹，发病就重，尤以拔节期以后更加明显；浸淹时间越长，次数越多，则病害越重。偏施氮肥都有助长发病的作用；追肥过迟、过多，稻株生长过旺的田块，病害往往也重。

（3）一般籼稻重于粳稻，矮秆阔叶品种重于高秆窄叶品种，早稻和晚稻比中稻抗病，中稻中以杂交稻易感病。

3. 预测预报

（1）发病趋势预测。根据上年及上季水稻的病原基数，以及当季水稻的感病品种种植比例、感病生育期出现期和气象部门台风、暴雨、洪涝灾害预测等，对当季水稻白叶枯病的发病趋势作出长期预报，并在洪涝、台风等灾害性气候出现期，再作出发病趋势的中短期预报。

（2）发生期预报。当从早、中稻田水中测得噬菌体量达到一定数量时，根据历年测得的噬菌体量与始病期的期距相关性，作出发生期预报。中晚稻可根据水稻感病生育期出现期、病源基数、气象预报以及历年观测圃与各品种间的始病期出现的期距，作出中期预报。在观测圃始见发病后以及观测圃每次病情回升期，作出防治适期的短期预报。

（3）白叶枯病发生程度分级标准。病害流行预测指标为：

1）轻发生。发病面积占水稻面积5%以下，损失率10%以下。

2）中发生。发病面积占水稻面积5%～10%，损失率10%～20%。

3）重发生。发病面积占水稻面积10%以上，损失率20%以上。

4. 防治措施

水稻白叶枯病是一种细菌性病害，发病后较难治好，所以，要加强预防措施，并辅以药剂保护，防止病害的扩展蔓延。

（1）实施植物检疫。建立无病留种田，调运种子时严格执行检疫制度。

（2）选种。培育抗病良种，淘汰感病品种。

（3）种子处理。用85%的三氯异氰脲酸粉剂500倍液浸稻种24 h，洗净药液后催芽播种。

（4）加强栽培管理。施肥要注意氮、磷、钾的配合，基肥应以有机肥为主，后期慎用氮肥；绿肥或其他有机肥过多的田，可施用适量石灰和草木灰。要浅水勤灌，适时适度搁田，严防秧苗淹水，铲除田边杂草。这些都有减轻发病的作用。

（5）药剂防治。每亩用20%的噻菌铜悬浮剂100～130 mL对水45 kg防治。一般在淹水秧苗排水后立即用药，秧苗三叶期及移栽前各喷药一次。大田于发病初期，重点防治发病中心地块，根据病情发展情况，每5～7天喷药一次，连续防治2～3次。

二、水稻细菌性条斑病

水稻细菌性条斑病是由细菌侵害引起的，水稻从苗期到抽穗期都会发生，但以分蘖末期至抽穗前期发病为多。水稻发病后，一般秕粒增多，病害严重则影响抽穗灌浆，造成重大损失。

1. 发病症状

病斑在叶面上任何部位都可以发生；最初出现暗绿色水渍状半透明小点，后扩展成黄褐色短条状病斑，病斑多时可连成长条斑，严重时也能造成全叶枯死；在空气潮湿的条件下病斑上也能产生大量小珠状细菌流胶，在叶背面更多一些，流胶颜色比白叶枯病深，为蜡黄色。

2. 发病规律

在菌源存在的前提下，细菌性条斑病的发生与流行主要受气候、品种抗病性及栽培管理技术等因素的影响。

（1）气候条件。发生流行要求高温、高湿条件，在气温28℃、相对湿度接近饱和时，最适合于病害发展。台风、暴雨或洪涝侵袭，造成叶片出现大量伤口，有利病菌的侵入和传播，易引起病害流行。

（2）品种抗病性。目前尚未发现对细菌性条斑病免疫的品种，但品种间抗病性差异明显。一般粳稻较籼稻、糯稻抗病；常规稻较杂交稻抗病。

（3）栽培管理技术。一般深灌、串灌、漫灌，偏施或迟施氮肥，均有利于此病的发生和为害。

预测预报和防治措施同水稻白叶枯病。

三、水稻烂秧

烂秧是水稻苗期的重要病害，它是水稻种子、幼芽和幼苗腐烂的总称，其中包括一叶一心前的烂种、烂芽及二三叶期的死苗。上海郊区在种早稻时，秧苗上常有发生，危害较大。由于烂秧造成秧苗不足，影响移栽时间和栽插面积。

1. 发病症状

（1）生理性烂秧。这主要由不良气候和秧田管理不好而引起。通常幼芽和幼根发生卷曲，以后转为黄褐色，病重的幼根腐烂，幼芽变褐枯死或向下弯曲成钩状。另外常见的是发生“黄枯”和“黑根”现象。

（2）病菌引起烂秧。在不良的外界环境和栽培管理不当时，秧苗生长衰弱，易遭受病菌侵害引起烂秧。病菌可以在土壤和病株残体上生活，由灌溉水和空气传播。常见有以下两种：

1）绵腐病。病菌多在土壤和水中生活，播种后，为害秧苗，并依靠它们继续传播。发病时，先在幼芽部位出现少量乳白色胶状物，以后长出白色棉毛状物；最后常常变成泥土色或褐色、绿色等，开始时零星发生，很快向四周蔓延，严重时成块、成片死亡。

2）立枯病。病菌在土壤或植株残体内越冬，依靠气流传播，侵害秧苗。发病时，在谷壳或秧苗茎基部，产生赤色绒毛状霉层，发病秧苗枯萎，基部腐烂，拔时易断。

2. 发病规律

水稻烂秧发生与环境有较大关系。

（1）低温和缺乏氧气，使秧苗生长弱，抵抗力差，是引起烂秧的主要原因。寒流之后又逢连续阴雨、低温，秧田深水灌溉过久或低洼地常淹水的秧苗，都容易引起烂秧。低温后转晴温度上升，有利于病菌的繁殖，绵腐病、立枯病即迅速扩展。

（2）谷种质量差。催芽时，温度过高，芽过长，抵抗力降低；同时播种时易损伤，又撒不匀，常致腐烂。

（3）秧田位置不当，光照不足；秧田泥土过烂，整地时又未适当搁硬，容易使谷种深陷泥中；或秧板不平，低处积水妨碍幼芽的呼吸作用，高处的秧苗易遭霜冻和阳光晒伤，都可造成秧苗生长不良而引起烂秧。

（4）施用未腐熟的有机肥料，绿肥在秧田翻耕过迟，或用污水灌溉作肥料，也都容易引起烂秧。这种情况，加上深水灌溉过久，土中可产生大量有毒物质，“黑根”现象就严重。

另外，有害生物如藻类大量繁殖，阻碍了秧苗的生长；红蚯蚓、椎实螺、红丝虫（稻摇蚊幼虫）等大量活动时，阻碍了种子扎根或把种子深埋土内，以及秧苗得了胡麻斑病等，都可造成秧苗的死亡。

3. 防治措施

水稻烂秧主要是因为秧苗衰弱，不能抵抗外界不良气候或病菌的侵袭。因此，培育壮秧，加强栽培管理，增强秧苗抗病能力，是预防烂秧的主要办法。

（1）预防措施

1）选择避风向阳、土质好、灌溉便利、田面平整的田块作秧田。秧田整地质量高，地一定要整平，整地后适当搁硬。同时要做到秧田清洁，施用充分腐熟的肥料，避免污水灌秧，对防止烂秧有显著作用。

2）播前做好选种工作，同时进行浸种催芽（80%乙蒜素乳油 4 000～5 000 倍液浸种 2～3 天，对培育壮秧效果好）。催芽不宜过长，以免遇到恶劣气候时容易发生烂芽；并应防止烧芽。芽催好后，摊开晾一天一夜，增强抗寒能力。

3）抢寒流的冷尾暖头适时播种，使播后有 3～5 个晴天，利于幼芽扎根现青。同时注意播种不宜过密，要均匀；播后进行“塌谷”，以利秧苗扎根，上面再盖上一层草木灰，既保暖，又增加肥力，使种子发芽整齐，出苗快，生命力强，增强抗病力。

4）加强秧田水浆管理，播种后 7～10 天保持秧板湿润，促使扎根生长。以后灌“跑马水”；三叶期后浅水勤灌。雨天排水，遇大风、雷阵雨或低温寒潮，需灌水护秧。

5）早播的双季早稻采用“塑料薄膜育秧”，抢季节，早育秧，防止低温侵袭，预防由于低温引起的烂秧。

（2）急救措施

1）长期灌水秧田发生烂秧后，立即排水落干，使种子幼芽与阳光空气充分接触，促使秧苗迅速扎根。发生“黑根”为主的秧田，可采用小水勤灌，冲淡毒物，促使幼苗恢复健康。

2）药剂防治：用药前排水落干，留下一层浅水（0.5～1 cm 即可）。秧田发生绵腐病或青苔时，喷施硫酸铜或杀毒矾 1 000 倍液，或每亩施 15～25 kg 草木灰。防治立枯病，用 70%敌磺钠可溶性粉剂 1 000 倍液，于下午 5 时后进行喷药，用药 2 天后上水。

四、水稻菌核病

水稻菌核病是常见病害，对单季晚稻及后季稻都有危害。每年 7～8 月开始发生，9 月下旬到 10 月稻株被害显著，有的年份局部地区受害严重。

1. 发病症状

此病种类很多，上海郊区发生的主要是小球菌核病和小黑菌核病（统称小粒菌核病），其次是褐色菌核病。

小球菌核病和小黑菌核病病症相似，初期在近水面的叶鞘表面形成小的黑褐色病斑，由此向上、向下生成黑色的细条线。病斑在扩大的同时，病菌侵染到叶鞘内部及茎秆，生成同样的黑色条斑，最后使茎秆基部变黑、腐朽。病株上部失去光泽，稻穗发白、谷粒空瘪，叶片青萎、枯黄，严重时稻株萎蔫倒伏。剥开病部可见叶鞘和茎内有无数黑色细小菌核（病轻时，茎基节间变淡褐色，茎内有白色菌丝）。

褐色菌核病病斑，褐色椭圆形，多数群生，中心灰褐色，边缘褐色。病斑联合后，形成云纹状类似纹枯病的病斑。后期在叶鞘组织里或茎内，生有短圆柱形或球形的暗褐色菌核。

病菌以菌核在稻草、稻桩上或散落在土壤中越冬。稻田整地灌水时，菌核浮在水面上，以后附着在稻株上，在温度适宜时长出菌丝，侵害叶鞘、茎秆，引起发病。此后病菌依靠水流、气流或稻飞虱、叶蝉等传播，使病害不断扩展蔓延。

2. 发病规律

（1）氮肥施用过多或过迟，是引起发病的重要原因。

（2）田间后期脱水过早，特别是孕穗到抽穗灌浆期，田间缺水，遭受干旱，是加重病情的因素。但长期深水、排水不良的田块，也会使发病严重。

（3）稻飞虱、叶蝉发生多，本病也相应严重。因为它们不断造成大量伤口，有利病菌侵入。

3. 预测预报

根据当地农业区域、土壤含钾量、晚稻前期本病的田间病株率、菌核量和品种抗病性等因素，结合当年稻飞虱的发生趋势、氮肥用量和秋季气温预报，综合分析，进行当年晚稻菌核病趋势预测（见表3—1）。

表3—1　　发病为害程度分级标准　　%

发生程度	产量损失	株枯秆率	该类型田发病面积比例
轻发生	<5	<10	<10
中发生	5～10	10～20	10～20
重发生	>10	>20	>20

4. 防治措施

（1）选育抗病高产品种。

（2）合理施肥。氮肥施用不可过量或过迟、分蘖拔节期适当追施草木灰或其他磷钾肥。注意有机肥和化肥的配合使用。

（3）抓好水浆管理。采用浅水勤灌，干干湿湿，适时适当搁田。孕穗到抽穗灌浆期，保持浅水层，后期经常灌“跑马水”，保持田面湿润，后期不要过早脱水。如发现稻株失去光泽、稻穗发白，出现萎蔫现象时，应立即灌水抢救，可减轻病情。

（4）减少发病菌源。整地灌水后捞除浮渣。如用稻草作肥料，一定要经过充分腐熟杀菌后，才可以施用；特别在水稻生长中后期，及时防治稻飞虱和叶蝉，减少病菌由伤口侵入而引起病害蔓延。

（5）药剂防治。在水稻幼穗分化至孕穗末期，如发现该病在危害蔓延时，可每亩用50％多菌灵可湿性粉剂 45 g 对水 45 kg 防治，药水喷在植株中上部叶片上。也可结合防治纹枯病时用井冈霉素等药剂兼治。

五、水稻黑条矮缩病

水稻黑条矮缩病是水稻感染病毒后引起的，俗称矮稻，个别年份病害严重，特别是2008 年以来在部分地区有加大为害的趋势。该病除为害水稻外，还为害大麦、小麦、玉米、高粱，及稗、看麦娘等。

1. 发病症状

病株明显矮缩，叶色浓绿，叶片僵硬，叶背、叶鞘及茎秆的脉上常有蜡白色，后来变黑褐色的条状突起。根系为“翘胡须”状，须根粗短，黄褐色，根毛稀少。感病早的不能抽穗，早期枯死；感病迟的抽穗结实不良，穗颈缩短，剑叶较短宽。本病易与稻普通矮缩病混淆，一般以具有蜡白色突起而与后者相区别。

2. 发病规律

该病主要由水稻灰飞虱传毒，土壤、种子、病草及病汁液都不能传病。灰飞虱在病株上吸食 1 h 即可以带毒；吸食 1 天有 60％～70％的虫子带毒；吸食 3 天以上，虫子带毒率达 90％以上。但这时虫子还不能传毒，必须经过 7～35 天（多数为 15～24 天）才有传毒力，通常称这段时间为病毒在虫体内的循回期。灰飞虱经过循回期后，在健全稻苗上只要吸食 30 min 就可以引起 20％的稻苗发病；吸食时间越长，稻苗可能发病的比例越高。健全稻苗被病毒侵染后一般需经过 15 天左右才表现症状，这段时间叫作病毒在稻体内的潜育期。

灰飞虱不能将病毒经过卵传给后代，只有在病源植物如矮稻、矮麦等上吸食后才能带毒。所以，水稻黑条矮缩病是通过灰飞虱在水稻、麦子、玉米上反复转移而进行传播的。在上海郊区带毒的越冬灰飞虱将晚稻上的病毒传至麦子上造成矮麦；第二年，第一代灰稻虱从矮麦上获得病毒，5 月中下旬起从麦子迁飞到早稻，造成矮稻；6 月下旬、7 月中下旬，第二代、第三代分别从早稻迁入晚稻秧田和大田，传病为害；以后晚稻上的越冬虫子又将病毒传至麦子上，如此循环反复。

3. 预测预报

水稻黑条矮缩病发生的轻重，取决于病源矮麦和传毒昆虫灰飞虱的数量这两个因素。其中，灰飞虱是主要的因素。一般根据灰飞虱种群基数、虫口密度和灯诱数量，结合水稻品种与生育期、气象资料和历年发生资料，分析灰飞虱发育进度以及带毒率估测，预测当年灰飞虱和水稻黑条矮缩病发生为害趋势。

(1) 灰飞虱发生预测。

1) 发生期预测。可通过虫态历期预测法、期距预测法和物候预测法预测。灰飞虱成虫迁移期是水稻黑条矮缩病的传毒关键期，一般大、小麦旺收期后5～10天，即为第一代成虫迁移盛期。早稻旺收期即为第二、三代成虫迁移盛期。

2) 发生量预测。

观测区总成虫量＝上一代若虫稳定期各类型平均每公顷虫量×（1－虫口死亡率）×（观测区寄主作物种植面积＋休闲田面积）

观测区总卵量＝总成虫量×雌成虫百分率×每头雌虫产卵量

每公顷卵量＝总卵量/分布种植寄主作物面积

每公顷存活虫量＝每公顷卵量×自然孵化率×成活率

(2) 黑条矮缩病发生趋势预测。如果冬季气温较高，秋冬治虫不好，越冬虫口数量多，春季矮麦发生普遍，发病就有严重的趋势。根据上海郊区历年测报情况，如矮麦发生极少，多数田块灰飞虱在每平方米2头以内，并且春季气温回升缓慢，灰飞虱发育进度不快，则灰飞虱不致大发生，稻矮缩病也不致流行。反之，当矮麦发生重，灰飞虱在每平方米为10头上下，甚至达20头以上，且春季气温回升早，灰飞虱发育进度快，羽化高峰出现早，那么不仅灰飞虱可能大发生，而且稻黑条矮缩病也会流行。

4. 防治措施

贯彻“切断毒链，治虫控病”的防治策略，采取农业、物理、化学等综合措施，多环节地控制灰飞虱迁入稻田的数量和减少稻田的发生量，避免灰飞虱传毒为害。

(1) 农业防治

选用抗（耐）病品种，连片种植，并同时移栽。清除田边杂草，减少中间寄主，压低虫源、毒源。

(2) 药剂防治

1) 浸种。每6 kg稻种，可选用10％的吡虫啉可湿性粉剂10 g浸种处理。

2) 大田防治。移栽稻在水稻秧苗立针期每亩使用25％吡蚜酮可湿性粉剂20 g，进行第一次防治，秧苗移栽前用25％的噻嗪酮可湿性粉剂40 g进行第二次防治。直播稻在一叶一心期，使用25％的吡蚜酮可湿性粉剂20 g，进行第一次防治，以后视情况进行防治。

对发病较重地区，在秧田、大田初期防治灰飞虱同时，配合使用防病毒药剂，提高水稻抗病能力，进一步提高控制效果。

注意同时连片用药，统防统治，确保防效。

六、南方水稻黑条矮缩病

南方水稻黑条矮缩病病毒是由我国科学工作者首先发现鉴定和命名的为害农作物的病毒新种，属于斐济病毒属。近年来，该病害在我国南方稻区和越南发生面积迅速扩大，为害程度明显加重，尤其是 2009 年造成了多点成片田块绝收，农业生产损失巨大，对我国水稻生产安全的潜在威胁巨大。

1. 发病症状

南方水稻黑条矮缩病病毒在水稻各生育期均可感病显症。秧苗期感病的稻株严重矮缩（不及正常株高 1/3），不能拔节，重病株早枯死亡；大田初期感病的稻株明显矮缩（约为正常株高 1/2），不抽穗或仅抽包颈穗；拔节期感病的稻株矮缩不明显、能抽穗，但穗型小、实粒少、粒重轻。

稻株发病症状因染病时期不同而异，但感病后的稻株局部也存在部分共性特征：一是发病稻株叶色深绿，上部叶片的叶面可见凹凸不平的皱褶（多见于叶片基部）；二是病株地上数节节部有倒生须根及高节位分枝；三是病株茎秆表面有乳白色大小 1～2 mm 的瘤状突起，手摸有明显粗糙感；四是瘤突呈蜡点状纵向排列成条形，早期乳白色，后期褐黑色；五是病瘤产生的节位，因感病时期不同而异，早期感病稻株，病瘤产生在下位节，感病时期越晚，病瘤产生的节位越高；六是感病植株根系不发达，须根少而短，严重时根系呈黄褐色。

2. 发生规律

该病毒于 2001 年在我国广东首次发现，2008 年被正式鉴定为南方水稻黑条矮缩病病毒新种，目前全国已有湖南、江西、广东、广西、海南、浙江、福建、湖北和安徽 9 个水稻主产省（区）明确发生。2009 年全国发生面积约 500 万亩，基本失收面积 10 万亩。另外，该病毒不仅可侵染水稻引起发病，也可侵入玉米为害，2009 年海南、广东、广西等地玉米上出现不同程度的发病，在山东省嘉祥县玉米中也检测到了该病毒。

由于该病害主要由远距离迁飞的白背飞虱持久性传毒，且在水稻各生育期均能感病受害，因此其具有流行扩散快、监测防控难、为害损失大的显著特点。据初步研究调查，水稻苗期、分蘖前期感染发病后基本绝收，拔节期发病产量损失一般为 50%左右，孕穗期发病产量损失约 30%；玉米苗期发病可造成绝收，后期感染发病也能引起一定的产量损失。

3. 预测预报

南方水稻黑条矮缩病的发生为害与白背飞虱的虫源基数和带毒率、耕作制度、气候条件、白背飞虱迁入期与水稻敏感期的吻合度等关系密切（见表 3—2），生产上一般通过白背飞虱虫量和带毒率等进行预测。

表 3—2　　南方水稻黑条矮缩病发生程度分级指标

类型田	发生程度				
	轻发生 （1 级）	偏轻发生 （2 级）	中等发生 （3 级）	偏重发生 （4 级）	大发生 （5 级）
秧田	＜1.0％	1.1％～3.0％	3.1％～10.0％	10.1％～20％	＞20％
本田	＜1.0％	1.1％～3.0％	3.1％～10.0％	10.1％～20％	＞20％

注：发生程度以病丛率（％）来确定。

4. 防治措施

推行以农业防治为基础，“治虱防矮”为重点，应急补救为补充的防治策略。加强白背飞虱监测调查力度，及时准确测定关键传毒时期白背飞虱带毒率，为治虱防矮提供依据；抓住水稻 7 叶期前这一关键时期，做好单季稻和双季晚稻秧田和本田初期稻飞虱防治；对已发生南方水稻黑条矮缩病的病田，根据田间发病程度分别采取不同的应急补救措施。

（1）农业防治。

1）选育抗病品种。目前应注意避免种植本地区上年度南方水稻黑条矮缩病重发品种。

2）推广合理施肥，采取适当增施磷、钾肥，加强肥水管理，提高植株抗病能力等水稻健身栽培措施。

3）南方水稻黑条矮缩病重发地区，应适当加大播种量，合理密植，或预留备用苗，以备水稻分蘖期田间发病时“掰蘖补苗”之需。

4）推行集中育秧，统一病虫防治管理，培育无病壮秧。

（2）化学防治。

1）种子拌种处理。拌种处理要求在种子催芽露白后用吡蚜酮有效成分 0.5 g 或高含量吡虫啉有效成分 1 g，先与少量细土或谷糠拌匀，再均匀拌 1 kg 种子（以干种子计重）即可播种。

2）秧苗期治虱防矮。要根据田间稻飞虱虫情监测情况，适时进行防治。经过上述药剂拌种的，秧苗移栽前一周要施药一次；没有经过拌种的，要施药 2 次，即秧苗二叶一心喷药 1 次，第二次在抛栽前 3～5 天，施药时秧田附近杂草必须同时施药。

3）对于早稻，在分蘖期统筹兼顾安排好飞虱和其他害虫的防治，以减少当代白背飞虱带毒成虫的数量。6 月中旬，白背飞虱若虫盛发期做好大面积飞虱防治，努力压低白背飞虱迁移到中稻和晚稻秧田的虫口基数。对于中稻、晚稻，在移栽后 7～10 天，施防治白背飞虱药剂一次。以后飞虱防治按照常年防治策略进行。

大田防治飞虱应选用高效对口单剂，如吡蚜酮、高含量吡虫啉、烯啶虫胺、噻虫嗪、噻嗪酮等药剂，要用足药剂量及药液量，确保防治效果。要交替用药延缓抗药性的产生。

（3）适时采取应急补救措施。一是对发病秧田，要及时剔除病株。二是对大田分蘖期发病株，及时直接踩入泥中，然后从健丛中掰蘖补苗，同时要加强肥水管理，促进早发。三是对发病特别严重的丘块，建议及时翻耕改种下茬水稻或其他作物。

七、干尖线虫病

干尖线虫病是常见的水稻种传病害之一。大多在剑叶上表现症状，影响稻谷结实，发病严重时一般每穗总粒数减少 30%，千粒重下降 15%～25%，稻谷产量损失 10%～30%，最重时甚至可以达到 50%。

1. 发病症状

水稻苗期常不表现症状，孕穗后症状逐渐趋于明显。通常是剑叶及其以下 1～2 叶片尖端变黄，然后干枯捻转，卷曲而成干尖，呈灰白色或浅褐色。受害植株尤其是剑叶明显缩短，稻穗变小，秕粒增多，千粒重下降。

2. 发病规律

水稻感病种子是初侵染源。线虫不侵入稻米粒内。以成虫、幼虫在谷粒颖壳中越冬，干燥条件可存活 3 年，浸水条件能存活 30 天。浸种时，种子内线虫复苏，游离于水中，遇幼芽从芽鞘缝钻入，附于生长点、叶芽及新生嫩叶尖端的细胞外，以吻针刺入细胞吸食汁液，致被害叶形成干尖。侵入后水稻叶尖形成特有的白化，随后坏死，剑叶卷曲变形，包围花序。花序变小，谷粒减少。孕穗期集中在幼穗颖壳内外，造成穗粒带虫。线虫在稻株内繁殖 1～2 代。线虫的远距离传播，主要靠稻种调运或稻壳作为商品包装运输的填充物，而把干尖线虫传到其他地区。秧田期和本田初期靠灌溉水传播，扩大为害。土壤不能传病。

3. 防治措施

干尖线虫病以带虫种子为其主要初侵染源。因此，建立无病留种田和进行种子处理是控制病害发生的关键措施。

（1）选用无病种子。不在病田及附近田块留种，应从无病地区引种，剔除瘪谷和受伤的种子。

(2) 种子处理。选用每亩种子用6%的杀螟丹水剂8～12 mL配制浸种液后浸种。在日平均气温18～20℃时，浸种60 h，23～25℃时浸种48 h，7月份播种的假单季稻也要浸种36 h。

(3) 结合耘稻拔除病株作饲料。不要用带病的稻草覆盖秧田，特别是不能用病稻草作催芽用的保温保湿物，以免传播病害。

八、稻胡麻斑病

稻胡麻斑病又称稻胡麻叶斑病，是上海郊区水稻上的常见病害。苗期发病较重，严重时影响生长发育。穗颈、谷粒受害，造成穗枯和粒枯，使千粒重降低，产量、质量都受损失。

1. 发病症状

种子发芽期芽鞘受害，变成褐色，有的甚至芽未抽出，子叶即枯死。子叶受害，产生有短绒状霉层的斑点，常提早腐烂。

苗期受害，叶片及叶鞘上散生许多如芝麻粒状大小的病斑。病斑中央为灰褐色至灰白色，边缘褐色，周围有深浅不同的黄色晕圈，严重时能互相联合成不规则的大病斑。发病的叶片由叶尖逐渐向下干枯，严重时整株枯死，根部发黑。易感病的品种，叶片上会产生暗绿色急性型不规则的大病斑，上面密生一层黑褐色霉层（为病菌的分生孢子梗和分生孢子），严重时，病斑密集相连，造成叶片枯死。

穗颈受害，呈现褐色或灰褐色，造成穗枯，易与穗颈瘟相混淆。但仔细观察，仍可辨别。一般穗颈瘟病斑色泽比胡麻叶斑病深，黑褐色，后变灰褐色；变色部位比胡麻叶斑病短，胡麻叶斑病变色部位甚至可达8 cm左右。也可剪取病部，进行保湿培养，一般穗颈瘟经过一昼夜即可在病部看到灰绿色霉层，而胡麻叶斑病需经过2天才长出分生孢子，病部为深褐色。

谷粒早期受害，病斑扩及全粒，灰黑色，造成秕谷。湿度大时表面均会产生黑褐色霉层。

2. 发病规律

胡麻斑病菌以菌丝和分生孢子在病谷和病稻草上越冬，次年分生孢子随风吹散到秧田和大田，孢子萌发，菌丝直接由表皮或气孔侵入。播种病谷，谷壳上潜伏的菌丝能直接侵害幼苗，造成初次侵染。在水稻整个生长期间，病株上形成的大量分生孢子可反复再侵染。

3. 预测预报

高温高湿、有雾露存在时发病重。

在酸性、砂质、保肥力差的土壤，或高温多湿、土壤缺肥缺水的情况下发病较重。

4. 防治措施

（1）选用无病种子或进行种子消毒。

（2）深耕灭茬，压低菌源。病稻草要及时处理销毁。

（3）合理施肥和灌溉，使水稻生长健壮，避免因缺肥水而发病。

（4）酸性土壤施适量石灰或草木灰。

（5）药剂防治。每亩使用20%的三环唑可湿性粉剂 100 g，或对水 40～45 kg 均匀喷雾，或在防治稻瘟病时兼治。

九、稻叶黑粉病

稻叶黑粉病又称黑肿病，虽为上海郊区的常见病害，但病害不重。主要在水稻叶片上发生。

1. 发病症状

病斑初期为褐色，沿叶脉成断续线状，以后从中心起变为黑色，斑点稍隆起，周围变黄，严重时斑点铺满叶面，叶片从尖端开始枯黄，碎裂成丝状。

2. 发病规律

病菌以厚垣孢子在被害叶上越冬，第二年夏季萌芽，以小孢子传播危害水稻。秧苗移栽返青后就可发病，8 月发生最盛，9 月以后不再继续发展。一般在水稻缺肥、生育不良情况下发病较多。

3. 预测预报

土壤瘠薄的缺肥田，尤其是缺磷、缺钾田块发病重。田边、路旁或营养不良的植株基部叶片易发病，早熟品种较晚熟品种发病重，杂交稻进入分蘖盛期即开始发病，个别地块发生很重。

4. 防治措施

（1）选用抗病品种。

（2）合理施肥，避免水稻因缺肥而造成早衰，并注意增施磷、钾肥，提高稻株抗病力。

（3）处理病田稻草。

（4）药剂防治。每亩用20%的三唑酮乳油 40 mL，或 17.5%的烯唑·多菌灵可湿性粉剂 60～70 g，对水 50 kg 喷雾，在水稻破口前后慎用，注意药害。

十、稻叶鞘腐败病

稻叶鞘腐败病在上海郊区常有少量发生，病害较轻。我国最早在台湾发现，江苏、浙江、湖南等省也曾有发生。

1. 发病症状

主要在水稻孕穗期于剑叶叶鞘上发生，起初显现暗褐色病斑，扩大后形成虎斑状大斑，边缘暗褐色或黑褐色，中间色较浅。严重情况下，病斑可扩展蔓延到整个叶鞘或大部，造成不抽穗或半抽穗，内部全部或部分腐烂，在颖壳及叶鞘内壁上生有淡粉红色霉层（为病菌的分生孢子梗、分生孢子、菌丝等）。病症初看与稻纹枯病相近，但前者只为害剑叶叶鞘和幼穗，病斑状如虎斑，斑纹相间明显；后者病斑云纹状，灰白色。

2. 发病规律

初次侵染源来自带菌的水稻种子及病残体，大田杂草及水稻病株是再次侵染的来源。稻飞虱、螨、螟虫对病菌的传播起着重要作用。受害较重的田块多为晚稻。感病的轻重又与品种密切相关，一般高秆易倒伏的品种发病重。

3. 预测预报

在高温、高湿的条件下容易发生。病菌侵入和在体内扩展最适温度为30℃，低温条件下水稻抽穗慢，病菌侵入机会多，高温时病菌侵染率低，但病菌在体内扩展快，发病重。

生产上氮磷钾比例失调，尤其是氮肥过量、过迟或缺磷及田间缺肥时发病重。孕穗期受螟虫为害的更易感染。此外，水稻齿叶矮缩病也能诱发典型的叶鞘腐败病。

4. 防治措施

（1）选用抗倒抗病品种。

（2）妥善处理病草，重病田稻草要及时挑离田边，作堆肥的病草应当充分腐熟后再施用。

（3）加强肥水管理，防止偏施、迟施氮肥。

（4）药剂防治。每亩使用20%的三环唑可湿性粉剂100 g对水40～45 kg，均匀喷雾。一般在防治稻瘟病时进行兼治。

十一、稻粒黑粉病

稻粒黑粉病俗称乌米谷、黑粉谷。晚稻比早稻发生多。主要为害稻穗，一般零星发生，为害不大。病害严重时，不但影响产量，而且使米粒污染黑粉，米质变劣。

1. 发病症状

发生在稻穗的个别稻粒上，一般多在穗的下部。病谷米粒全部或部分被破坏，露出污黑色粉末（厚垣孢子）。病粒的外表症状一般有3种类型：

（1）谷粒不变色，在外颖背线近护颖处开裂，伸出大红色或白色舌状物，这是病粒的胚及胚乳部分。在开裂部位，常附着黑色粉末。

（2）谷粒不变色，在内颖间开裂，露出圆锥形黑色角状物，破裂后散出黑色粉末，黏附于开裂部位。

（3）谷粒变暗绿色，不开裂，不充实，与青粒相似。有的谷粒变为焦黄色，手捏有松软感。病粒用水浸泡变黑，可与健粒区别。

2. 发病规律

病菌以厚垣孢子在土壤、种子内外和禽畜粪肥中越冬，其中以土壤表面为主。第二年，水稻开花、灌浆时期，病菌萌发并随风飞散，侵害水稻花器、子房或幼嫩的谷粒。病菌在谷粒内蔓延，使米粒不能形成。后期病菌（厚垣孢子）在病粒内或因病粒破裂而黏附到附近健粒上，或落入土中越冬。水稻从抽穗到乳熟期，特别在开花到乳熟期最易感病。这一时期如遇雨水多，空气湿度高，更有利于病菌的萌发和侵害，容易诱发此病。

3. 预测预报

稻粒黑粉病的发生与菌源数量、栽培措施、气候条件和品种抗病性等许多因素密切相关。

（1）菌源数量。一般在连续制种 3 年以上的田块发病较重，且制种时间越长，病害越重，这主要与土壤中积累大量病菌有关。此外，病种子也是重要的侵染源，病种子带菌率越高，病害发生也越重。

（2）水稻抗病性及生育期。粳、糯稻发病最轻，籼稻和杂交稻发病也轻，杂交稻制种田发病最重。水稻扬花期最易感病。

（3）栽培措施。制种田播期调节不好，栽培措施不当，花期相遇不好的田块发病重。偏施、迟施氮肥发病重，长期深灌或淹水也加重病害发生。

（4）气候条件。在水稻抽穗到乳熟阶段，特别是扬花期，温度为 25～30℃，如果出现连续阴雨天气，有利于孢子萌发、侵入，有利于发病。

4. 防治措施

（1）选无病种子，进行种子处理。选用抗病品种，从无病田选留种子，不到病区调种。因病谷比健谷轻，在播种前可结合盐水选种，去除病粒。最后用 50%的多菌灵 500～800 倍液浸种 24 h，进行种子消毒。

（2）合理施肥。施肥时，应避免偏施或迟施氮肥，配合施用磷、钾肥，防止水稻倒伏和徒长，增强稻株抗病力。

（3）减少菌源。收获后稻田进行深耕，将病菌埋入土中，减少第二年传病机会。厩肥或禽畜粪肥，要充分腐熟后才可施用，减少菌源。

（4）药剂防治。在母本盛花期每亩用 20%的三唑醇可湿性粉剂 80 g，或 12.5%的烯唑醇可湿性粉剂 70 g 对水喷雾 1～2 次。

技能要求

水稻种子选种的方法

操作准备

1. 做好场地的清洁。根据选种量选择合适场地，清除地坪上的杂物，将场地上的杂物打扫干净，或铺上塑料膜，以免在选种过程中混入其他杂质。

2. 准备选种工具。将选种工具、种子搬入选种场地。准备好装盛种子的容器和标签。多个品种时注意区分，分别放置。

3. 选择合适的筛子。一般麦种选用 20 目筛子，稻种选用 15 目筛子。

操作步骤

步骤 1　过筛

将 2 kg 种子倒入 15～20 目的筛子中，顺时针或逆时针甩动筛子，将杂草种子、微小杂质通过筛子过滤干净。

步骤 2　抓去杂质

筛动后，将筛盘中浮在上方中央的秸秆、杂草等粗、轻杂质抓出剔除。

步骤 3　剔除不健壮种粒

完成以上两个步骤后，用手翻动种子，将种子中空瘪、虫伤、有病斑、霉变等不健壮种粒剔除。

步骤 4　装袋

将筛选后的种子装入清洗干净的干燥的种子袋中，全部选完后，称量种子重量，做好标记，存放备用。

注意事项

1. 多个品种种子选种时注意逐个品种筛选，堆放排列整齐，避免品种之间混淆。

2. 针对不同的种子选用相应的筛子，筛子使用过后，应清理干净，避免在下一次选种时造成种子的相互掺杂。

3. 精选过的种子要做好标记。

水稻种子浸种的方法

操作准备

1. 计算浸种剂用量。根据种子量计算浸种药剂的用量和用水量。一般每 5 000 g 种子用 30 g 17%的杀螟·乙蒜素可湿性粉剂、10 g 10%的吡虫啉可湿性粉剂，约需 8 kg 水。

2. 准备浸种容器。选择浸种专用容器，要求不漏水，有盖，如常年浸种量较多，可以在固定场所用砖块和水泥砌制浸种池。

3. 准备好浸种液配制的工具。配制浸种液的母液药桶、剪刀、搅拌棒等。

4. 做好使用药剂的安全防护。穿上防护服，戴上帽子、口罩、手套等。

操作步骤

步骤 1　配制浸种液母液

加少量清水到母液桶中，按照计算的用量将杀螟·乙蒜素可湿性粉剂用剪刀剪开，倒入母液桶中；再将吡虫啉加入；用清水将空浸种剂包装袋冲洗 2～3 次，将清洗液倒入母液桶中。然后加入适量的清水，用搅拌棒将母液搅拌均匀，备用。

步骤 2　母液稀释

首先，将称量好的稀释水倒入 1/3 到浸种容器中；其次将配制好的母液倒入浸种容器，用剩余的稀释水将母液桶清洗 2 次，将清洗液倒入浸种容器；一边搅动浸种容器中的药液，一边将剩余的稀释水倒入浸种容器。

步骤 3　浸种

一边搅动，一边将稻种倒入浸种容器；稻种加完后，用搅拌棒搅拌均匀，将稻种与药液充分混合均匀；加盖；悬挂警示牌，告知浸种内容、浸种日期时间、稻种品种。

注意事项

1. 计算要准确，以用水量计算用药量，一般用水量应大于浸种量，确保浸种时将所有种子淹没，并确保在种子吸水膨胀后所有种子仍浸泡在药液中。

2. 配制药液要做好个人防护，一定要穿戴防护服，戴口罩、手套、防护帽等。

3. 对袋装药剂应使用剪刀开包，不可用手直接撕开，避免农药在撕开时由于受力不均衡而喷洒或溅出。

4. 不可直接用手接触搅拌浸种液和种子，避免农药对人体的污染，造成人体中毒。

5. 根据气温，确保浸种时间，以达到浸种效果。在日平均气温 18～20℃时，浸种 60 h（三夜两天），23～25℃时浸种 48 h。5 月底以前浸种的，一般要求浸足 60 h，6 月初开始播种的单季晚稻，需浸足 48 h，7 月播种的假单季稻也要浸 36 h。

6. 浸种后一定要对浸种容器悬挂警示标牌，作用一是防止误将药液浸过的种子拿作他用，二是记录浸种时间。

第 2 节　水稻主要虫害

学习目标

熟悉水稻主要虫害的形态特征、发生规律。

掌握主要虫害的为害症状、预测预报方法和综防措施。

能够根据图片或标本识别不同虫害。

能够针对不同虫害制定相应的防治措施。

知识要求

一、三化螟

三化螟俗称钻心虫，只为害水稻，以幼虫为害，造成枯心苗和白穗，影响水稻产量。20 世纪 60 年代以前发生量大。60 年代中后期，由于单季稻改为双季稻，三熟制栽培的面积逐年扩大，三化螟因食料与生态环境的变化，发生量曾逐年减少，在纯双季稻地区降为次要害虫。在纯单季稻晚栽区，三化螟发生也相对较轻。

1. 形态特征

成虫翅展 23～28 mm，淡黄色，前翅为三角形。雌蛾前翅黄白色，中央有一黑点，腹部末端在产卵前有一丛明显的黄褐色绒毛；雄蛾体较小，前翅淡灰褐色，翅顶有一条黑色斜带纹，中央有一个小黑点，沿外缘有 7 个小黑点。卵块椭圆形，表面盖有黄褐色绒毛，像半粒发了霉的黄豆。幼虫乳白色或淡黄绿色，背面有一条透明的纵线。蛹圆筒形；雌蛹的触角末端在前足末端之前，中足不伸出翅芽，后足伸出翅芽的长度不到腹部长度的一半；雄蛹的触角末端在前足末端之后，中足稍伸出翅芽，后足伸出翅芽很长，直到腹部末端附近。

1 龄幼虫（蚁螟）：初孵出的蚁螟，除第一腹节背面白色外，其余的都是黑色。以后头变灰棕色，身体的黑色部分渐变成灰黄色。

2 龄幼虫：在前胸和中胸交界处可以透见 1 对纺锤形的隐斑，连接在头壳的后缘上。

3 龄幼虫：在前胸背板后半部有 1 块半圆形的暗斑。

4 龄幼虫：在前胸背板后部有 1 对新月形的褐斑。头壳宽不到 1 mm。

5 龄幼虫：前胸背板与 4 龄幼虫相同，头壳宽度多在 1 mm 以上。

幼虫在稻茎内为害，到老熟就向下钻到稻株基部，在近地或土面下 1～2 cm 的稻茎内化蛹。化蛹前幼虫预先在稻茎上咬一羽化孔，便于成虫羽化后爬出稻茎。幼虫的化蛹进度和蛹的发育进度是当前发生期预测上的重要依据。从蛹的色泽变化，可将蛹的发育进度划分为 7 个蛹级，再根据当时不同的温度，可以推算螟蛾的羽化日期（见表 3—3）。

表 3—3　　三化螟蛹级的色泽分别

级别	体色	复眼色泽	翅点	雌蛹尾节
一	淡黄绿色	透明，眼点蓝紫色，眼表皮有褐斑	无	淡黄绿色
二	淡黄绿色	1/2 面淡褐色，表面褐斑大，色泽深	无	淡黄绿色
三	淡黄绿色，转乳白色	全呈深褐色，眼点消失	无	蜡白色
四	乳白色	乌黑色	无	银白色
五	头胸和翅基淡褐色	乌黑色，外包乳白色薄膜	不明显	银灰色
六	头、胸和翅基金褐色；翅芽外缘和腹部背面橘黄色；腹面渐显金色光泽	外包金色薄膜	明显	金褐色
七	全体金黄色，有光泽	外包金色薄膜，薄膜加厚	不明显	金褐色

2. 发生规律

成虫夜间活动，在气温达 20℃以上、风小而无月的夜晚，趋光性强，以上半夜扑灯的成虫最多。雌蛾喜在生长茂盛、嫩绿的稻株上产卵，秧田内多产在叶片近尖端处，大田内多产在叶片的中上部的反面。一只雌蛾可产卵 1～7 块，平均 2～3 块，每块卵有卵粒 40～100 粒。初孵出的蚁螟在稻株上爬行，或吐丝下垂，随风飘到邻近的稻株上。稻苗易受蚁螟蛀入为害，造成枯心，凡稻苗处在分蘖盛期、叶色嫩绿的田块，遇上成虫盛期，受害就重。正在破口抽穗的稻株，也易受蚁螟的蛀入为害，造成白穗。如在灌浆后期受幼虫为害，就造成虫伤株。

上海地区一年发生 3～4 代，以老熟幼虫在田间稻桩内越冬。越冬幼虫化蛹羽化成为越冬代的蛾。各代成虫盛期是：越冬代 5 月下旬，第一代 7 月上中旬，第二代 8 月中下旬。有的年份在 9 月中旬至 10 月上旬还可出现第三代成虫的高峰，即有部分第四代幼虫发生，在幼虫阶段如遇气温高，则发育快，当代成虫日期提早。上海郊区全年中以第三代为害最严重。

成虫羽化后，第二天开始产卵。卵的历期：第一代 11～12 天，第二、三代均 7～8 天，幼虫一般 4 龄，少数有 5 龄，幼虫各个龄态的发育进度可作测报上的依据。

3. 预测预报

（1）发生期预测。发生期按各虫态发育进度划分为始见期、盛发期和终见期。盛发期分为以16％～20％、46％～50％、80％为始盛期、高峰期、盛末期。

1）应用化蛹进度预测法。根据田间幼虫、蛹发育进度调查结果，参考气象预报，加以相应的虫态历期预测发蛾期。方法是幼虫分龄、蛹分级，计算各龄幼虫数及其占总数的百分率，然后从最高级发育级向下一次逐龄（级）累加，计算累加百分率，作出发蛾始盛期、高峰期和盛末期预报。再加上产卵前期和常年当代卵历期，即为孵化始盛期、高峰期和盛末期。

2）期距预测法。积累有多年历史资料的测报站，可采用期距预测，根据当地多年的历史资料，计算出两个世代或两个虫态之间的间隔天数（即期距），计算历年期距的平均值时，还要计算这一平均值的标准差，以衡量平均数的变异大小，并找出早发、中发和迟发的期距。在环境条件变化较大时，除参考历年期距平均值外，结合选用历史上气象、苗情等相似年期距，作出预报。

（2）发生量预测。

1）计算法预测。根据虫口基数、常年始盛蛹后的死亡率、虫源田面积和下代分布田面积、卵块寄生率，以及每一有效卵块造成枯心苗（白穗）数等资料，可预测下一代蛾量、卵发生量与为害程度。计算方法如下：

观测区内总发蛾量＝∑（某种类型田蛹始盛期时公顷活虫数×面积）×（1－蛹始盛期后的死亡率）

观测区内总卵量＝总发蛾量×雌蛾％×每只雌蛾产卵块数

$$\text{每公顷分布田平均卵块密度（块/公顷）}=\frac{\text{总卵量}}{\text{分布田面积}}$$

此外，如果积累有多年历史资料，可用上一代活虫密度，计算出上一世代每100只残虫产生卵块数，推算出下一代卵块发生量。计算方法如下：

$$\text{每公顷分布田受虫量}=\frac{\text{初盛蛹期活虫密度}\times\text{虫源田面积}}{\text{分布田面积}}$$

$$\text{每公顷分布田发生卵块数}=\frac{\text{每公顷分布田受虫量}\times\text{百头虫产生卵块数}}{100}$$

2）有效基数预测法。根据上一代有效虫口基数，推算下一代发生量和为害程度。通常采用下列公式计算：

$$\text{卵块密度（块/公顷）}=\frac{\sum\text{(各类型田有效虫口基数)}\times 0.5\times\text{每只雌蛾产卵量}}{\text{受卵田面积}}$$

3）经验指标预测法。根据历史资料统计，找出和螟虫发生轻重有密切相关的因子，分析得出经验性预测指标，当某一因子达到某一指标时，就可分析未来的发生为害趋势。

4）统计预测法。三化螟田间发生数量消长，与虫源基数、水稻栽培制度与品种布局、气候等密切相关。各地可根据历史资料，找到影响发生量的主导因子。通过相关显著性测试，建立回归预测式，综合分析后作出预测。

（3）三化螟发生为害程度分级标准（见表 3—4）。

表 3—4　　三化螟发生为害程度分级标准

分级 指标	轻发生 （1 级）	偏轻发生 （2 级）	中等发生 （3 级）	偏重发生 （4 级）	大发生 （5 级）
卵块（块/hm^2）	750 以下	750～2 250	2 250～4 500	4 500～7 500	7 500 以上
面积比例	80％以上	25％～50％	20％～50％	20％～50％	50％以上

4. 防治措施

三化螟是一种繁殖力强、为害性很大的害虫。在防治上要提高警惕，协调采取农业防治、化学防治以及保护天敌等综合措施，以控制螟害的发生。

（1）农业防治。

1）春耕灌水，压低越冬虫口基数。越冬是螟虫一年发生过程中最薄弱的环节，而越冬螟虫的数量多少又是来年螟害发生轻重的基数。因此，采取各种措施压低越冬虫口基数，对减轻来年螟虫威胁有重要作用。主要方法是：①适期春耕灌水。栽插早稻的绿肥田或冬季休闲田，要在越冬代螟蛾尚未盛发前，及时抢耕、抢灌。如能在谷雨前耕灌，可基本消灭绿肥田稻桩内的全部三化螟幼虫。元麦、大麦田和蚕豆田，应尽量做到成熟一块，收获一块，耕灌一块。②绿肥留种田短期春灌。留种绿肥田，如果螟虫较多，可以从越冬螟虫化蛹高峰到盛末期春灌 3～4 天，水深以淹没稻桩为度，杀螟效果好，且对绿肥留种无影响。

2）种植纯双季稻地区有利于控制三化螟的发生，在一个地区内，不安排早稻、中稻和单季晚稻的混栽，可减少三化螟发生的桥梁田。

3）通过栽培措施，调整水稻的生长发育，使水稻易受螟害的生育期避开蚁螟发生最集中的时期。利用三化螟单食性的特点是纯单季稻区选择适期播种，使越冬代三化螟成虫找不到适当的产卵场所，以压低害虫基数。

4）合理安排茬口，尽量将绿肥留种田和迟熟春花田，如小麦、油菜等安排在无螟虫或螟虫少的田里。

（2）药剂防治。

1）防治策略。

①单季稻栽培地区。第一代螟虫主要集中在秧田和早栽的杂交稻田块为害，有利于集中扑灭。可采用狠治一代、挑治二代、重点防三代的策略。

②双季稻为主的地区。第二代集中在面积小的单季晚稻田和后季稻秧田为害，这些田块成为三化螟发生的桥梁田，有利于防治。亦可采用挑治第一代、狠治第二代、重点防治第三代的策略。在纯双季稻地区，后季稻秧田是唯一的桥梁田，更有利于防治。

2）防治适期。在中等发生年份，一、二代三化螟应在卵孵盛期，三代应在水稻破口初期；在大发生年份，各代均应在卵孵始盛期，且在药后 4～5 天须防第二次。

3）药剂防治。每亩选用 25.5%的阿维·丙溴磷 60 g，或 31%的甲维·丙溴磷乳油 60 g，或 30%甲维·毒死蜱可湿性粉剂 60～80 g，根据水稻不同生育期对水 30～50 kg 喷雾。对重发生田块建议选用 20%的氯虫苯甲酰胺悬浮剂 10 g，或 10%的阿维·氟酰胺悬浮剂 30 mL 对水 30～50 kg 喷雾。

二、稻叶蝉

稻叶蝉又称稻叶跳虫，俗称浮尘子。为害水稻的主要是黑尾叶蝉，其次还有大青叶蝉和电光叶蝉等。黑尾叶蝉除为害水稻外，还为害麦类等作物，并能传播水稻普通矮缩病和黄矮病。

1. 形态特征

稻叶蝉的头部一般较平直，触角细短，从基部向末端渐细，形如刚毛，后足胫节末端的内侧无粗刺，容易与稻飞虱相区别。

黑尾叶蝉成虫连翅体长 4.5～6 mm，黄绿至鲜黄色，雄虫较小，翅端黑色；雌虫翅端淡褐色。卵块条状，产于叶鞘边缘组织内侧。卵粒香蕉形。若虫黄绿色。

2. 发生规律

上海郊区一年发生 5 代，世代重叠，以若虫和成虫在河边、沟边的看麦娘、李氏禾等杂草及紫云英上越冬。3～4 月羽化为成虫，在麦田及杂草上繁殖一代，第二代起即迁入稻田为害。成虫有趋光性，扑灯能力很强，白天栖息在稻株下部，早晚到叶片上取食，受惊动后，横行或斜走甚至飞逃。一只雌虫可产卵 200 粒，产卵部位高低与稻田水层密切相关，水深则产卵部位高。初孵若虫有群集稻茎下部为害的习性。

成虫和若虫均以口针插入稻叶或叶鞘组织内吸取汁液。受害严重时，每丛稻上可群集数十只至数百只。被害稻苗茎下部变黑，上部枯萎而死，状似火烧；抽穗灌浆期的稻株被害后，稻秆下部组织破坏，造成倒伏，谷粒不饱满，对产量影响很大。

另外，还有二点黑尾叶蝉、四点叶蝉、黄褐角顶叶蝉、白翅叶蝉、黄绿短头叶蝉、光绿菱纹姬叶蝉、稻叶蝉、紫叶蝉、黑带田叶蝉、电光叶蝉和大青叶蝉等，要仔细辨别，认准主要为害种类，及时用药防治。

3. 预测预报

（1）发生期预测。可用虫态历期预测法、期距预测法和稻叶蝉类迁移盛期预测。稻叶蝉类种群第一次迁移期预测，主要根据越冬后种群基数调查，结合虫态分析，一般羽化率达 80%左右后一星期即为迁移高峰期。迁移数量还受气温影响，日平均气温 17℃以上才大量迁移。第二次迁移期预测，即为第二、三代成虫羽化迁移期，一般为早稻黄熟期。

（2）发生量预测。

1）全年发生趋势预测，根据越冬后种群基数、气象情报分析。凡越冬后基数大，冬、春季气温偏高，尤其 3—4 月气温较高，雨量较少，田间产卵量大，药剂防效差，成活率和转化率高，以及 7—8 月干旱，则预示全年有大发生趋势。

2）早稻发生趋势预测，根据越冬后虫口基数调查，推测早稻秧田虫口密度。凡越冬后基数大，羽化盛期气温高，且雨日、雨量少，则早稻秧田的成虫密度高。结合年份之间的比较分析，可作出早稻秧苗期发生趋势预测。

3）晚稻发生趋势预测，晚稻前期是主害期，可根据早稻收割前稻叶蝉虫口密度，推测晚稻大田初期虫口密度，结合历年测报资料和气象预报进行趋势预报。

4. 防治措施

（1）农业防治。选用抗（耐）虫水稻品种，进行科学的肥水管理，创造不利于叶蝉孳生繁殖的生态条件。结合冬、春季积肥铲除田边杂草，减少越冬虫源。

（2）生物防治。保护利用好天敌，控制其发生为害。

（3）药剂防治。根据水稻品种类型和叶蝉发生情况，采取重点防治主害代低龄若虫高峰期的防治对策，或结合飞虱的防治进行兼治。

药剂可选用：每亩用 25%的噻嗪酮可湿性粉剂 60～80 g，或 10%的醚菊酯悬浮剂 50～60 mL，或 30%的混灭・噻嗪酮乳油 100～120 mL，或 50%的烯啶虫胺可溶性粒剂 8～12 g、20%的烯啶虫胺水剂 20～30 mL。注意轮换用药，延缓抗病性的产生。

三、稻蝗

稻蝗俗称蚱蜢，为害水稻的稻蝗主要是中华稻蝗。上海郊区仅在沿海和湖滩丛生芦苇的部分地区发生为害。除为害水稻外，还为害玉米、茭白、豆类等作物。

1. 形态特征

成虫草绿色，雌虫体长 20～40 mm，雄虫 15～25 mm。从腹眼起到胸部两侧各有 1 条棕褐色带纹。卵深黄色，长筒形，中间稍弯，在卵块内排成 2 行，外有深褐色海绵状保护层。若虫又称跳蝻，共 6 龄，草绿色，背面色淡，到第 3 龄长出翅芽。

2. 发生规律

上海郊区一年发生 1 代，以卵在土内越冬。5 月上旬开始孵化，被水淹没的卵块到水退后才孵化。孵出的若虫先集中在杂草或芦苇上取食，从 3 龄起向稻田扩散为害。7 月下旬出现成虫，9 月中旬到 10 月上旬雌蝗在稻田田埂或附近堤坝处产卵越冬。产卵时，雌蝗腹部后端插入土内，边分泌胶质、边产卵，结成卵块，最后在表面用胶质封盖。一个卵块有卵 20～30 粒，一只雌蝗可产卵块 1～3 个。卵块的海绵状保护层比水轻，在灌水翻耕时卵块多浮在水面，初孵若虫有群集性，3 龄后由田边向田中心分散扩展。

成虫和若虫咬食叶片，可将叶片全部吃光。在水稻乳熟期常咬破穗秆造成穗头断折而成白穗，还能咬破部分乳熟谷粒。

3. 预测预报

（1）发生期预测。

1）有效积温预测法。害虫发育天数为 N，未来平均温度的预测值为 T，发育起点温度为 C，有效积温为 K，利用公式 $N(T-C)=K$，根据当年气象预报 4—6 月的气温指标对稻蝗若虫出土盛期进行长期预测。

2）胚胎发育期预测法。可在若虫始见后、卵孵化高峰前，根据胚胎发育特点及相应有效积温，结合中短期天气预报，对稻蝗出土盛期作中短期预报。

（2）发生量预测。

1）根据冬前越冬卵量预测。根据上年调查的稻蝗卵块越冬密度与常年卵块越冬密度平均值比较来预测当年稻蝗的发生量。如果田间及调查区域卵块密度明显高于常年，则其发生程度一般也比较重。

2）根据冬前成虫预测。上年成虫产卵期田间虫量与当年若虫出土盛期若虫密度高度相关。

4. 防治措施

（1）农业防治。

1）围垦荒滩，消灭稻蝗孳生地。

2）在大面积芦苇地与稻田交界地段，喷施杀虫剂作为保护带，防止若虫侵入稻田。

3）从秋末到清明期间，在早、晚稻交界处的田埂，消灭越冬卵块。

4）结合春耕，捞除水面浮渣，消灭卵块。

5）初期侵入稻田的蝗蝻，多集中在田边，而且跳得不远，可放养鸭子或人工捕捉作为饲料。

（2）药剂防治。

药剂防治选择在蝗蝻 3 龄前，集中在田边稻苗和杂草上为害的时期，每亩使用 80%的敌敌畏乳油 40～70 mL，或 40%的毒·辛乳油 100 mL 对水 30～50 kg 喷雾。

四、稻蝽象

稻蝽象又称稻蝽，俗称“臭乌龟”。其种类较多，主要有稻褐蝽和稻黑蝽两种，此外，还有稻绿蝽和稻针缘蝽等。

1. 形态特征

稻褐蝽成虫黄褐色，体长 11～13 mm，形似乌龟，前翅基部革质，端部膜质，前缘黄白色。前胸背板中央近前缘有 2 个小黑点，小盾板基部有 4 个横列的小黑点。第 1 龄若虫黑褐色，以后各龄体色渐淡，最后为灰黄色。卵杯形，初产时乳白色，不久变为淡绿色，近孵化时褐色。

2. 发生规律

成虫有趋光性，受惊后假死下坠。卵多产在水稻叶背面，一只雌虫可产卵 40～250 粒。若虫共 5 龄，1 龄不取食，2 龄开始取食。成虫和若虫均有群集习性，白天栖息稻丛下部，早晚出来取食，主要为害灌浆的稻穗，以口针插入谷粒组织内吸取汁液，也为害水稻茎叶。受害稻株生长不良，造成白穗，产量减少，米质降低。秋冬天气转冷，成虫躲在枯株落叶下或杂草根部越冬。

3. 预测预报

主要根据水稻抽穗扬花期至乳熟期，田间成虫与若虫数量的调查，进行预测预报。

4. 防治措施

（1）农业防治。冬、春季，结合积肥，清除田边杂草，减少越冬虫源。

（2）药剂防治。一般在防治其他害虫时兼治，不单独防治。如虫量多，发生期又与其他害虫错开时（主要是越冬成虫迁入稻田未扩散时和水稻抽穗期），可用 40%的毒·辛乳油 100 mL 对水 30～50 kg 喷雾。

五、稻蓟马

水稻蓟马在上海郊区主要有稻蓟马、稻管蓟马两种，是水稻秧苗和分蘖期主要害虫。除为害水稻外，还为害麦、玉米、烟草等。

1. 形态特征

蓟马一生要经过成虫、卵、若虫 3 个虫态；若虫共 4 龄，3、4 龄若虫有翅芽，不取食，称为前蛹和蛹。

（1）稻蓟马。成虫体长 1.2～1.3 mm，黑褐色。卵肾脏形，散产于叶脉间表皮下，用肉眼直接检查稻叶，只能见到针头大小的白色圆点，对光透视，为乳黄色，半透明状，边缘清晰；孵化后，卵痕轮廓不清晰，为白色透明状。若虫初孵时乳白色；2 龄若虫体色乳白到淡黄，腹内可透见绿色食物，无单眼和翅芽；3 龄若虫有较短的翅芽，触角有时向两边分开；4 龄触角折向头与前脑背面，翅芽伸长达腹部第七节，出现 3 个单眼。

（2）稻管蓟马。成虫体长 2 mm，腹部末端管状。卵白色，短椭圆形，后期稍带黄色，似透明状，产于植物组织表面或颖壳间。若虫身体淡黄色或橘黄色。

2. 发生规律

上海郊区一年发生 12 代左右，以成虫越冬；越冬寄主有早熟禾、李氏禾、茭白、慈姑、小麦、大麦、看麦娘等。稻蓟马常营孤雌生殖，有较强的趋嫩绿性，喜在嫩绿的稻苗上产卵。开始在二叶期稻苗上产卵，三叶期卵量突增，以三至五叶期卵虫量最多，十叶以后，组织老健，卵量明显下降。分蘖期的稻株心叶下第一叶、第二叶，特别是第二叶上产卵最多；圆秆后，以第一叶产卵最多。被害叶叶尖枯黄卷缩，渐而全叶枯焦，严重时，成片秧苗枯焦，如火燎状。在穗期还会潜入颖壳为害，造成秕谷。

3. 预测预报

（1）发生量预测。稻蓟马发生量及为害程度的趋势估测，主要看早春及水稻生育期间的气候条件，其次是稻田外的寄主覆盖面。3 月中下旬至 4 月气温回升早，旬平均气温高于常年，有利于越冬代成虫活动、产卵和繁殖，增加早春虫源的累积；游草等早发的寄主植物分布面广，则预示早稻秧田和本田有较大的虫源基础。5—6 月气温偏高，23～25℃时间长，且多阴雨日，预示发生量大；反之，则发生量偏少。6 月下旬至 7 月上中旬，气温偏低，少日照，多阴雨，会导致晚稻秧苗和单季中晚稻的发生量增加。7—8 月高温、干旱明显，预示轻发。

（2）发生期预测。

1）秧田查到成虫高峰日后，按当地气温下的卵历期，推算卵孵高峰期，参考秧苗叶龄，预报各类型秧田的防治适期。

2）本田查到卷叶株率达 5%以上，初卷叶尖平均每叶总虫量 4～5 头时，应根据历史资料，估计防治类型田和适期，发出预报，指导防治。

4. 防治措施

（1）农业防治。避免水稻早、中、晚混栽，以减少稻蓟马的繁殖桥梁田和辗转为害的机会；结合冬、春季积肥，铲除田边、沟边杂草，消灭越冬虫源；栽插后加强管理，促苗早发，适时晒田、搁田，提高植株耐虫能力。

（2）药剂防治。对水稻蓟马的防治，应根据苗情、虫情，采取主攻若虫、药打盛孵的原则。但对杂交稻的秧田、大田和后季稻田则药打成虫盛发期为宜。

秧田一般以卷叶率达到10%～15%，百株总虫量为100～200头时打药；大田，一般以卷叶株率达20%～30%，百株虫量为200～300头时，即进行防治。

药剂可选用：每亩用10%的吡虫啉可湿性粉剂15～20 g，或40%的毒·辛乳油100 mL倍液喷雾。此外，对受害秧苗及时增施速效肥，可帮助恢复生长。

六、稻象甲

稻象甲又称水稻象鼻虫，主要为害水稻，有时也为害棉花等作物，是直播稻生长前期的主要害虫之一。

1. 形态特征

成虫暗褐至黑色，密生灰黄至黄褐色毛。喙细长，略向下弯。前胸背板有许多小刻点，两侧有黄毛形成的纵条。鞘翅近末端有1个灰白斑点。卵圆形，初产时乳白色，后变淡黄色，半透明。老熟幼虫体白色肥胖，弯曲多横皱，无足。

2. 发生规律

上海郊区一年发生1代，主要以幼虫在土面以下的稻根中越冬。成虫在4～6月出现。成虫有假死性，趋光性不强。能游水，白天躲在稻丛间、叶背和残留麦秸、土缝等处，黄昏开始活动；产卵时，于稻茎上距土表3.3 cm左右处咬一小孔产卵，每孔有卵2～10粒。幼虫孵出后沿稻茎入土，以水稻须根为食料，一丛稻根中多的有几十条幼虫，被害水稻叶尖发黄，甚至谷粒空秕或不能抽穗。幼虫老熟后作土室化蛹，成虫食秧苗茎叶，被害心叶抽出后出现排孔，甚至造成断茎或断叶。

近年稻象甲的回升主要与推广免耕种麦、双季改单季晚稻和直播种植水稻等栽培措施有关。

3. 预测预报

（1）发生期预测。可采用期距法，也可根据历年灯下诱虫高峰期（日）与本田成虫盛发期的相关性，预测田间越冬代成虫高峰期，或根据早稻田成熟前排水后天数与化蛹羽化进度的相关性预测田间第一代成虫发生期。

（2）发生量预测。

1）有效基数推测法，根据春耕前成虫密度和一代成虫转化率调查，按下面公式推算早、晚稻田成虫密度。

早稻田成虫（头/hm^2）＝观察区春耕前各冬作类型田每公顷成虫量×各类型田总面积÷早稻面积×春耕前到移栽后成虫减少率

晚稻田成虫（头/hm^2）＝观测区幼虫稳定期每公顷虫量×早稻成虫转化率×成虫羽化至晚稻本田初期成虫存活率

2）回归相关法。

①越冬代成虫预测，可根据年份间或田丘春季翻耕前把成虫诱虫量与早稻移栽后5～7天田间调查的实际成虫量的相关性建立预测模型，或根据灯下成虫诱集量与田间实际成虫发生量的相关性建立预测式进行预测。

②第一代成虫预测。根据各地年份间或田丘间早稻田后期幼虫密度与晚稻移栽后成虫密度的相关性建立观测式进行预测。

4. 防治措施

（1）农业防治。

1）减少虫源。实行深耕轮换和减少免耕种植，减少越冬虫源。

2）灌水灭蛹。麦收后及早灌水，耕翻灭蛹。

3）甜物诱捕。用糖醋酒液（酒：水：糖：醋＝1：2：3：4，加适量的90%晶体敌百虫）浸渍草把诱杀成虫。

（2）药剂防治。在成虫盛发期、水稻叶被害在10%或株断苗（茎）率在1%时进行，施药前灌深水，用药后排水。药剂防治可用10%吡虫啉可湿性粉剂2 000倍液喷雾，也可用吡虫啉浸、拌稻种，不但能杀死稻象甲成虫，对预防稻蓟马也有明显作用。

七、稻潜叶蝇

稻潜叶蝇在有早稻栽培的地方发生普遍。稻潜叶蝇喜低温寒冷，以幼虫潜叶为害。早稻秧苗遇到气温低的年份局部地区受害严重。秧苗被害后，轻的秧叶发白、焦枯，重的整株枯死或腐烂。一般早栽田块受害重于晚栽田块，二熟制早稻又重于三熟制早稻。受害严重的田块，影响发棵和延迟抽穗成熟。据初步观察，在上海郊区稻潜叶蝇除为害水稻外，还为害麦类、玉米等作物及棒头草、早熟禾、看麦娘、李氏禾和狗牙根等杂草。

1. 形态特征

成虫是一种小蝇子，体长2～3 mm，灰黑色，额银灰色，复眼棕褐色；翅1对，透明，停息时两翅重叠于体背，翅尖显著超过腹端。卵长圆柱形，乳白色。幼虫是黄白色半透明的小蛆。蛹初化时为土黄色，羽化前呈黑褐色。

2. 发生规律

上海郊区一年发生多代，以成虫或蛹在杂草上越冬。开春后先在麦类和杂草上为害，然后转入早稻秧田。4月下旬到5月上旬严重为害早稻秧苗。卵多散产在稻叶上，每叶1～3粒，多的有十多粒，一头雌虫可产卵数十粒至500～600粒。幼虫孵出后，即咬破稻叶表皮，侵入组织，潜食叶肉，有的还能潜入叶鞘为害，造成黄白色的狭长弯曲隧道，而后扩大成片，叶片下垂、焦枯或腐烂。幼虫有转叶为害的习性。老熟幼虫在叶片组织内化蛹。

成虫夜间潜伏，白天活动，有趋甜的习性。产卵部位与稻田水层深浅有关，水深产卵部位就高，一般喜产卵于灌深水稻株及下垂和平摊水面的叶尖上。卵孵化后，蝇蛆口咬破叶面表皮潜入叶内食害叶肉，形成白色“虫泡”，在连日阴雨、日照少、稻苗生长柔嫩的情况下，幼虫侵入率高，为害严重；日照充足，稻苗生长健壮，幼虫就不容易侵入，死亡率高，为害较轻。

3. 预测预报

1）长期预报。从气候、虫源、耕作制度、品种布局及天敌寄生等情况，综合分析稻蚊蝇类发生的趋势及其为害程度。即结合越冬虫口密度调查、灯诱成虫调查、羽化率以及幼虫、蛹发育进度调查，掌握各代成虫盛发期，结合历史资料，利用上、下世代期距，依据气候变化、耕作制度、品种布局综合分析，预测各代成虫发生期、发生量，各代幼虫为害对象田。

2）中期预报。采用历期法依据上一代幼虫、蛹密度和发育进度调查，预测下一代发生期、为害对象田。结合气候条件、耕作制度、品种布局等因子综合预测发生程度。

3）短期预报。发布距防治适期 10 天以内虫情预测。根据灯诱成虫调查、羽化率情况调查、成虫或幼虫及蛹发育进度调查，采用期距法预测成虫盛发期、卵盛孵期和防治适期，作为指导药剂防治的短期虫情依据。

4. 防治措施

（1）农业防治。

1）清除田边、沟边、河边杂草，减少越冬虫数。

2）培育壮秧，增强抗虫能力，可减轻为害程度。

（2）药剂防治。药剂防治应抓住虫羽化高峰期，每亩可用 75％的灭蝇胺可湿性粉剂 10～15 g 对水 30～50 kg 喷雾，或 18％的杀虫双水剂 200～300 mL 撒滴。

八、稻苞虫

稻苞虫在上海郊区主要是直纹稻苞虫（直纹稻弄蝶），又称一字纹稻苞虫，以沿海芦苇多的稻区、新开垦的稻区发生数量较多。它的幼虫卷叶成苞，为害叶片，影响产量。

1. 形态特征

成虫翅展 36～40 mm，是黑褐色的蝴蝶，触角棒状，末端有小钩；前翅有 8 块白斑，排成半圆形；后翅有 4 块白斑，排成一直线。卵半球形，初产时乳白色，后为褐色，将孵化时为紫黑色。幼虫有 5 龄，初孵化时灰黑色，以后变成青绿色，纺锤形，头部有“W”形褐纹，老熟时第四至第七腹节两侧各有 1 块白色蜡质分泌物。蛹淡黄褐色，将羽化时紫黑色，表面常附有白粉。

2. 发生规律

一年发生4～5代，以幼虫或蛹在田边、河沟边的茭白、芦苇、李氏禾等杂草上结苞越冬。上海郊区为害严重的是第三代（7月下旬至8月上旬），主要是单季晚稻受害。倘若6—7月高温而且时晴时雨，则为害更重。成虫白天活动，喜食棉花、瓜类、芝麻、向日葵、大豆等植物的花蜜。卵多散产在嫩绿的稻叶背面，一片叶上有卵1～2粒，多时6～7粒。一头雌虫可产卵约120粒。1、2龄幼虫多在叶尖或边缘纵卷成单叶苞，3龄后能卷成多叶苞，白天在苞内取食为害，晚上或阴雨天外出为害，叶片被害成缺刻，为害严重时稻叶被吃光。老熟幼虫在稻丛基部作薄茧化蛹，或在新结的叶苞内化蛹。

3. 预测预报

利用成虫嗜食花蜜习性，可设置花圃诱集成虫。花圃内选种引诱力强的植物，如千日红、马樱丹、芝麻等。或在2、3代成虫发生期，选当地开花的蜜源植物，如棉花、瓜田等，在成虫白天活动时间内，每天定时观察0.5～1 h内飞翔成虫数，以成虫出现高峰期加产卵高峰前期，再加卵和1、2龄幼虫历期，预测幼虫防治适期。

花圃中成虫出现高峰至田间产卵高峰的期距，6月下旬4～5天，7月下旬为2天，8月中下旬为3～6天。

4. 防治措施

（1）农业防治。压低越冬虫源，结合冬季积肥，铲除田边、沟边、塘边杂草及茭白残株，压低越冬幼虫或蛹的基数。

（2）生物防治。从成虫产卵始盛期起，释放拟澳洲赤眼蜂，每次1万～2万头，连续3～4次。或每亩用杀螟杆菌100 g，对水40～50 kg喷雾。

（3）药剂防治。可结合稻纵卷叶螟防治进行兼治，但若发生期与稻纵卷叶螟错开时要进行单独防治。药剂可选用：每亩用16 000 IU/mL的Bt可湿性粉剂100～200 g，或5%的甲维盐水分散粒剂18～20 g，或1%的甲维盐可湿性粉剂100 g，或30%的甲维·毒死蜱可湿性粉剂60～80 g，或25%的阿维·毒死蜱乳油对水30～50 kg喷雾。

药剂防治应掌握在幼虫3龄前，田间受害稻叶开始出现少数多叶苞时进行。傍晚用药效果较好。

第3节　麦类、油菜主要病虫害

学习目标

熟悉麦类、油菜主要病虫害的发病因素、发生规律、形态特征。

掌握主要病虫害的为害症状、预测预报方法和综防措施。

能够根据图片或标本识别不同病虫害。

能够针对不同病虫害制定相应的防治措施。

能够熟练操作种子处理的各个步骤。

知识要求

一、小麦腥黑穗病

小麦腥黑穗病又称腥乌麦、黑麦、黑疸，专门为害小麦，病菌致病力强，传染性极强。一旦发生，不仅造成小麦减产，而且面粉品质还会因病菌产生有毒物质三甲胺的污染而降低，使面粉不堪食用。如将混有大量菌瘿和病菌孢子的麦粒作饲料，则会引起禽、畜中毒。该病的病原主要有网腥黑穗病菌和光腥黑穗病菌两种。

1. 发病症状

主要为害小麦穗部。小麦感病后，病株较健株矮，分蘖稍多，病穗稍短且直，颜色较深，初为灰绿，后为灰黄。麦子成熟时，病穗比健穗短，颖片张开，露出灰黑色或灰白色的菌瘿，外面有一层灰色薄膜，用手指微压，容易破裂，散出黑色粉末（即病菌厚垣孢子）。破裂散出含有三甲胺鱼腥味的气体，故称腥黑穗病。

2. 发病规律

小麦腥黑穗病专门为害小麦，病菌致病力强，传染性极强，病原有网腥黑穗菌、光腥黑穗菌两种。感病小麦抽穗以后，才能看到发病的症状。开始时病穗蓝绿色，后变灰黄色；病穗上病粒逐渐变粗短，颖壳向外张开；病粒外面有一层灰白的薄膜，里面充满带鱼腥味的黑粉（厚垣孢子）。病株一般较矮，分蘖增多。通常情况下病粒不破裂。在脱粒时，病粒的薄膜破裂，病菌（厚垣孢子）四散飞出，附着在种子表面越冬，也可在土内或粪肥中越冬。小麦种子播种后，病菌就侵入麦苗，最后为害穗部。调运带病种子是传播病害的主要方式。其次，带有病菌的麦糠、麦秆喂家畜或沤肥后，把畜粪和肥料施在小麦田里也能传病。因病菌只能侵入未出土的幼芽，所以播种越深，出土越慢，发病就重。土温在5～12℃，湿度中等时，最容易发病。

病菌以厚垣孢子附在种子外表或混入粪肥、土壤中越冬或越夏。当种子发芽时，厚垣孢子也随即萌发。小麦腥黑穗病菌的厚垣孢子能在水中萌发，有机肥浸出液对其萌发有刺激作用。萌发适温为16～20℃，病菌侵入麦苗最适温度为9～12℃。播种时如果温度较低会增加病菌侵染的机会。一般含水量在40%左右的土壤、黏性土、腐殖质含量高的土壤有利于病害侵染。播种较深，覆土过厚使得麦苗不易出土，以及地下害虫发生重的田块，都会加重病害发生。

病菌传播有3种方式，即种子带菌、粪肥带菌和土壤带菌，远距离传播的重要途径是种子带菌。

3. 防治措施

（1）加强检疫。做好产地检疫，禁止将未经检疫且带有小麦腥黑穗病的种子调入未发生区，对来自疫区的收割机要进行严格的消毒处理。

（2）种子处理。种子处理是防治本病的重要措施。一是冷浸日晒，在伏天于清晨五六点钟将麦种浸在清水里，5 h后取出薄摊猛晒，并经常翻动。二是药剂拌种。常年发病较重地区用2%的戊唑醇拌种剂10～15 g，加少量水调成糊状液体与10 kg麦种混匀，晾干后播种。也可用种子重量0.15%～0.2%的20%三唑酮，或0.2%的40%福美双、0.2%的50%多菌灵、0.2%的70%甲基硫菌灵等药剂拌种和闷种。

（3）处理带菌粪肥。在以粪肥传染为主的地区，还可通过处理带菌粪肥进行防治。对带菌粪肥加入油粕或青草保持湿润，堆积一个月后再施到地里，或与种子隔离施用。

（4）栽培措施。春麦不宜播种过早，冬麦不宜播种过迟，播种不宜过深。及时更新品种，一般做到3～5年的品种更换，可有效控制小麦腥黑穗病的发生。

二、小麦矮缩病

个别年份为害严重。除为害麦类外，还为害水稻、玉米等。

1. 发病症状

传病（传毒）媒介是灰飞虱。病株矮化，分蘖增多，叶色浓绿，叶质粗硬，有的轻微扭转，心叶多有锯齿状缺裂，大麦叶片、叶鞘上蜡白色突起条斑较为明显。后期发病的，抽穗迟而小，穗颈缩在叶鞘内，结实不良。

2. 发病规律

矮缩病是由于麦子感染病毒而发生的。病毒主要由昆虫（灰飞虱等）进行传播。带毒灰飞虱为害水稻后，到麦上过冬时，把病毒传到麦子上，引起发病。以后，由这些昆虫的后代不断传毒，使病害扩展蔓延。麦熟后，灰飞虱又把病毒带到稻田，为害水稻。灰飞虱虫口密度是决定发病多少的最重要因素，特别对秋苗发病影响最大，因苗小容易感病。另外，施肥不当、肥力不足或耕作粗放、杂草丛生的麦田发病也重。

3. 预测预报

根据灰飞虱带毒情况、早播和套种小麦面积比例，以及品种抗病性和天气情况，预报灰飞虱发生趋势。一般年份，灰飞虱自然带毒病在35%以上，田间毒源多，早播及作物田中套种小麦面积大的年份，矮缩病将大流行；灰飞虱自然带毒率在20%～30%，田间毒源较多，有较多早播或秋作物田中套种小麦的面积大，矮缩病将偏重流行；灰飞虱自然带毒率在10%～20%，田间毒源较少，早播及作物田中套种小麦的面积较少的年份，矮缩病将中度流行；灰飞虱自然带毒率在10%以下，田间毒源少，早播及作物田中套种小麦的面积少的年份，矮缩病将轻度流行。

4. 防治措施

（1）农业措施。选用抗、耐病品种。合理施肥，施足基肥，早施追肥，提高植株抗病力。

（2）综防灭虫控病。

1）水稻收割后，立即用药消灭集中在田埂四周的灰飞虱。结合冬季施肥，浇施河泥浆，粘杀传毒昆虫。

2）深耕灭茬，减少传毒昆虫的越冬场所。

具体防治方法详见“水稻主要虫害”中关于稻飞虱的防治。

三、大麦黄花叶病

大麦黄花叶病又称大麦黄化花叶病，是大麦上的一种重要病害。一般发病田减产一两成，重病田减产60%以上，少数田块因严重死苗，甚至引起耕翻重种等。

1. 发病症状

大麦黄花叶病是一种病毒病。病毒由土壤中带毒的多黏菌，以休眠孢子在病株残体中越冬、越夏，也是秋季初次侵染的主要来源，又以游动孢子进行再次侵染。麦苗分蘖初期，在未展开的心叶上出现与叶脉平行的短线条状斑纹，逐渐显现不规则的褪绿花叶，有时出现褐色的坏死条斑，叶片僵直，略向上卷，植株矮缩，株形松散，分蘖减少，根系发育不良。发病严重的病株不能抽穗，有的虽能抽穗，但穗颈短、穗小，空秕粒多。

2. 发病规律

一般在大麦（元麦）播种后一两个月开始发病，3月上、中旬返青拔节期，田间症状更加明显；4 月上旬开始，随着气温上升，田间症状逐渐隐退。重病田块麦苗高矮不齐，病株发黄矮缩，下部叶片出现坏死条斑。本病毒只能侵害大麦、元麦，不能侵染小麦。

(1) 不同品种发病程度有明显差异。

(2) 连作大麦田因传毒媒介和毒源数量积累较多，所以发病较重。

(3) 播期愈早，播后遇多雨，发病愈重。

(4) 秋、冬季节温度偏高，雨水较多，第二年春季回暖早而多雨的年份，发病也重。

3. 预测预报

大麦黄花叶病发病与品种、栽培制度和气候条件有关。大麦苗期 10 cm 表土土温高于 8.5℃时开始发病，土温低于 5.5℃时则不发病。品种抗病性有差异：多棱大麦发病轻，二棱大麦、早播及连作地发病重。连作地发病有逐年加重趋势，水旱轮作有利于减少传毒媒介，因此发病减轻。秋、冬季节适温多雨，第二年春天温度回升早而多雨，则有利于病害发生。

4. 防治措施

防治本病必须采用以农业防治为基础，抗病品种为中心的综合防治措施。

(1) 选用适应本地的抗病高产良种。

(2) 适时播种，避过多黏菌侵染和传带病毒的高峰期。

(3) 进行水旱轮作，大、小麦轮作，减轻发病程度。

(4) 加强田间管理，施足基肥，增施有机肥和磷钾肥、早施腊肥，增强植株抗病能力。开深沟降低地下水位对预防病害的传播有重要作用。

(5) 无病区禁止从病区调种。

四、小麦线虫病

小麦线虫病主要为害小麦和黑麦，有时也为害大麦和燕麦。受害严重的不能抽穗，一般虽能抽穗，但麦穗的一部分或全部不结麦粒而变成虫瘿，同时，还能引起大量分蘖枯死，因此，会造成严重减产。

1. 发病症状

小麦被害后从苗期到成熟期都有明显的症状。苗期分蘖增多，株形矮小，叶鞘疏松，叶片皱缩卷曲，叶色较淡而肥嫩。拔节期茎秆屈曲，节间缩短，往往因心叶抽出困难变成畸形，严重时整株枯死。抽穗后一般穗较短，深绿色，颖壳张开，颖壳间有虫瘿。虫瘿开始时绿色，后变成紫褐色的坚硬颗粒，里面充满白色絮状物质，在显微镜下可以观察到细丝状线虫，每个虫瘿中有虫 1 万～9 万头。

2. 发病规律

此病主要是靠虫瘿混杂在麦种内进行传播，播种时虫瘿随麦种落入土中，吸水膨胀，幼虫爬出来从芽鞘缝隙处钻入麦苗，然后到生长点，小麦抽穗时侵入穗部并大量繁殖形成虫瘿。

如果种子里混进了虫瘿，而且播种过迟，土温又低，种子发芽慢，线虫侵入麦苗的机会多，发病就重。

3. 预测预报

小麦线虫病的发生为害，主要取决于播种材料中混杂的虫瘿量和播种后的土壤温度，以潮湿、凉爽气候对其侵染为害有利。

所播种子中混杂的虫瘿多，线虫数量多，发病就重。连作重茬地虫瘿和重病区病残混落土壤粪肥机会多，致其传播比重加大，发病重。土壤温度在12～16℃时，最适宜线虫活动和侵害。小麦播种过迟，土温低，种子发芽慢，幼虫侵入麦苗机会多，发病重；反之，播种早，种子发芽快，长势好，发病较轻。不同品种的感染性有差异。沙土干旱条件下发病重，黏重土壤、低洼地发病较轻。

4. 防治措施

选留无病种子，做好病田选种处理，都能获得较好的防效。

（1）实施植物检疫。建立无病留种田，调运种子时严格执行检疫制度。

（2）发病后清除混入在种子中的虫瘿。这是最有效的措施，一般有以下方法：

1）进行种子筛选。

2）泥水或盐水选种。用30％～40％的泥水（在泥水中放一只鸡蛋，顶部浮出像五分硬币一样大小即可）；或用20％的食盐水（选好后要用清水洗净晾干再播种）。

3）清水选。搅拌次数要多，操作要迅速，以免虫瘿吸水下沉。清除出来的虫瘿和秕粒煮熟后可作饲料。

五、小麦全蚀病

小麦全蚀病能侵害小麦、大麦、玉米、谷子、水稻等多种禾本科作物，在牧草、杂草上也能寄生。小麦感病后，分蘖减少，成穗率低，后期易形成白穗。麦田中的小麦全蚀病从零星发生至成片死亡一般仅需3年。

1. 发病症状

小麦全蚀病是典型的根部病害，侵染部位只限于小麦根部和茎基部第一、二节。小麦返青前，植株地上部分的症状不明显。返青至拔节前期，病株基部叶片变黄，地下茎、种子根为黄褐色至黑褐色。灌浆后期，病株穗部变白干枯，在茎基部第一、二节为黑色，剥开叶鞘在茎秆上有黑膏药状菌丝层，叶鞘内侧有黑色小颗粒（病菌的子囊壳）。干旱时，病株基部菌丝体较少，黑膏药状不明显，也不形成子囊壳，但茎基部及根变黑褐色，出现白穗。

2. 发病规律

一般在场间脱粒时，种子中混入病株残屑能引起发病；病根残体遗留田间，导致土壤传病；使用混有病根残体的麦糠、场土积肥，病菌能随肥料传播病害。

3. 预测预报

（1）影响本病发生的主要因素是菌源基数、土壤温湿度等，尤与菌源基数关系最为密切；以秋播期的防治最为有效。因此，乳熟期的病情调查尤为重要。

根据菌源情况，结合温度、降水及土壤墒情等因素预测发生程度，决定播种期是否采取土壤消毒、种子处理（可能情况下包括是否种植小麦、品种选择）等防治措施；生长期根据菌源基数、发病情况，结合温度、降水及土壤墒情等因素预测发生程度，以决定是否防治和防治次数。

（2）发生程度分级指标。小麦全蚀病发生程度分为 5 级，以病情指数为指标依据（见表 3—5）。

表 3—5　　小麦全蚀病发生程度分级标准

指标	1	2	3	4	5
程度	轻发生	偏轻发生	中等发生	偏重发生	大发生
病情指数 I	$I \leqslant 5$	$5 < I \leqslant 10$	$10 < I \leqslant 15$	$15 < I \leqslant 20$	$I > 20$

4. 防治措施

选用无病种子，实行轮作，增施有机肥料是防治本病的重要措施。

（1）严格检疫制度、封锁疫区。疫区内麦种不外调；食用小麦加工后的下脚料，要妥善处理，不用作积肥材料。

（2）农业防治。

1）实行轮作。病田在 3 年内不种小麦、玉米等寄主作物，粮区改种高粱、大豆、油菜、绿肥；经济作物区改种棉花、烟草、大麻、蔬菜等；与水稻轮作能减轻小麦全蚀病发生。

2）增施有机肥和磷肥，促进小麦根系发育，提高抗病能力。

3）积、施净肥。不使用混有病根茬残体的麦糠、场土积肥。如用病麦糠沤肥，必须经高温发酵灭菌处理。方法是：在夏季大暑的高温季节，把麦糠加水拌匀后堆成大垛，堆外加盖塑料薄膜或用黄泥密封，堆温在 50℃以上，经 3 天，即可达到灭菌要求。如堆温和发酵时间不够，会导致肥料传病。

4）选用耐病品种。

（3）药剂防治。常年发病较重地区用2%的戊唑醇拌种剂10～15 g，加少量水调成糊状液体与10 kg的麦种混匀，晾干后播种。也可用种子重量0.15%～0.2%的20%的三唑酮或0.2%的40%福美双、0.2%的50%多菌灵、0.2%的70%甲基硫菌灵等药剂拌种和闷种。

六、小麦矮腥黑穗病

小麦矮腥黑穗病是麦类黑穗病中为害最大、防治最难的病害。它还寄生于多种杂草上，在欧洲、美洲、亚洲、非洲等三十多个国家发生，已列为我国对外植物检疫对象。

1. 发病症状

感病植株极端矮化，分蘖可多达30～40个。病穗表面粗糙，显炸开状。多数穗的小花全变成黑粉粒（即孢子堆），具有鱼腥臭味。病粒较网腥黑穗病粒为小，近球形，质坚硬。

2. 发病规律

病菌（孢子）须在低温、有光条件下萌发，积雪覆盖能促进发芽。从麦苗出土至开始分蘖病菌才侵入，一般分蘖期病菌（菌丝）最易侵入。病菌（侵染菌丝）最初在细胞内生长，然后在细胞间蔓延，吸取细胞内营养而成“菌丝体”，最后侵入穗部形成黑粉病粒。小麦感病后某些品种可减产一半以上。病菌能在土壤中存活6～7年，随土壤和种子传播。

3. 预测预报

麦矮腥黑穗病菌冬孢子在土壤中存活多年。当病原孢子累积到一定数量，遇有适宜的气候条件和感病寄主，即可侵染发病。萌发需持续低温，大体上在3～8℃，而以4～6℃为最适温度，最低为0℃，最高为10℃。当温度为4～6℃时，在光照条件下，冬孢子通常经3～5周后萌发。可根据土壤中孢子量，结合当地气象预报进行预测预报。

4. 防治措施

防治本病要严格执行检疫制度，采用种子灭菌处理，实行轮作换茬，控制病害发生。

（1）实施植物检疫。对进口小麦，特别对来自疫区的冬小麦要实行严格检疫，严禁商品小麦作种用，引进小麦种子需经隔离试种。

（2）灭菌处理。以蒸汽湿热70℃处理10 min或80℃处理5 min。

（3）病区采用5～7年轮作换茬，选用抗病品种。

七、麦类纹枯病

麦类纹枯病俗称花秆病、白穗头，是20世纪80年代后期发展起来的一种麦类病害，发病严重的田块减产两成以上。

1. 发病症状

麦子的各个生育期均可受纹枯病菌侵害，分别造成烂芽、病苗和死苗、花秆烂茎、枯孕穗和枯白穗等不同为害症状。

（1）烂芽。小麦发芽后受病菌侵染，芽鞘变褐，烂芽枯死。

（2）病苗和死苗。麦苗三叶以后，基部叶鞘发病，出现椭圆形褐色病斑，有坏死线，叶片失水枯死，严重的病苗不抽新叶而死。

（3）花秆烂茎。麦苗拔节，叶鞘上病斑扩展到茎秆，有明显的云纹状斑纹，同时蔓延到节间，引起茎壁失水坏死。

（4）枯孕穗、枯白穗。由于花秆烂茎，主茎和分蘖常不能抽穗成为枯孕穗。即使抽穗，终因得不到必要的养分、水分，最后造成枯白穗。

2. 发病规律

麦类纹枯病是一种担子菌引起的病害，土壤中的菌核、病残株是病害的初次侵染来源。常年发病重的田块，田间遗留菌核多，发病重。感病品种和早播麦发病重。冬季气温高，有利病菌侵染；春季温湿度偏高，病情上升期提早；降雨持续期长，病情严重。密植、多肥、杂草多的麦田发病重。

田间病害的发展，大致可分为秋苗发病期（三叶期后，病株率增加），春季发展期（返青后至5月上旬，病株率迅速增加，病菌侵茎，病情加重）和夏季平稳期（5月中旬后病情稳定）。

3. 预测预报

（1）主要根据本地区品种布局、栽培肥水条件、小麦播期、越冬菌源（秋苗病情）、冬、春季气候因素及病情增长速度、主要感病为害阶段（拔节到抽穗期）的气象预报等综合分析预报。

1）长期预报。在小麦返青前作出。根据菌源基数（上年发病程度）、稻麦连作年限及当年所占比例，冬麦播种期、秋冬苗期病情、气温及春季长期预报等作出发生趋势展望。若上年秋苗发病重，稻麦连作面积大（占50%以上），播种期正常偏早，秋冬温暖，天气预报春季气温回升快，雨日多，湿度大，病害有可能流行；反之则轻。

2）中、短期预报。在3月上中旬作出。可根据早春病情、气温回升情况、病情增长速度及小麦长势，结合中、短期天气预报综合分析预测。若早春发病重，气温回升快（10℃以上），小麦长势好，病情发展迅速，气象预报3、4月份雨水偏多，光照不足，病害将大流行；反之则轻发生。

（2）发生程度分级指标。小麦纹枯病发生程度以当地发病高峰期平均病情指数表示，划分为5级（见表3—6）。

表 3—6　　小麦纹枯病发生程度分级指标

指标	1	2	3	4	5
程度	轻发生	偏轻发生	中等发生	偏重发生	大发生
病情指数 I	$I\leqslant5$	$5<I\leqslant15$	$15<I\leqslant25$	$25<I\leqslant35$	$I>35$

4. 防治措施

（1）农业防治。选用抗病品种；施足基肥，及时除草。

（2）药剂防治。

1）种子处理。用 2%的戊唑醇拌种剂 10～15 g，加少量水调成糊状液体与 10 kg 的麦种混匀，晾干后播种；或用种子重量 0.15%～0.2%的 20%三唑酮。

2）大田防治。麦子返青后拔节期是药剂防治小麦纹枯病的最关键时期。病株率达 15%～20%时，用第一次药，隔 7～10 天视病情用第二次药。药剂可选用：每亩用 5%的井冈霉素水剂 100～150 mL。

八、麦叶蜂

为害麦子的主要是小麦叶蜂，俗称小黏虫。局部发生。主要为害麦类，小麦受害比大麦重。

1. 形态特征

成虫是一种黑色小蜂，体长 8～9.8 mm，翅透明，雌蜂尾端有锯刀状产卵器。卵肾形，黄色。幼虫体翠绿色，各节多横皱，胸部突起，有腹足 7 对，尾足 1 对。蛹黄褐色。

2. 发生规律

一年发生 1 代。上海郊区在 3 月中下旬羽化，雌蜂用锯刀状产卵器，在麦叶主脉两侧锯成裂缝，产卵其中。1、2 龄幼虫日夜在麦叶上为害，3 龄后，白天躲在麦丛土隙中，夜出蚕食麦叶，为害严重时，可将叶片吃光，仅留主脉，使麦粒灌浆不足，影响产量。幼虫受惊后，有卷曲假死坠地的习性。老熟幼虫钻入土下 20～23 cm 处作土室，到 10 月间蜕皮化蛹越冬。

蛹在土中 20 cm 深处越冬，翌年 3 月气温回升后开始羽化，成虫用锯状产卵器将卵产在叶片主脉旁边的组织中，成串产下。叶面下出现长 2 cm、宽 1 cm 突起。每叶产卵 1～2 粒或 6 粒。卵期 10 天。

3. 预测预报

麦叶蜂在冬季气温偏高、土壤水分充足，春季气温温暖、土壤湿度大时适宜发生，为害重。沙质土壤麦田比黏土受害重。当每平方米超过 30 头时，应立即发布防治警报。

4. 防治措施

(1) 水旱轮作是防治麦叶蜂的有效农业措施。

(2) 药剂防治。每亩用10%的吡虫啉可湿性粉剂20～25 g、或50%的辛硫磷乳油50～75 mL、或3%的啶虫脒乳油20～30 mL对水60～75 kg喷雾，也可结合黏虫、麦蚜进行兼治。

九、麦蜘蛛

上海郊区发生的主要是麦圆蜘蛛。主要为害麦类，其次是蚕豆、豌豆、紫云英、油菜等作物。春、秋两季均有为害，但以春季为重。

1. 形态特征

麦圆蜘蛛一生有卵、幼虫、若虫、成虫等几个虫态。成虫略呈圆形，深红褐色，背上有一红斑，有足4对。由卵孵出的幼虫，有足3对；幼虫蜕皮后称若虫，有足4对，体色、体形与成虫相似。

2. 发生规律

上海郊区一年发生2代，以成虫在麦根或看麦娘等杂草上越冬。成虫、若虫、幼虫均能为害，有群集性，喜潮湿，爬行迅速，稍受惊动即向下爬行或跌落。2月间天气转暖后出土为害麦苗，3—4月温度上升到8～15℃时就大量繁殖为害。麦圆蜘蛛白天潜伏土缝中，早晨和傍晚出外活动。成蛛和若蛛吸食叶片汁液。麦叶受害后，叶面布满黄白色小圆斑，严重时麦苗全部发黄，甚至不能抽穗或干枯而死。收麦前成虫在湿润的麦田土缝里产卵越夏，越夏卵孵出的幼虫在秋播麦苗上为害。

3. 预测预报

主要依据虫源基数、早春季节发生量大小，参考天气预报、麦长势、地势条件等进行综合分析预测。

越冬基数多，越冬虫态成螨所占的比例大，天气预报冬季气温偏高，翌年早春麦蜘蛛可能发生早，且数量多。

早春麦蜘蛛发生基数大，后期发生量相对增多。天气预报若3—4月温度较常年略低，降雨偏多，田间湿度将增大，将有利麦圆蜘蛛发生和为害，尤以长势好、地势低洼田块发生量多。

4. 防治措施

(1) 农业防治。综合各地经验，破坏麦蜘蛛的发生条件，便可控制其为害。主要措施有深耕、除草、增施肥料、轮作、早春耙耱；轮作及冬季在麦田浇施河泥浆；利用麦圆蜘蛛受惊会跌落的习性，在条播麦田可进行人工捕打。一般在早晨或傍晚拍打麦叶，用涂有烂泥的畚箕接装。

（2）药剂防治。

1）种子处理。用种子量0.2%的50%辛硫磷乳油对水稀释后（种子重量10%的水），喷洒于麦种上，搅拌均匀，堆闷12 h后播种。

2）大田喷雾。每亩选用20%的哒螨灵乳油40～60 mL，对水60 kg喷雾。一般可与防治麦蚜结合进行。防治时人应向前行，避免麦圆蜘蛛受惊跌落逃走。

十、油菜白锈病

白锈病在上海郊区个别年份发病严重，自苗期到开花结荚期都有发生，为害叶、茎、花和果，影响菜籽的产量和质量。

1. 发病症状

病叶初期在正面出现淡绿色小斑点，后变黄色，相应的叶背长出有光泽的白蜡状小疱斑点，破裂后散出白色粉末（孢子囊），后期病叶枯黄。

病菌为害油菜花薹，可能引起肿胀弯曲成“龙头拐”状，故通称为“龙头病”。花器受害肥大，花瓣变成绿色，不结实。

2. 发病规律

病菌主要以卵孢子、菌丝体在土壤中及病株残体内越夏、越冬。在温度适宜时，病菌即侵害油菜，以后，在病株上产生大量病菌，借风、雨传播，反复侵染为害。

低温、多湿适宜病菌的萌发和侵入，高温、多湿适宜病菌的发展。因此，春季时寒时暖、多阴雨，或施氮肥偏多，及地势低洼、排水不良的田块发病就重。

3. 预测预报

（1）发生期预报。田间从少数中心病株向四周蔓延，形成发病中心，而后病情发展加快。田间发现中心病株时及时发出预报，以引起注意。

（2）发生程度预报。本病从幼苗期到收获期都可发病。当病情加快时，遇有利发生的气候条件，如阴雨天，夜温在16℃以下等，应及时发出预报，以指导防治，控制病害流行。

（3）发生程度分级标准（见表3—7）。

表3—7　　发生程度分级指标

指标	发生程度				
	1	2	3	4	5
病情指数（I）	$I \leqslant 5$	$6 < I \leqslant 10$	$11 < I \leqslant 20$	$21 < I \leqslant 45$	$I > 45$

4. 防治措施

(1) 农业防治。选用丰产抗病品种；开深沟排水，做到雨停不积水，以降低地下水位和田间湿度；及时中耕松土，减少菌源，并促进油菜生长健壮，提高抗病力；发现有花枝肿胀时，应及时剪除，带出田外烧毁或者深埋；有计划地实行与麦子轮作和水旱轮作，避免连作；采用高畦栽培和“宽窄行”栽种，有利于通风透光，便于操作管理，提高植株抗逆力；合理施肥，达到“冬壮春发”，稳长不旺，提高抗病力。浇施河泥能压埋菌核，有抑制发病的作用。

(2) 药剂防治。

1) 苗期。用1∶1∶200的波尔多液喷于叶子的背面，一般防治1～2次。

2) 初花期。当病叶率达10%时，进行第一次防治；隔5～7天防治第二次；如阴、雨天数多，最好防治3次。菜株上、下部都要喷药。可选用50%的甲霜灵可湿性粉剂800～1 000倍液，或75%的百菌清可湿性粉剂600倍液。

十一、油菜病毒病

油菜病毒病又称花叶病、缩叶病，是油菜常见的病害，严重发生时对产量影响很大，同时使菜籽含油量降低。染病植株不仅抗病力低，容易被油菜菌核病、油菜霜霉病和软腐病所侵染，而且冬春也易受冻害。

1. 发病症状

因油菜品种不同，发病症状表现不一样。本地油菜（白菜型）发病，病叶叶脉透明，叶色黄绿相间，呈明显的花叶症状，所以也叫花叶病。发病严重时，叶片起皱，植株矮缩，往往在抽薹前就枯死。

甘蓝型油菜发病，开始时在新叶上出现针头状透亮小点，以后发展为近圆形的黄斑、枯斑。病叶枯黄时，斑点仍清晰可见。发病较重的，茎上往往产生水渍状、褐色至黑褐色的枯死条斑。病荚弯曲。重病株往往早期枯死。

2. 发病规律

主要由蚜虫传染病毒引起。其发生与气候、土壤关系较大，特别是秋季比较干旱和温暖时，蚜虫发生数量多而活跃，发病就重。播种期对发病轻重影响也很大，一般播种越早，发病越重。

3. 预测预报

根据当年气候条件，蚜虫发生量及油菜播期早迟对发生程度进行预测。一般蚜量大、毒源植物发病率高、种植面积大的年份，其发病程度较重，反之较轻；油菜苗期气温15～25℃，降雨量明显少于常年，其发病程度重于常年，反之则较轻。一般认为油菜播种早发病重，迟播发病轻；直播田比移栽田播种期迟，发病较轻。

4. 防治措施

预防苗期感病，防止蚜虫传毒为害是防治本病的关键。

（1）农业防治。

1）适时播种，不宜过早。因播种过早，苗期温度较高，湿度较低，适宜蚜虫繁殖，发病就重。

2）选育早熟、丰产的抗病品种。

3）早期拔除病株，减少蚜虫的传毒机会。

（2）药剂防治。彻底治蚜，在菜秧长出真叶后即开始用药，每亩用10%的吡虫啉可湿性粉剂 20 g、25%的吡蚜酮可湿性粉剂 20 g 对水喷雾，并于移栽前 2～3 天再防一次，杀灭蚜虫，减少病害。

十二、菜蚜

菜蚜在上海郊区主要有萝卜蚜（又称菜缢管蚜）和桃蚜两种，是油菜和大白菜等蔬菜的主要害虫，特别是在苗期为害严重，它们还能传播病毒病，对生产的影响很大。

1. 形态特征

萝卜蚜和桃蚜的成虫都分无翅和有翅两种体型，在蔬菜上发生的都是孤雌胎生的雌蚜。

（1）萝卜蚜。无翅雌蚜体橄榄绿色，被有白粉；有翅雌蚜头胸部黑色，腹暗绿色。它们的腹管前各腹节两侧都有黑点，腹管较短，腹部显得宽圆。

（2）桃蚜。无翅雌蚜体色差异大，有绿色、黄绿色、橘黄色或红褐色多种，体上无白粉，也无黑点。有翅雌蚜头胸部黑色，腹部有绿色、黄绿色、褐色或赤褐色，并有明显的暗色横纹。其触角基部内侧各有 1 个瘤状突起，腹管细长，腹部显得狭长。

2. 发生规律

一年发生 20 多代，世代重叠，主要以无翅雌蚜在菜心叶上越冬。萝卜蚜全年在白菜、大白菜、油菜、萝卜等菜株上转移为害。桃蚜除在菜株之间转移以外，还在桃、李、杏、梅等果树枝条上产卵越冬。桃蚜在 4—5 月从桃、李等果树迁飞到菜株上，在 9～10 月又从菜株迁飞到桃、李等果树上。春、秋两季气候温暖，最适于它们的生长繁殖，一头雌蚜能产 70～80 头小蚜虫，最多能产一百头以上。出生的小蚜虫发育最快的经过 5～7 天就能繁殖，数量发展很快，特别是干旱的条件能引起大发生。油菜在秧苗期受害，叶片发黄卷缩，生长缓慢，形成老瘪秧，受害严重时会造成秧苗成片枯死；在抽薹开花期遇到集中为害，会妨碍结籽，嫩头枯焦。油菜、青菜和大白菜等蔬菜被传染到病毒后，会早枯，对产量影响很大。

3. 预测预报

根据系统调查结果，当油菜苗期平均百株蚜量达到500头、抽薹现蕾期百株蚜量达到1 000头，即预示为害始盛期来临。当油菜出苗到5叶期，有蚜株率达到30%时，5叶期到抽薹阶段有蚜株率达到60%时，开花结角期有蚜株率达到10%时，如日均温在14℃以上，7天内无中等以上降雨，预示蚜量将迅速上升。

4. 防治措施

(1) 物理防治。在秧苗期采用银灰色薄膜避蚜，苗床上方每隔60～100 cm拉3～6 cm的宽银灰色薄膜网格；或在田间四周围银灰色遮阳网，地面铺设银灰色地膜或拉17～20 cm的银灰色薄膜条，每隔1～2 m拉一条。

(2) 药剂防治。

1) 在秧苗期每亩用10%的吡虫啉可湿性粉剂20 g，或25%的吡蚜酮可湿性粉剂20 g对水喷雾。

2) 在油菜抽薹开花初期，如有蚜虫集中在嫩茎和花梗上为害时，则每亩用10%的吡虫啉可湿性粉剂20 g或25%的吡蚜酮可湿性粉剂20 g喷治，及早把蚜虫消灭在点片发生的阶段，防止在油菜上扩展而造成后期防治上的困难。

技能要求

麦种拌种的方法

操作准备

1. 计算拌种剂用量。根据种子量计算拌种药剂的用量和用水量，称量好稀释用水备用。一般拌种药液与麦种比例为3∶100。因此，首先根据麦种量计算拌种药液用量，其次根据拌种药液用量和拌种剂的使用浓度计算出拌种剂的用量。如，20 kg的麦种，需要拌种液600 mL，10 g 60 g/L的戊唑醇悬浮种衣剂（立克秀）。

2. 准备拌种工具。如果人工拌种量较多，应准备铲、喷雾器，清理拌种场所，垫上地垫；若为机器拌种，要调试好拌种机，清理干净机器，以免在拌种过程中混入其他杂质。

3. 准备好拌种液配制的工具。配制拌种液容器、剪刀、搅拌棒等。

4. 做好使用药剂的安全防护。穿上防护服，戴上帽子、口罩、手套等。

操作步骤

步骤1　配制拌种液

从通过称量、准备好的稀释用水中，取少量倒入容器中，按照计算的用量将拌种剂用剪刀剪开，倒入药液容器中；用清水将空浸种剂包装袋冲洗 2～3 次，将清洗液倒入药液容器中；然后加入全部稀释用水，用搅拌棒将药液搅拌均匀，备用。

步骤 2　拌种

(1) 人工拌种。先将麦种堆放在地垫上，用喷雾器将拌种液均匀喷雾在麦种堆上，然后一边用铲翻动麦种，一边用喷雾器喷洒拌种液；反复翻动，直到拌种液喷洒完毕，每粒麦粒上均匀覆盖上拌种液为止。

(2) 机器拌种。将麦种和拌种液装入拌种机器中，启动拌种机，将拌种速度调整到每分钟 30 转，每批拌 3～4 min。

步骤 3　晾干

将拌好的麦种放在安全场地晾 4～6 个小时，完全晾干后再播种；悬挂警示牌，告知拌种事宜，拌种日期与时间、拌种药剂。

注意事项

1. 计算要准确，以用水量计算用药量，或以用药量计算稀释倍数。

2. 配制药液要做好个人防护，一定要穿戴防护服，戴口罩、手套、防护帽。

3. 对袋装药剂的开包应使用剪刀，不可用手直接撕开，避免农药在撕开时由于受力不均衡而喷洒或溅出。

4. 搅拌拌种药液不可直接用手接触，更不可徒手拌种，避免农药对人体的污染，造成人体中毒。

5. 拌种使用的农药有效成分一般以内吸性药剂为好。拌好药的种子一般直接用来播种，无须再进行其他处理，更不能进行浸泡和催芽。

第 4 节　农田杂草发生与防治

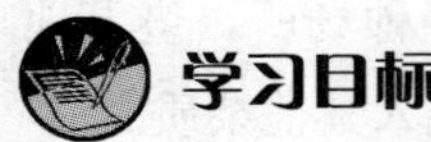

学习目标

了解农田杂草的主要类别。

熟悉农田杂草的识别方法。

掌握主要农田杂草的特征。

能够区分不同杂草的种类。

能够根据图片或标本识别主要农田杂草。

知识要求

一、农田杂草的分类

1. 根据形态分类

根据杂草的形态特征对杂草进行分类，大致可分为三大类。

（1）禾草类。主要包括禾本科杂草。其主要形态特征：茎圆或略扁，节和节间区别，节间中空。叶鞘开张，常有叶舌。胚具1子叶，叶片狭窄而长，平行叶脉，叶无柄。

（2）莎草类。主要包括莎草科杂草。茎三棱形或扁三棱形，节与节间的区别不显，茎常实心。叶鞘不开张，无叶舌。胚具1子叶，叶片狭窄而长，平行叶脉，叶无柄。

（3）阔叶草类。包括所有的双子叶植物杂草及部分单子叶植物杂草。茎圆心或四棱形。叶片宽阔，具网状叶脉，叶有柄。胚常具2子叶。

2. 根据生物学特性分类

这主要是根据杂草所具有的不同生活类型和生长习性所进行的分类。

（1）一年生杂草。在一个生长季节完成从出苗、生长及开花结实的生活史，如马齿苋、铁苋菜、鳢肠、马唐、稗、异型莎草和碎米莎草等相当多的种类。它们多发生为害于秋熟旱作物田及水稻等作物田。

（2）二年生杂草。在两个生长季节内或跨两个日历年度完成从出苗、生长及开花结实的生活史。通常是冬季出苗，翌年春季或夏初开花结实，如野燕麦、看麦娘、猪殃殃等。它们多发生为害于夏熟作物田。

（3）多年生杂草。一次出苗，可在多个生长季节内生长并开花结实。可以适应不良的气候条件，如双穗雀稗、香附子、水莎草、扁秆藨草、野慈姑、蒲公英等。

3. 根据植物系统分类

根据植物系统演化和亲缘关系的理论，可以对杂草按门、纲、目科、属、种进行分类。这种分类对所有杂草可以确定其位置，比较准确和完整。但实用性稍差。

4. 根据生境生态分类

根据杂草生长环境以及杂草所构成的为害类型，可以对杂草进行分类。此种分类实用性强，对杂草防治有直接的指导意义。

（1）水田杂草。水田杂草是水田中不断自然繁衍其种族的植物。包括水稻及水生蔬菜作物田杂草。

（2）旱田杂草。旱田杂草是在旱作物田中不断自然繁衍其种族的植物。包括棉花、玉米、大豆、麦类、油菜等作物田杂草。

（3）非耕地杂草。非耕地杂草是能够在路埂、宅旁、沟渠边、荒地、荒坡等生境中不断自然繁衍其种族的植物。

二、水田杂草的识别与防治

1. 禾本科杂草

（1）稗草。稗草俗名稗、野稗。夏季一年生水田杂草，该草与稻苗相似。区别之处在于稗草秆直立，基部倾斜或膝曲，无叶舌、叶耳，全株光滑无毛，叶片狭长，主脉明显，叶鞘光滑柔软。圆锥花序主轴具角棱，粗糙；小穗密集于穗轴的一侧，具极短柄或近无柄；第一颖三角形，基部包卷小穗，长为小穗的 1/3～1/2，具 5 脉，被短硬毛或硬刺疣毛，第二颖先端具小尖头，具 5 脉，脉上具刺状硬毛，脉间被短硬毛；第一外稃草质，上部具 7 脉，先端延伸成 1 粗壮芒，内稃与外稃等长。上海地区 4—5 月始发生，6—7 月发生高峰，8—10 月抽穗、开花结果。一株稗草可结数千粒至上万粒种子，种子细小，成熟期比水稻早。稗草主要为害水稻、部分棉花、大豆、蔬菜和果树等作物。

稗草广泛分布于全国各地。常以优势草种生于湿润农田、荒地、路旁、沟边及浅水渠塘和沼泽。为害水稻、玉米、豆类、薯类、棉花、禾谷类和蔬菜等作物，近年来已经上升为水稻产区第一恶性杂草，影响水稻产量及品质。

（2）千金子。千金子俗名水稗、白游水筋、绣花草和六月秀。夏季一年生湿生杂草。第一真叶长椭圆形，先端急尖，7 条直出平行叶脉。叶鞘甚短，边缘膜质，叶舌环状，顶端齿裂。第二片真叶带状披针形。全株光滑无毛。成株秆丛生，秆的基部呈膝状，上部直立，高 30～90 cm，茎节长出不定根和分枝。叶片扁平线形，先端渐尖，质薄而柔，叶缘有细齿，叶鞘无毛，秆顶端长出椭圆形的大圆锥花序，长达 15～30 cm，花褐紫色，细小的小穗有短柄，干干湿湿有利于千金子发生。上海地区 4 月底至 5 月初开始发生，5 月中旬至 6—7 月达发生高峰。1 株可结上万粒种子，主要为害水稻、部分棉花、大豆、蔬菜、果树等作物。

（3）杂草稻。杂草稻属于形态各异的稻属种，一般认为杂草稻是栽培稻（O. sativa）和野生稻（O. rufipogon 和 O. nivara）的天然杂交种，但目前尚不能肯定杂草稻的真正起源。杂草稻既具有栽培稻的某些特性，又具有野生特性，能够在稻田自然繁殖和延续后代，与栽培稻竞争光、水分和营养，其为害性如同杂草，故被称为杂草稻。杂草稻的共同特点是：植株出苗时间和成熟时间早于栽培稻，谷壳褐色或稻草色，种子有芒或无芒，种皮红色，容易落粒。稻叶色偏淡，分蘖力强，长势旺盛。

杂草稻在美国稻区已成为仅次于稗草和千金子的第三大杂草，水稻减产 61%。全美由于杂草稻为害造成的经济损失每年约 5 000 万美元。意大利杂草稻的蔓延使个别地块最高减产 22%。在东南亚的一些国家，如泰国、越南、斯里兰卡、马来西亚等，杂草稻造成水稻减产10%～50%，平均20%左右。在南美受影响严重的田块，更不能继续种水稻。

近年来随着中国直播水稻面积的增加，杂草稻发生越来越普遍。例如，2000年黑龙江省发生杂草稻的稻田面积达到2 000 hm^2；辽宁省目前至少有200 000 hm^2的稻田不同程度受到杂草稻的影响，在部分单作稻田，杂草稻的为害常常造成无法控制的局面，从而导致农民抛荒。2012年上海市全市杂草稻发生面积28万亩，个别严重田块覆盖率已达50%左右。

由于杂草稻与栽培稻具有相似性，限制了利用除草剂的选择性控制杂草稻。所以，当前控制杂草稻普遍采用非化学手段，主要有控制种子源法、植物形态学剔除法、轮作换茬法、养草灭草法等。

2. 莎草科杂草

(1) 异型莎草。异型莎草俗名三角草、黄棵头、球花碱草。夏季一年生水田杂草。幼苗第1片和第2片真叶线状披针形，长0.5～0.7 cm，宽0.7～0.8 mm。成株秆丛生，直立，扁三棱形，高20～65 cm，叶基生，条形，叶鞘淡紫色，有时带紫色。叶状苞片2或3，长于花序；花序长侧枝聚伞形简单，少有复生，具3～9条长短不等辐射枝；小穗多数，集成球形。小穗长圆形，黄褐色，具红棕色膜质鳞片。小坚果倒卵状椭圆形，有三棱，淡黄色，与鳞片近等长。上海地区于5月上旬开始发生，6—8月大量发生，6—10月开花结果。1株可结5万多粒种子。主要为害水稻，低湿地旱作物也受其害。

(2) 水莎草。水莎草俗名水三棱、三棱草。多年生水田杂草。幼苗第1片真叶呈线状披针形，具5条明显的直出平行叶脉，横切面形状呈近三角形，叶鞘膜质透明，叶片与叶鞘之间无明显的界线，幼苗全株光滑无毛，成株叶线状，长10～20 cm，叶表蜡质层具光泽，秆扁三棱形，高30～100 cm。长侧枝聚伞花序，穗状花序，紫褐色小坚果。种子和根状茎均能繁殖，上海地区于3月上旬开始出苗，9月上旬至10月上中旬开花结果，并形成繁殖力极强的块茎。对水稻、茭白等水田作物为害重。

(3) 萤蔺。萤蔺俗名直立藨草、灯芯草、水葱。夏季多年生水田杂草。针状叶，成株具短缩的根状茎，秆丛生，圆柱状，实心，坚挺，高30～60 cm，光滑无毛。基部具2～3个膜质叶鞘，口斜截形。苞片1片，为秆的延伸，长3～15 cm。2～7个小穗聚成头状，假侧生卵形或长圆卵形，淡棕色；小坚果（种子）宽倒卵形，长约2 mm，黑褐色。上海地区4月上旬开始从地下根茎处抽芽生长；种子5月上中旬发芽出苗，6—7月为发生高峰，8—10月开花结果，11月霜冻后地上部分枯死。主要为害水稻、茭白等水田作物。

(4) 扁秆藨草。扁秆藨草广泛分布在东北、内蒙古、华北以及江苏、浙江及云南等地区，以及新疆的南北疆平原绿洲上；国外在欧洲、中亚细亚、高加索、西伯利亚、堪察加、蒙古、朝鲜及日本均有分布。

幼苗第1片真叶针状，横剖面近圆形；叶鞘边缘有膜质翅；第2片真叶横剖面上可见到 2 个大气腔，近圆形；第 3 片真叶横剖面呈三角形。

成株有匍匐的根状茎，顶端增粗成块茎，块茎椭圆形或球形，长 1～2 cm。秆单一，高 30～80 cm，扁三棱形，有多数秆生叶。叶片长线形，扁平，有长叶鞘。苞片叶状，比花序长。

花和子实，长侧枝聚伞花序短缩成头状，有 1～2 个短的辐射枝，1～6 个小穗；小穗卵形，锈褐色或黄褐色。小坚果倒卵形或广倒卵形，双凸镜状，淡褐色。当年种子处于休眠状态，寿命 5～6 年。

扁秆藨草属多年生草本。种子及块茎繁殖，在连作的稻田中由种子形成的实生苗仅占 2%左右，而 98%是由块茎形成的再生苗。越冬的块茎呈球状，有 3～5 节，春季当环境适宜时，顶芽萌发出土形成再生苗。长江流域 3 月下旬至 6 月上旬出土的再生苗，由于地上茎叶的生长，累积养分，在根状茎顶端逐渐膨大，形成椭圆形的块茎，称“夏果”。当地上部分始花时，夏果又可萌发再生苗，并陆续以上述方式产生新块茎。7 月上旬以后由于光照逐渐缩短，温度渐低，地下根茎发育 4～5 个节间后，在其顶端形成新的球形的块茎（秋果），进行越冬。花期 5—6 月，果期 7—9 月。为稻田的恶性杂草，为害严重。除侵入水稻田外，常生长于湿地、河岸、沼泽等处。

3. 阔叶杂草识别

（1）陌上菜。陌上菜俗名水白菜。夏季一年生水田杂草。茎方形直立，高 5～20 cm，基部分枝，叶无柄对生，长椭圆形或卵形，全缘，有明显弧形脉 3 条，叶长 1.5～3 cm，宽 1～4 mm。叶腋着生小花，花冠唇形，淡紫红色，朔果卵圆形。喜生于水田和低湿地，上海地区 5 月初开始出苗，5 月中下旬至 6 月上中旬为发生高峰，8—10 月开花结果。种子多而细，1 株可结数千粒种子。主要在水稻田发生。

（2）节节菜。节节菜俗名蟹眼睛草。夏季一年生水田杂草。叶小，椭圆形，长 4～17 mm，宽 1.5～6 mm，对生无柄，钝头，全缘，羽状叶脉，背面叶脉凸起。茎柔弱，圆柱形，常呈红紫色，分枝多，呈纵生状。茎的下部倾伏地面成匍匐茎，节上生出白色须根，上部茎直立，高 12～15 cm。叶腋着生淡红色穗状花序，蒴果椭圆形，长 0.5 mm，淡黄色至青色，光滑。喜生于水田及低湿处，上海地区 4 月上旬开始发生，5 月中下旬达发生高峰，8—10 月开花结果，1 株可结数千粒种子，主要在水稻田发生。

（3）矮慈姑。矮慈姑俗名瓜皮草、蒲鳝头，夏季多年生水田杂草。叶为根出丛生，半露水面，阔线状或线状披针形，先端钝，全缘，质疏松，暗绿色，方格状网脉。叶茎白色，幼苗全株光滑无毛。成株地下匐匍枝，顶端膨大成鳞茎。夏秋时，抽生长约 30 cm 的花茎，轮生白花，每轮 3 朵白花，通常 2 轮成总状圆锥花序。瘦果有鳞片状翅，和宿存花柱集合成球状。适生于浅水、池塘、沼泽及稻田中，主要靠地下块茎繁殖，上海地区 4—5

月出苗，6—9 月不断产生地下茎进行无性分枝繁殖，9—10 月地下根茎顶端膨大形成慈姑状块茎，6—11 月开花结果，地上部分枯死。主要在水稻田发生。

（4）鸭舌草。鸭舌草幼苗与矮慈姑相似，成株主茎海绵质，上部分枝密集丛生，绿色多汁，各着生 1 片阔卵形叶，全缘，叶形浅心形，长 1～1.5 cm，宽约 1 mm，高 10～30 mm。地下部无慈姑状块茎，自叶柄基部的鞘内抽出花轴，着生 3～6 朵紫色花，蒴果椭圆形。适生于浅水、池塘、沼泽及稻田中。它以种子繁殖，上海地区 4 月下旬开始出苗，5—6月大量发生，9—10 月开花结果，1 株可结种子数千粒。主要在水稻田和其他水田发生。

（5）鳢肠。鳢肠俗名旱莲草、墨草。夏季一年生旱地杂草。高 15～60 cm，茎直立或匍匐，自基部或上部分枝，绿色或红褐色，被伏毛。茎、叶折断后有墨水样汁液。叶对生，无柄或基部叶有柄，被粗伏毛；叶片披针形，全缘或有细锯齿。花序头状，腋生或顶生；边花白色，舌状，心花淡黄色，筒状，聚药雄蕊。舌状花的瘦果四棱形，筒状花的瘦果三棱形，表面都有瘤状突起，无冠毛，黑色。喜湿耐旱、抗盐耐瘠、耐阴。上海地区 5 月初开始出苗，5—6 月达发生高峰，8—10 月开花结果，1 株可结上万粒种子。主要在水稻田发生。

（6）丁香蓼。丁香蓼俗名假辣蓼、水杨树。夏季一年生水田杂草。初生叶对生，近菱形叶尖钝尖，叶基楔形，全缘，1 条中脉，具柄；后生叶互生，叶片披针形，长 4～7 cm，宽 1～2 cm，先端渐尖，基部渐狭，全缘，叶柄短。茎直立，高 10～100 cm，基部倾斜，多分枝，有纵棱。秋后茎叶呈紫红色。花小，单生于叶腋，无柄；蒴果长柱形，具 4 棱，长约 2 cm，宽 2～3 mm。成熟后纵裂，种子随弹势飞出去，种子多而细，纺锤形至长圆形，长约 1 mm，宽厚各约 0.5 mm，褐色。适生于水田、渠边及沼泽地。上海地区 5 月中下旬出苗，6—7 月大量发生，7—8 月迅速生长，9—10 月开花结果，11 月受霜冻后死亡。

（7）水苋菜。水苋菜俗名眼眼红。夏季一年生水田杂草。子叶 1 对，淡绿色，梨形，长 1～1.5 mm，宽 0.5～0.6 mm，先端圆球形，叶基楔形，全缘。初生叶对生，卵形，叶尖钝尖，叶基楔形，全缘；后生叶对生，叶片条状披针形或狭披针形，叶尖渐尖，叶基戟状耳形，全缘。茎直立，高 20～60 cm，四棱形，微紫。花腋生，具柄，每 3～15 朵花集生，红色或淡绿色。蒴果球形，种子细小，多数为椭圆形、半圆形，直径 0.2～0.3 mm，淡棕色。上海地区 5 月上旬始发生，6—7 月达发生高峰，9—10 月达开花结果，种子繁殖，1 株可结籽数千粒。

（8）空心莲子草。空心莲子草又名革命草、水花生、喜旱莲子草。1930 年传入中国，是为害极大的入侵物种，被列为中国首批外来入侵物种。多生长于池沼和水沟内，属挺水型水生植物，主要在农（包括水田和旱田）、空地、鱼塘、沟渠、河等环境中生长为害，已成为亟待研究和解决的草害问题。一般簇生或大面积形成垫状物漂于水面。节间长，有时长可达 19 cm，直径 0.5～1.4 cm。根：由茎节上形成须根，无根毛，外皮层无明显分化，中皮层具 6～9 层薄壁细胞，气腔分布其中；维管束 3～4 原型，一轮。茎：基部匍匐蔓生于水中，端部直立于水面，不明显 4 棱，长 55～120 cm，节腋处疏生细柔毛；茎圆桶形，多分枝，茎秆坚实，光滑中空，只具初生构造，髓腔较大，细胞密度小，细胞内未见草酸钙晶体形成。叶：对生，有短柄，叶片长椭圆形至倒卵状披针形，长 2.5～5 cm，宽 0.7～2 cm，先端圆钝，有尖头，基部渐狭，叶面光滑，无绒毛、叶片边缘无缺刻。叶柄长 0.3～1 cm，无毛或微有柔毛。一般斑块状或浓密的成片草垫状，节间最长 15 cm，直径 0.3～0.5 cm。叶片较水生环境中的叶片长宽度略小，厚度略厚，叶色较深，叶片与茎之间的夹角较小，较挺立。根：有根毛，陆生植株的不定根次生生长可形成直径达 1 cm 左右的肉质储藏根，即宿根，茎节可生根。

三、旱田杂草的识别

（1）看麦娘。看麦娘俗语名稍草、麦陀陀、麦娘娘。冬季越年生禾本科杂草，茎中空，圆柱形，淡绿色，簇生，基部往往自节处作膝曲状，下部常分枝，上部直立，高 10～45 cm。叶扁平线形而渐尖，柔软，长 6～12 cm，宽 2～6 mm，边缘有细齿，叶鞘短于节间并略显膨大。春节后，自茎顶的叶鞘内抽生紧缩为圆柱形的穗状式单生圆锥花序，淡绿色，花药橙色，颖果近半圆形。适生于潮湿的土壤和稻麦轮作区麦田。上海地区 9 月上旬发生，10—11 月达发生高峰，4 月抽穗开花，5—6 月结果。1 株可结 2 000 多粒种子。主要为害麦子、油菜、绿肥等作物。

（2）日本看麦娘。日本看麦娘为冬季越年生禾本科杂草。与看麦娘相似，第一真叶较看麦娘稍宽长、叶尖稍往上翘成匙状，秆高 30～90 cm，圆锥花序较粗大，花药白色。主要为害麦子、油菜、绿肥等作物。

（3）罔草。罔草俗名大头稍草、大头稗草。冬季越年生禾本科杂草。秆直立，高 40～80 cm，叶片带状。圆锥花序较窄，由多数小穗复瓦状排列于穗轴之一侧。颖果，椭圆形，黄褐色，内含 2 粒种子，人们常把罔草籽用作枕头芯。适生于低湿多肥土壤，上海地区 9 月上旬发生，10—11 月达发生高峰，4 月抽穗开花，5—6 月结果，1 株可结种子数千粒。主要为害麦子、油菜、绿肥等作物。

（4）早熟禾。早熟禾俗名稍草、小鸡草、冷草、绒球草。冬季越年生禾本科杂草。绿叶簇生，全草柔嫩无毛，鲜绿色，叶片线状，长 3～10 cm，宽 1～5 mm。秆丛生，高 8～25 cm，扁形，似绒球状，直立或稍倾斜，节上生根，圆锥花序直立于秆顶，淡绿色，分枝通常每节 2 个，小穗有柄，卵状长椭圆形，有小花 1～10 朵，颖果纺锤形。上海地区 9

月上旬发生，10—11 月达发生高峰，2—3 月抽穗开花，5 月死亡。1 株可结种子上千粒。主要为害麦子、油菜、果树等作物。

（5）棒头草。棒头草俗名稍草、狗尾稍草。冬季越年生禾本科杂草。高 17～70 cm，秆丛生，直立，基部膝曲，叶带状，叶鞘光滑，叶舌膜质，顶端 2 裂。圆锥花序，开展 3.5～10 cm，宽 0.5～2.5 cm。穗上有节，节上有很多分枝，枝上着生小穗，颖果，纺锤形，种子种皮深肉色。适生于低湿地、路旁、水边。上海地区 9 月上旬发生，10—11 月达发生高峰，4 月抽穗开花结果，1 株可结种子数千粒至近万粒。主要为害麦子、油菜、果树等作物。

（6）硬草。硬草俗名稍草、冷草、耿氏碱草等。冬季越年生禾本科杂草。高 10～20 cm，秆直立或基部偃卧，叶带状，叶鞘长于节间，下部闭合。叶舌顶端截平或齿裂，圆锥花序，坚硬直立，每节有 2 个小分枝，小穗草绿色，颖果纺锤形，长约 2 mm，宽 0.5～0.8 mm，种皮深灰色至草绿色。适生于低湿的轻度盐碱地。上海地区 9 月上旬发生，10—11 月达发生高峰，4 月抽穗开花，5—6 月结果，1 株可结种子数千粒。主要为害麦子、油菜、绿肥等作物。

（7）牛繁缕。牛繁缕俗名河豚头、鹅肠草。冬季越年生双子叶杂草，叶对生，梭形，全缘，具长柄，叶柄疏生柔毛。成株茎直立，高 30～50 cm，多分枝，常带紫色，下部平卧，上部斜生，节间略被柔毛，节触地易生根。5—6 月开白花，聚伞花序，蒴果，卵圆形。适生于湿润环境，上海地区 9 月上旬发生，10—11 月达发生高峰，4—5 月抽穗开花结果，1 株可结数千粒种子。主要为害麦子、油菜、果树等作物。

（8）一年蓬。一年蓬俗名蓬头草、千层塔、野蒿等。冬季越年生双子叶杂草。高 30～90 cm，茎直立，上部分枝。叶互生，矩椭圆形或阔卵形，叶缘有粗齿，基生叶丛生。茎中部叶短圆状披针形或披针形，叶缘有不规则齿裂。茎上部叶条形，全缘，有睫状毛。头状花序，排列成伞房状或圆锥状，直径约 1.5 cm，头状半球形，边花舌状，白色或淡蓝色，心花管状，黄色。瘦果（种子）长扁圆形，长约 1 mm，宽 0.3～0.4 mm，淡黄色，有冠毛。适生于山坡、草地、路旁或农田中。上海地区 10 月上中旬始出苗，11 月中旬达出苗高峰，翌年早春迅速生长，5—6 月开花结果。1 株可结种子数千至数万粒。主要为害麦子、油菜、果树等作物。

（9）大巢菜。大巢菜俗名野豌豆等。冬季越年生双子叶杂草。高 40～100 cm，蔓生，具纵棱，叶为由 4～8 对小叶组成的羽状复叶，小叶呈倒披针形、椭圆形或倒卵形，先端截平或微凹，主脉延伸成小尖头，叶基楔形。顶小叶变态为分枝的叶卷须。花着生于叶腋，双生或单生，花冠红色或者说紫色，花萼钟状，有柄，蝶形。荚果条形扁平，长 4～5 cm，成熟时呈黑色，种子近球形，种皮青灰色。适生于较湿润的荒地、田边、路旁和农田。上海地区 9 月下旬始发生，10—11 月达发生高峰，3—4 月迅速生长，5—6 月开花结果，1 株可结籽数百粒主要为害麦子、油菜、绿肥等作物。

（10）猪殃殃。猪殃殃俗名麦蜘蛛、拉拉藤等。冬季越年生双子叶杂草。高 20～100 cm，茎四棱形，棱边有刺毛，多分枝，依附作物攀缘生长。叶 4～8 片轮生，带状披针形，叶缘及主脉上侧生小刺状毛。聚伞花序腋生或顶生，花淡黄色，小坚果密生钩刺，内含种子 2 粒。种子扁圆，直径 1.5～2 mm，中间有 1 个小孔，种皮黑色。适生于潮湿肥沃的土壤。上海地区 9 月中下旬至 10 月初出苗，11 月中下旬达发生高峰，4 月上旬开花，5—6 月结果。1 株可结籽数千粒。主要为害麦子、油菜、果树等作物。

四、综合治理策略

1. 主要方法

农田杂草的防治方法主要有人工防治、化学防治、机械防治、替代控制等。

（1）人工防治

1）控制杂草种子入田。人工防除首先是尽量勿使杂草种子或繁殖器官进入作物田，清除地边、路旁的杂草，严格杂草检疫制度，精选播种材料，特别注意国内没有或尚未广为传播的杂草必须严格禁止输入或严加控制，防止扩散，以减少田间杂草来源。用杂草沤制农家肥时，应将农家含有杂草种子的肥料经过薄膜覆盖，高温堆沤 2～4 周，腐熟成有机肥料，杀死其发芽力后再用。

2）人工除草结合农事活动。如在杂草萌发后或生长时期直接进行人工拔除或铲除，或结合中耕施肥等农耕措施剔除杂草。

（2）机械防治。结合农事活动，利用农机具或大型农业机械进行各种耕翻、耙、中耕松土等措施进行播种前、出苗前及各生育期等到不同时期除草，直接杀死、刈割或铲除杂草。

（3）农业防治。加强田间管理，水田平整田面不露泥，保持田间湿润不露白、不开裂，控制杂草的出苗、生长。对杂草发生的严重田块，采用轮作换茬法，或改直播稻为移栽稻，利用水层管理控制杂草。

（4）化学防除。主要特点是高效、省工，免去繁重的田间除草劳动。国内外已有 300 多种化学除草剂，并加工不同剂型的制剂，可用于几乎所有的粮食作物、经济作物地的除草。

（5）替代控制。利用覆盖、遮光等原理，用塑料薄膜覆盖或播种其他作物（或草种）等方法除草。

2. 水田杂草的化除措施

（1）直播稻田化除

1）播前或播后苗前。每亩用26％的噁草酮乳油 100～200 mL，在整田结束后，泥浆还未沉淀的浑水状态下，趁混水甩施，施药后保持水层 3～5 天，落干后播种。或在播种后1～3 天内，每亩用 40％的苄嘧·丙草胺可湿性粉剂 60 g 或 30％的苄嘧·丙草胺可湿性粉剂 80 g，对水 40～50 kg 均匀喷雾土壤。

播后施药时，田块要保持湿润，田沟内要有浅水，施药后 3 天内田板保持湿润状态，以后恢复正常田间管理；施药后当天或第二天遇高温，造成畦面较干，第二天放“跑马水”。播种谷种必须先催芽，要求根长一粒谷、芽长半粒谷。做到随整地，随播种。

2）出苗后。在水稻二叶一心期（播种后 15～20 天），选用 53％的苄嘧·苯噻酰可湿性粉剂药剂每亩用 60～70 g 拌细泥或化肥撒施，施药时田间有薄水层，施药后保持浅水层 3 天以上。

（2）移栽稻田化除

1）移栽前。夏熟田耕翻平整后，灌足水层（以不露高墩为准），杂草未出苗时，亩用 26％的噁草酮乳油 100～120 mL，趁泥水混浊时甩滴全田，施药后保持水层 3～4 天后播秧；或亩用 30％的苄嘧·丙草胺可湿性粉剂 80 g 或 40％的苄嘧·丙草胺可湿性粉剂 60 g，对水30～40 kg 喷施后 1 天播秧。

2）移栽后。在机插后 5～7 天内，选用 53％的苄嘧·苯噻酰可湿性粉剂药剂每亩用 60～70 g 拌细泥或化肥撒施，施药时田间有薄水层，保水 3～5 天后恢复正常管理。

（3）杂草茎叶期补除

1）以稗草为主的田块。在稗草 2～3 叶期，每亩用 25％的五氟磺草胺油悬浮剂 60～80 mL，对水喷雾。施药前排干田水，药后 1 天复水并保水 3～5 天。25％的五氟磺草胺油悬浮剂对高龄稗草效果好，但对大豆较敏感，施药时避免药液飘移。

2）以千金子为主的田块。在千金子 2～3 叶期，每亩用 10％的氰氟草酯乳油 50～60 mL，对水喷雾。施药前排干田水，药后 1 天复水并保水 3～5 天。

3）兼有千金子、稗草等禾本科杂草的田块。在千金子、稗草 2～3 叶期，每亩用 10％的噁唑酰草胺乳油 100～120 mL，或 60 g/L 的五氟·氰氟草可分散油悬浮剂 100～130 mL，对水 30 kg 茎叶喷雾。施药前排干田水，药后 1 天复水并保水 3～5 天。

4）以莎草和阔叶杂草为主的田块：在播后 30 天左右，每亩用 10％的吡嘧磺隆可湿性粉剂 20 g，对水 30～40 kg 喷雾或用毒土。施药时应保证田板湿润或有薄层水，施药后应保水 5 天以上。若莎草和阔叶草龄较高，每亩选用 48％的苯达松水剂 100 mL 加 20％ 2 甲 4 氯水剂 100 mL 混用，对水 30～40 kg 的杂草茎叶喷雾。施药前排干田水，药后 1 天复水并保持3～5天，应严格控制用药量，以防药害发生。

（4）注意事项

1）注意田块的平整，特别是秸秆还田的田块，一定要平整到位，泥块要细小，以防未腐熟的高墩秸秆破坏药膜影响除草效果。

2）合理选用除草剂，不要随意增加或减少用量，以免影响效果或产生药害。同时，注意田间排水和药雾周边种植的作物，以免产生药害。

3）药后如遇雨要及时清理沟系，打开缺口，防止积水淹没水稻心叶而产生药害。施药后当天或第二天遇大暴雨，应减量补施，药量掌握在原使用量的50%。

4）对前期除草效果差、杂草发生量大的田块，要根据不同杂草种类，及时选用除草剂进行补除，对草龄较大的，可酌情增加药量。

5）对上年杂草发生严重或发生杂草稻的田块，应加强播栽种前的农业防除措施。例如，在夏熟作物收获后，及时灌水和用中型拖拉机旋耕法耕翻，打碎和淹埋夏熟残秆，同时诱发杂草稻种子早出苗，保水15天后再次耕翻。

3. 旱田杂草化除措施

（1）麦田

1）苗前期“封杀”

①浅耕和压板麦田。在播后苗前或麦苗二叶一心期，亩用50%的异丙隆可湿性粉剂150 g，对水50 kg均匀喷雾。如田间杂草基数高，草龄大的田块，在播前三天，先亩用41%的草某膦水剂100 mL，对水50 kg喷雾，杀灭杂草后再进行播种。

②复式播种麦田。播后苗前或麦苗二叶一心期，亩用50%的异丙隆可湿性粉剂150 g，加水50 kg均匀喷雾。

③已出苗的套播麦田。在水稻收获后的3～5天内，亩用50%的异丙隆可湿性粉剂150 g，对水50 kg均匀喷雾。

2）苗后补除

在前期封杀化除后（或冬前未用药田块）田间杂草仍然较多的田块，待杂草出齐后，根据杂草种类和草龄，在晚秋选择晴暖天气用药，或在早春冷尾暖头（约在2月20日至3月10日）进行施药。

①小麦田。以禾本科杂草为主的田块：用15%的炔草酯可湿性粉剂20～30 g/亩；或69 g/L的精噁唑禾草灵水乳剂75 mL/亩，对水30～40 kg，针对杂草茎叶均匀喷雾。

以阔叶杂草为主的田块：用50 g/L的双氟·唑嘧胺悬浮剂10～13.6 mL/亩；或75%的苯磺隆干燥悬浮剂1.0～1.5 g/亩。也可用20%的氯氟吡氧乙酸（使它隆）乳油每亩50～60 mL/亩，对水30～40 kg，针对杂草茎叶喷雾。

以禾本科杂草和阔叶杂草混生的田块：用3.6%的二磺·甲碘隆水分散粒剂（阔世玛）15～25 g/亩，对水30～40 kg，针对杂草茎叶喷雾。

②大麦田。以禾本科杂草为主的田块：用50%的异丙隆150～200 g/亩。以阔叶杂草为主田块：用75%的苯磺隆干燥悬浮剂1.0～1.5 g/亩，对水40 kg，针对杂草茎叶喷雾。

（2）油菜田

1）移栽油菜田。对禾本科和阔叶杂草并发的田块，在油菜移栽前或移栽后2天内趁泥土湿润时，亩用20%的敌草胺乳油200 mL，对水40～50 kg均匀喷雾。

2）直播油菜田。对杂草基数高、草龄大的田块，可在油菜播种前3～4天，每亩用41%的草甘膦水剂100 mL加水均匀喷雾，消灭现存杂草。然后在油菜播后苗前，在土壤湿润条件下，亩用20%的敌草胺乳油200 mL，对水40～50 kg均匀喷雾。

3）补除方法。禾本科杂草多时，在晚秋前或早春冷尾暖头时段，亩用108 g/L的高效氟吡甲禾灵乳油30 mL；阔叶杂草多时，亩用50%的草除灵悬浮剂30～40 mL，对水40～50 kg，对杂草茎叶喷雾。

（3）注意事项

1）除草剂使用时间。宜早不宜迟，尽可能抓早、抓小、抓气温较暖时用药。

2）对土壤墒情要求。一定要湿润，遇干旱应加大用水量或结合抗旱进行。

3）噁唑禾草灵水乳剂不能在大麦田中使用。

第 4 章

蔬菜主要病虫害

第1节　蔬菜主要病害

学习目标

了解主要蔬菜病害的为害症状、发生规律以及综合防治措施等。

能够根据图片或标本识别不同的蔬菜病害。

能够针对不同病害制定相应的综合防治措施。

知识要求

一、大白菜软腐病

1. 病原与症状

此病由细菌软腐欧氏杆菌侵染所致。一般从莲座中后期个别植株开始发病，发病盛期常在包心期至采收前后。最常见的症状是在菜株外围叶片、叶柄基部与根茎交界处先发病，初呈水渍状，后逐渐变灰褐色腐烂，并伴有臭味。严重发病的病株，整株腐烂。该病最大的特点是病部有灰黄色黏液溢出，腐烂后发出恶臭，如图4—1所示。

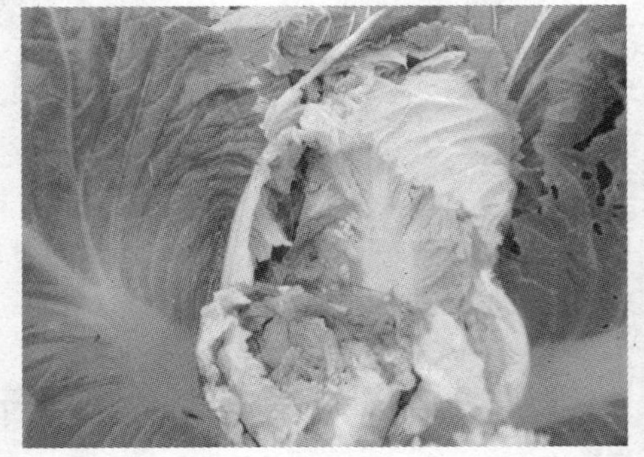

图4—1　大白菜软腐病

2. 发生规律

病原细菌在自然界中广泛存在，主要随残余病株组织在土壤、堆肥中越冬，也能在传播此病的昆虫体内越冬。环境条件适宜时，病菌可大量繁殖，借雨水、灌溉水及昆虫跳甲、小菜蛾传播。病菌喜温暖高湿的环境，适宜发病的温度范围为10～38℃，最适发病环境温度为25～35℃，相对湿度90%以上，最适感病生育期为成株期至采收期，发病潜育期5～20天。

上海及长江中下游地区白菜软腐病的主要发病盛期在4—11月。年度间春、夏温度偏高、多雨或梅雨期间多雨的年份发病重；秋季多雨、多雾的年份发病重。田块间连作地、地势低洼、排水不良的田块发病较重。栽培上种植过密、通风透光差、氮肥施用过多的田块发病重。

3. 预测预报

防治适期为查见十字花科蔬菜软腐病发病中心病株后 5～7 天或田间病株率达 3%～5%。防治对象田为进入生长盛期至采收前 10 天的各类型田。

4. 防治措施

（1）农业防治

1）选用适合当地种植丰产优质和商品性好的耐病品种，提倡推广使用杂交良种。

2）提倡轮作，尽可能避免与十字花科蔬菜连作。

3）适时播种，加强栽培管理。上海地区以处暑前后 5 天左右播种为宜，及时防治传病害虫（如黄条跳甲、小菜蛾、菜青虫等），减少害虫为害所造成的伤口。

（2）药剂防治。应从莲座期开始勤查田头，初发病期每隔 7～10 天喷药 1 次，发病盛期每隔 5～7 天喷药 1 次，连续 2～3 次。常用药剂有 20%的噻菌酮悬浮剂 300～400 倍液，或 6%的春雷霉素可湿性粉剂 300～400 倍液，47%的春雷·氧氯化铜 600～800 倍液等。

二、大白菜霜霉病

1. 病原与症状

此病由鞭毛菌亚门真菌寄生霜霉侵染所致，俗称龙头病。全国各地均有发生，是大白菜生产中常发生的三大病害之一。大白菜霜霉病主要为害叶片，也能为害茎、花梗直至种荚，在各生育期均可发病。叶片染病，从莲座期开始，一般先由外部叶片发生，发病初始叶片正面出现淡绿色或黄绿色水渍状斑点，后扩大成淡黄色或灰褐色，边缘不明显，病斑扩展时常受叶脉限制而成多角形，如图 4—2 所示。

图 4—2　大白菜霜霉病

2. 发生规律

病菌以卵孢子随病株残余组织遗留在田间越冬或越夏，也能以菌丝体在田间病株或留种株种子内越冬。条件适宜时，卵孢子萌发形成芽管侵染春菜或秋菜幼苗，引起初侵染，并形成孢子囊借风雨传播再次侵染。病菌喜温暖潮湿的环境，适宜发病的温度范围为 7～28℃，最适发病环境的日平均温度为 14～20℃，相对湿度 90%以上。

上海及邻近地区大白菜霜霉病主要发病盛期在春季 4—5 月、秋季 9—11 月。年度间在发病盛期时段气温在15～24℃区间反复波动，早晚温差大、多雾重露、晴雨相间相对湿度较高的年度发病重；栽培上播种期过早、种植过密、通风透光差、肥水不足或氮肥施用过多的田块发病重。

3. 预测预报

防治适期为查见十字花科蔬菜霜霉病中心病株后5～7天，叶背出现霜霉层时，未来天气转阴或有重雾、露、雨等情况适宜发病时。防治对象田为进入莲座期至生长中后期前田间株发病率3%以上的各类型大田。

4. 防治措施

(1) 农业防治

1) 茬口轮作。重发病田块，提倡与非十字花科蔬菜2年以上轮作，以减少田间病菌来源。收获后及时清除病残体。

2) 加强田间栽培管理。施足基肥，适时播种，雨后及时排水，适当增施磷钾肥。

3) 留种。从无病留种株上采收种子，选用无病种子。

(2) 物理防治。种子消毒50℃温汤浸种20 min后，立即移入冷水中冷却，晾干后催芽播种。

(3) 药剂防治。防治间隔期7～10天，连续防治3～4次。多阴雨、多重雾天气时，防治间隔期5～7天，连续防治4～6次。防治时应注意多种不同类型农药的合理交替使用。可选687.5 g/L的氟菌·霜霉威悬浮剂600～800倍液等喷雾防治。

三、大白菜根肿病

1. 病原和症状

该病由鞭毛菌亚门真菌芸薹根肿菌侵染所致，俗称根癌病。主要为害甘蓝、花椰菜、大白菜、小白菜、萝卜、油菜等十字花科植物。

大白菜根肿病仅为害根部，初发病时，肿瘤表皮光滑，圆球形或近球形，表面粗糙，出现龟裂，易被其他腐生菌侵染而发出恶臭。病原物主要在根的皮层中蔓延，使植株细胞增大，刺激周围组织细胞不正常分裂，而使根部肿大，形成形状和大小不同的肿瘤，如图4—3所示。

2. 发生规律

芸薹根肿菌是细胞内的专性寄生物，病菌以休眠孢子囊随病株根部残余组织遗留在田间或散落在土壤中越冬。散落到土中的休眠孢子，对环境抵抗能力强，可以在土壤中存活7～8年。在次春环境条件适宜时，休眠孢子囊产生游动孢子，借雨水、灌溉水、地下害虫及农事操作传播，从植株根部表皮侵入，引起初次侵染。病菌喜温暖潮湿的环境，适宜

图 4—3 大白菜根肿病

发病的温度范围为 9～30℃，最适发病环境温度为 19～25℃，相对湿度 70%～98%，土壤 pH 值 5.4～6.4，最适感病生育期为苗期至成株期，发病潜育期 10～25 天。

在上海及长江中下游地区，大白菜根肿病的主要发病盛期在 5—11 月。年度间夏秋多雨或梅雨期间多雨的年份发病重；田块间连作地、地势低洼、排水不良、土质黏重、偏酸性的田块发病较重。

3. 预测预报

防治适期为查见根肿病病株率 3%～5%。防治对象田为移栽活棵后（苗期）至生长盛期的各类型田。

4. 防治措施

（1）农业防治

1）培育抗病品种。

2）种子消毒。大白菜根肿病虽种子内部不带菌，但随附在种子表面的泥土可带菌传病，不在病区留种，不从病区调运种苗。干种子用 2.5%的咯菌腈悬浮种衣剂包衣，包衣使用剂量为 3‰～4‰，包衣后晾干播种。

3）选用无病田育苗和进行苗床消毒。病区应尽量选择无病田育苗或对苗床用 50%的氰氨化钙每平方米 150～200 g 进行土壤处理（消毒）再播种。

4）实施科学轮作和避病茬口栽培。根据病菌的残留存活期对病田实施水旱轮作和非十字花科蔬菜轮作 4～5 年以上；或大白菜根肿病的盛发期改种非十字花科作物。

（2）药剂防治。移栽菜秧苗防病处理，将移栽的秧苗用 2.5%的咯菌腈悬浮种衣剂 500 倍液，或 687.5 g/L 的氟菌・霜霉威盐酸盐悬浮剂 400 倍液，或 53%的甲霜・锰锌可湿性粉剂 400 倍液浸根 5～20 min，方法是开始时药液浓度高，浸根时间 5～6 min，以后每换浸一次秧苗延长 2～3 min 浸根，最后的残液作浇根防病用。

四、黄瓜菌核病

1. 病原与症状

该病由子囊菌亚门真菌核盘菌侵染所致，主要为害茎基部和果实，也能为害茎蔓和叶，在黄瓜苗期至成株期均可发生。茎染病，发病部位主要在茎基部和茎分杈处，发病初始产生水浸状斑，扩大后呈淡褐色，病茎软腐纵裂，病部以上茎蔓和叶凋萎枯死，湿度高时病部长出一层白色棉絮状菌丝体，受害后茎秆内髓部受破坏，发病末期腐烂而中空，剥开可见白色菌丝体和黑色菌核。菌核鼠粪状，圆形或不规则形，早期白色，以后外部变为黑色，内部白色；果实染病，发病初始时在幼果脐部，水浸状腐烂，果表长白色棉絮状菌丝及形成黑色粒状菌核；叶片染病，初呈水浸状斑，扩大后成灰褐色近圆形大斑，边缘不明显，病部软腐，并产生白色棉絮状菌丝，发病严重时产生黑色鼠粪状菌核，如图 4—4 所示。

图 4—4　黄瓜菌核病

2. 发生规律

病菌以菌核在土壤中和病株残余组织内及混杂在种子中越冬或越夏。菌核一般可存活 2 年左右。在环境条件适宜时，菌核萌发产生子囊盘，子囊盘散放出的子囊孢子借气流传播蔓延，侵染衰老叶片或未脱落的花瓣，穿过角质层直接侵入，引起初次侵染。侵入后病菌破坏寄主的细胞和组织，扩散和破坏邻近未被病原物侵染的组织，并通过病健株间的接触，进行重复侵染。

病菌喜温暖潮湿的环境，适合发病的温度范围为 0～30℃，最适发病环境温度为 18～22℃，相对湿度 90％以上，最适感病生育期为开花结果期至采收中后期。发病潜育期 5～10 天。

上海及长江中下游地区黄瓜菌核病的主要发病盛期春季在 3—5 月，秋季在 9—12 月。年度间早春多雨或梅雨期间多雨的年份发病重；晚秋多雨、温度偏高的年份发病重。

3. 预测预报

防治适期为查见中心病株后 5～10 天或田间病株率达到 5％～10％；防治对象田为进入生长盛期至开花采收前期的各类型田。

4. 防治措施

（1）农业防治

1）种子处理。播种前在 50℃的温汤中浸种 10 min，立即移入冷水中冷却，晾干后催芽播种，即可杀死混杂在种子中的菌核。

2）清洁田园。及时打老叶和摘除留在果实上的残花，发现病株及时拔除或剪去病枝病果，带出棚外集中烧毁或深埋。收获后彻底清除病残体，深翻土壤。

3）茬口轮作。与水生蔬菜、禾本科及葱蒜类蔬菜隔年轮作。

4）加强管理。控制中管棚和连栋大棚保护地栽培棚内温湿度，及时放风排湿，尤其要防止夜间棚内湿度迅速升高，这是防治本病的关键措施。

5）苗床防治。秧苗带药移栽，不移栽病、弱苗。

(2) 药剂防治。在发生初期开始，每隔 7～10 天用药防治一次，可选用 430 g/L 的戊唑醇悬浮剂 3 000 倍液，或 400 g/L 的嘧霉胺悬浮剂 800～1 000 倍液，或 50％的啶酰菌胺水分散粒剂 1 000 倍液等防治。

五、黄瓜白粉病

1. 病原与症状

该病由子囊菌亚门真菌瓜类单丝壳菌侵染所致。全国各地均有发生，主要为害黄瓜、丝瓜、冬瓜、南瓜、西葫芦、西瓜、甜瓜等葫芦科作物，是瓜类作物上的重要病害。主要为害叶片，也能为害叶柄和茎。从幼苗期到成株期均可染病。叶片染病，先由植株下部叶片开始发生，发病初始时在叶面或叶背产生白色粉状小圆斑，后逐渐扩大为不规则形，出现边缘不明显的白粉状霉层粉斑，发生严重时，多个粉斑可连接成片，甚至布满整张叶片，如图 4—5 所示。

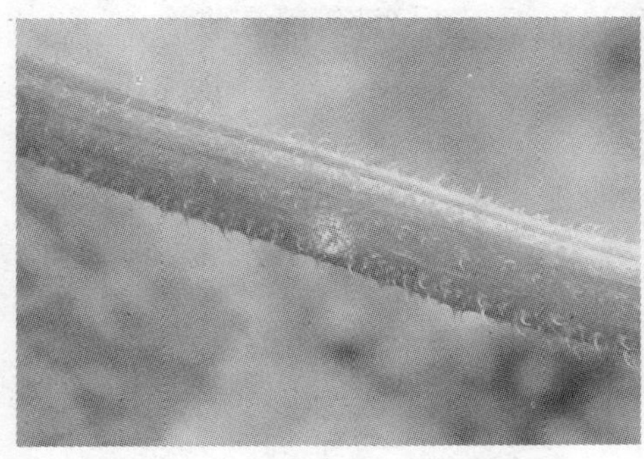

图 4—5　黄瓜白粉病

2. 发生规律

病菌以菌丝体和分生孢子随病株残余组织遗留在田间越冬或越夏，也能以菌丝体和分生孢子在寄主上越夏。当环境条件适宜时，分生孢子通过气流传播或雨水反溅至寄主植物上，从寄主表皮直接侵入，引起初次侵染。5 天左右潜育出现病斑，产生分生孢子，飞散传播，进行多次再侵染，加重病害。

病菌喜温暖潮湿的环境，适宜发病的温度范围为10～35℃；最适发病环境日均温度为20～25℃，相对湿度45％～95％，最适宜感病生育期在成株期至采收期。发病潜育期8天左右。病菌对湿度的适应范围极广，相对湿度25％以上即可萌发。

上海及长江中下游地区黄瓜白粉病的主要发病盛期在4—11月。年度间早春温度偏高、秋季温度偏高的年份发病重；田块间连作地、附近有发病较重的菌源田、排水不良、作物生长势不佳的发病较早较重。栽培上种植过密、通风透光差、生长势弱、保护地栽培等往往发病较重。处于采收中后期的类型田发病重。

3. 预测预报

防治适期为发病始见后5～7天，或田间病株率达5％～10％。

4. 防治措施

（1）农业防治

1）选用抗、耐病品种。

2）保护地栽培管理。要适当控制浇水量，晴天开棚通风换气，阴天短时间开棚换气降湿，中午闷棚升温至35℃，可抑制病害发展。

3）清洁田园。及时摘除病、老叶，以利通风透光，减少田间菌源。收获后及时清除病残体，带出田外深埋或烧毁，深翻土壤，加速病残体的腐烂分解。

（2）药剂防治。在发病初期开始喷药，每隔7～10天喷1次，连续喷2～3次，注意药剂的交替使用。可选用25％的吡醚菌酯乳油1 500～2 000倍液，或20％的苯醚甲环唑微乳剂1 500～2 000倍液，或40％的氟硅唑5 000～6 000倍液等喷雾防治。

六、番茄病毒病

1. 病原与症状

（1）花叶型。主要发生在植株上部叶片，表现为在叶片上出现黄绿相间或叶色深浅相间的花叶症状，叶色褪绿，叶面稍皱，植株矮化。新生叶片偏小，皱缩，明脉，叶色偏淡。

图4—6　番茄病毒病

（2）蕨叶型。植株一般明显矮化，上部叶片叶肉组织退化，叶片部分或全部仅存主脉，使叶片细长成线状，节间缩短。中下部叶片向上微卷，花瓣加长增厚，如图4—6所示。

（3）条斑型。可发生在茎、叶和果实上。

茎染病，初始产生暗绿色的短条斑，扩大后呈褐色、长短不一的条斑，并逐渐蔓延，严重时引起部分分枝或全株枯死。叶染病，形成褐色云纹状或线条状斑。果实染病，产生淡褐色稍凹陷病斑，果面着色不均匀，畸形，病果易脱落。

(4) 巨芽型。顶部及叶腋长出的芽分枝增多，叶片呈线状，色淡，芽增大并畸形。病株不结果或结果少，果坚硬，圆锥形。

(5) 卷叶型。叶片边缘向上卷曲，叶脉间黄化，小叶似球形，畸形卷曲，使植株萎缩。

(6) 黄顶型。植株顶部叶片出现褪绿色或黄化，叶小，叶面皱缩，病叶中部稍突起，边缘卷曲，植株矮小，分枝增多。

2. 发生规律

番茄病毒病的毒源据国内外报道的已有20多种，最主要的是烟草花叶病毒（Tobacco Mosaic Virus，TMV）和黄瓜花叶病毒（Cucumber mosaic virus，CMV）。花叶型由烟草花叶病毒（TMV）侵染所致，蕨叶型由黄瓜花叶病毒（CMV）侵染所致，条斑型一般由黄瓜花叶病毒（CMV）与烟草花叶病毒（TMV）复合侵染所致，其他症状的毒源及主要毒源的病毒株系尚待鉴定和深入研究。

烟草花叶病毒（TMV）随病株残余组织遗留在田间越冬，也能吸附在种子上越冬并成为初侵染源，主要通过汁液接触或田间农事操作传播至寄主植物上，从寄主伤口侵入，进行多次再侵染。黄瓜花叶病毒（CMV）附着在多年生宿根杂草上越冬，主要通过蚜虫及汁液接触传播至寄主植物上。

病毒喜高温干旱的环境。适宜发病的温度范围为15～38℃，最适发病环境温度为20～35℃，相对湿度80%以下，最适感病生育期为五叶期至坐果中后期。发病潜育期10～15天。一般持续高温干旱天气，有利于病害发生与流行。

上海及长江中下游地区番茄病毒病的主要发病盛期，春季在4月下旬至7月，秋季在9—11月，春季以烟草花叶病毒（TMV）为主，秋季以黄瓜花叶病毒（CMV）为主。年度间早春温度偏高、少雨、蚜虫发生量大的年份发病重；栽培上种植过密、田间农事操作不注意防止传毒、肥水不均、施肥偏施氮肥的田块发病重。

3. 预测预报

防治适期为传媒害虫的有虫株率达到10%～15%，防治对象田为夏、秋番茄的成苗期至采收后期的各类型田。

4. 防治措施

(1) 农业防治

1) 选栽抗病杂交品种。

2) 留种与种子处理。从无病留种株上采收种子，选用无病种子。要做好种子处理，在播种前可先用清水浸种 3～4 小时，后在 10%的磷酸三钠溶液中浸 30 min，再用清水冲洗尽药液后晾干催芽播种。

3）加强田间栽培管理。适时播种、培育壮苗，不移栽病、弱苗，合理密植。适时调控水肥，增施磷钾肥，促进植株生长健壮，提高抗病能力。

4）防止农事操作人为传病。接触过病株的手和农具，应用肥皂水冲洗，吸烟菜农用肥皂水洗手后再进行农事操作，防止接触传染。

5）避蚜、治蚜。推广应用银灰膜避蚜防病，效果明显。在蚜虫发生初期，及时用药防治，防止蚜虫传播病毒。

（2）药剂防治。选择 8%的宁南霉素水剂 250 倍，或 20%的吗胍·乙酸铜可湿性粉剂 250～300 倍液，每 7～10 天一次。

七、番茄灰霉病

1. 病原与症状

该病由半知菌亚门真菌灰葡萄孢菌侵染所致。在全国各地均有发生，是番茄的重要病害，还为害茄子、甜（辣）椒、黄瓜、生菜、芹菜、草莓等二十多种作物。

番茄灰霉病主要为害花和果实，也能为害叶片和茎秆。苗期至成株期均可发生。花染病，病菌一般先侵染已过盛花期的残留花瓣、花托或幼果柱头，产生灰白色霉层，然后向幼果或青果发展。果实染病，主要为害幼果和青果，染病后一般不脱落，发病初期被害部位的果皮呈灰白色水浸状，后期在病部表面密生灰色或灰白色的霉层，即病菌的分生孢子梗及分生孢子。叶片染病，发病常在植株下部老叶片的叶缘先侵染发生，病斑呈“V”字形扩展，并伴有深浅相间不规则的灰褐色轮纹，表面生少量灰白色的霉层，如图 4—7 所示。

图 4—7　番茄灰霉病

2. 发生规律

病菌以分生孢子或菌核随病株残余组织遗留在田间越冬或越夏。在适宜条件下，菌核萌发产生菌丝体，继而形成分生孢子，通过气流、雨水或农事操作传播。

病菌喜温暖高湿的环境，适宜发病的温度范围为2～31℃，最适发病环境温度为20～28℃，相对湿度90%以上，最适感病生育期为始花至坐果期。发病潜育期5～10天。

上海及长江中下游地区番茄灰霉病的主要发病盛期，在冬、春季2月中下旬至5月间；年度间早春温度偏低、多阴雨、光照时数少的年份发病重；田块间连作地、排水不良、与感病寄主间作的田块发病较早较重；栽培上种植过密、通风透光差、氮肥施用过多的田块发病重。

3. 预测预报

防治适期为查见番茄灰霉病田间株发病率5%～10%。防治对象田为进入始花期至开花结果中后期的各类型大田。

4. 防治措施

（1）农业防治

1）合理安排品种茬口。番茄要尽量避免与生菜、芹菜、草莓等容易发生灰霉病的作物接茬。

2）精细整地。畦面应做成鱼背式的深沟高畦，确保浇水畦面不积水。

3）肥水管理。追肥浇水应选择在晴天的上午，以贴根处轻浇、勤浇为宜，切忌用泥浆泵等大水大肥浇灌，追肥应选用尿素等安全性高、肥效好的化肥，使用粪肥易引发病害。浇水后不得立即关棚保温，需开棚通风3 h以上，排除棚内多余的湿气。推广应用滴灌加覆盖地膜的设施，以使科学肥水管理省力、高效。

（2）药剂防治。番茄灰霉病发病特点为“随花而来，终花而去”，根据此特点，以始花为第一次防治适期，以后视病情发展，每隔5～7天防治1次。可选50%的啶酰菌胺水分散粒剂1 000～1 200倍液，或400 g/L的嘧霉胺悬浮剂800～1 000倍液，或25%的嘧霉胺乳油800～1 000倍液等喷雾。

八、辣椒疫病

1. 病原与症状

该病由鞭毛菌亚门真菌辣椒疫霉侵染所致。主要为害茎、叶和果实，苗期和成株期均可染病。苗期染病，幼苗茎基部产生暗绿色水渍状软腐，引起苗期猝倒。茎染病，多在茎基部发生，发病初始产生暗绿色水渍状斑，扩大后病斑绕茎一周，病部明显缢缩，呈黑褐色，似条斑，造成病部以上枝叶逐渐枯萎。叶片染病，初始产生暗绿色水渍状斑，扩大后病斑圆形或不规则形，边缘黄绿色，中央深褐色，叶片枯萎易脱落。果实染病，以近地面的果实易发病，初始产生暗绿色水渍状斑，扩展后软腐，褐色；高湿时病部产生白色霉层，空气干燥后成僵果，如图 4—8 所示。

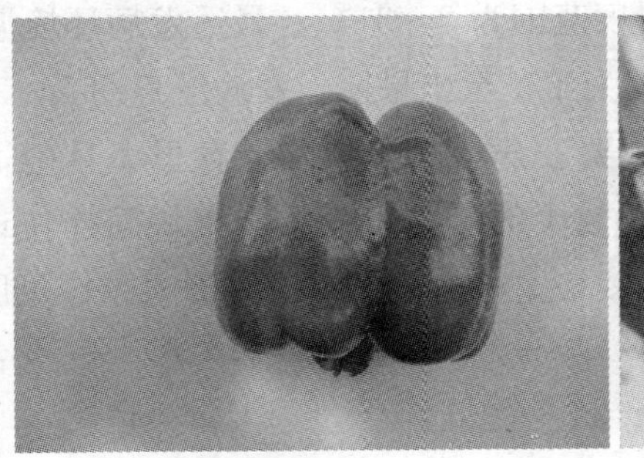

图 4—8 辣椒疫病

2. 发生规律

病菌以卵孢子和厚垣孢子随病株残余组织遗留在田间越冬，也能潜伏在土壤中或种子上越冬。在环境条件适宜时，卵孢子借雨水反溅或气流传播至寄主茎基部或近地面的果实上，从表皮直接侵入，引起初次侵染。

病菌喜高温高湿的环境，适宜发病的温度范围为 10～38℃，最适发病环境温度为 25～30℃，相对湿度 80％左右，最适感病生育期为坐果期。发病潜育期 5～10 天。

上海及长江中下游地区的辣椒疫病主要发病盛期为保护地春季 5—6 月，露地 6—7 月；年度间早春温暖多雨、大雨或连阴雨后骤然放晴，气温迅速升高，有利于病害流行。田块间连作地、地势低洼、雨后积水、排水不良的田块发病较重。

3. 预测预报

防治适期为查见辣椒疫病中心病株后 3～5 天或田间株发病率为 3％。防治对象田为进入生长盛期至采收中后期前的各类型大田。

4. 防治措施

（1）农业防治

1）选种与种子消毒。从无病留种株上采收种子。引进商品种子在播前干种子用 2.5％的咯菌腈悬浮种衣剂（适乐时）包衣，包衣使用剂量为 4‰～5‰。

2）实行轮作。发病田实行与非茄科、葫芦科作物轮作 2～3 年。

3）栽培管理。合理密植，科学施肥，控制浇水量，切忌大水漫灌，开好排水沟系，防止雨后积水引发病害。

4）清洁田园。及时拔除病株，带出田外深埋或烧毁，收获后清除病残体，并耕翻土壤，加速病残体的腐烂分解，减少再侵染菌源。

（2）药剂防治。在出现中心病株的发病初期开始浇根，每株 200～300 g 药液，每隔 7～10 天喷药 1 次，连续 2～3 次。可选 687.5 g/L 的氟菌·霜霉威悬浮剂 600～800 倍液，或 75%的丙森锌·霜脲氰水分散粒剂 1 000～1 200 倍液，或 50%的烯酰吗啉可湿性粉剂 600～800 倍液防治。

九、茄子绵疫病

1. 病原与症状

该病由鞭毛菌亚门真菌寄生疫霉和辣椒疫霉菌侵染所致，又名烂茄子。全国各地均有发生，是茄子的主要病害之一。也能为害番茄、辣椒、黄瓜、马铃薯等作物。主要为害果实，也能为害叶片和花器，苗期至成株期均可发病。果实染病，近地面果实先发病，受害果初期出现水渍状圆形病斑，病部稍凹陷，黄褐色至暗褐色，逐渐扩大为害整个果实，内部果肉变黑褐色腐烂。高温高湿条件下，病部边缘不明显，表面产生稀疏或茂密的白色菌丝，即病菌的菌丝及孢子囊。若遇干旱，病果则失水干缩形成白色、棕褐色或黑褐色僵果挂在枝上，如图 4—9 所示。

图 4—9　茄子绵疫病

2. 发生规律

病菌以卵孢子随病株残余组织遗留在田间越冬。在环境条件适宜时，卵孢子萌发，借雨水反溅到近地面的果实上，从果实表皮直接侵入，引起初次侵染。以后在病部产生孢子囊，萌发形成游动孢子，通过雨水或流水传播，进行重复侵染。秋后在病组织中形成卵孢子越冬。

病菌喜高温潮湿的环境，适宜发病的温度范围为 15～32℃；最适发病环境温度为25～30℃，相对湿度 90%以上、有阶段性连阴雨，最适感病生育期在座果期至采收期。发病潜育期 3～7 天。

上海及长江中下游地区茄绵疫病的主要发病盛期在 5～10 月。年度间初夏多雨或梅雨期间多雨的年份发病重；秋季多雨、多雾的年份发病重；田块间连作地、地势低洼、排水不良的田块发病较重；栽培上种植过密、通风透光差、不及时整枝打老叶、氮肥施用过多徒长的田块发病重。

3. 预测预报

防治适期为查见茄子绵疫病中心病株后 10～15 天或田间株发病率 5%～10%，天气预报有连续阴雨天时。防治对象田为进入生长盛期至采收中后期前的各类型大田。

4. 防治措施

（1）农业防治

1）轮作。病残体是田间发病的主要初侵染来源，而且病菌随病残体在土壤中可存活 2 年以上，故重病田应与其他蔬菜实行 3 年轮作制，以减轻病害发生。

2）加强管理。保护地栽培及时放风排湿，浇水时间放在上午，并及时开棚降湿，适当密植，施足基肥，不偏施氮肥，培育壮苗，促进早长早发并及时整株。

3）清洁田园。发现病株时，及时剪去病枝、病果，带出棚外集中烧毁或深埋。收获后彻底清除病残体，深翻土壤，加速病残体的腐烂分解。

（2）药剂防治。在发病初期开始喷药，每隔 7～10 天喷 1 次，连续喷雾防治 2～3 次。可选 687.5 g/L 的氟菌·霜霉威悬浮剂 600～800 倍液，或 50%的烯酰吗啉可湿性粉剂 600～800 倍液，或 52.5%的恶唑菌酮·霜脲氰可分散粒剂 1 000～1 200 倍液等喷雾防治。

十、豇豆锈病

1. 病原与症状

该病由担子菌亚门真菌豇豆单胞锈菌侵染所致，是豇豆的常见主要病害，菜区发生普遍。主要为害叶片，也能为害茎和荚。叶片染病，发病初始时产生黄白色小点，扩大后隆起，黄褐色，近圆形，后期病斑中央的突起呈暗褐色，即病菌的夏孢子堆，周围具有黄色晕环，表皮破裂后散发出锈褐色粉末，即病菌的夏孢子堆散发出的夏孢子。发病严重时，新老夏孢子堆群集形成椭圆形或不规则的锈褐色病斑，整张叶片布满锈褐色病斑，引起叶片枯黄脱落，如图 4—10 所示。

图 4—10　豇豆锈病

2. 发生规律

病菌以冬孢子随病株残余组织遗留在田间越冬。来春萌发时，孢子借气流传播到寄主作物，由叶面直接侵入，引起初次侵染。经 8～9 天潜育后出现病斑，病菌喜温暖潮湿的环境，发病温度范围为 21～32℃，最适宜的发病环境为温度 23～27℃，相对湿度 95%以上，最适宜的感病生育期为开花结荚到采收中后期。

上海及长江中下游地区豇豆锈病的主要发病盛期在 5—10 月。年度间夏秋高温、多雨的年份发病重。田块间连作地、排水不良的田块发病较重。栽培上种植过密、通风透光差的田块发病重。

3. 预测预报

防治适期为查见豇豆锈病中心病株后 7～10 天或田间株发病率达 8%～10%，防治对象田为进入生长盛期至采收中后期前的各类型大田。

4. 防治措施

（1）农业防治

1）茬口轮作。与非豆类其他作物轮作。

2）清洁田园。及时整枝，收获后及时清除病残体，深翻土壤。

3）加强田间管理，合理密植，科学施肥，高畦栽培，开好排水沟系，雨后及时排水。

（2）药剂防治。在发病初期开始喷药，每隔 7～10 天喷 1 次，连续喷 1～2 次。绿色防治用药：可选 20%的苯醚甲环唑微乳剂 1 500～2 000 倍液，或 430 g/L 的戊唑醇悬浮剂 3 000～4 000 倍液等喷雾。

十一、瓜类蔓枯病

1. 病原和症状

该病由子囊菌亚门真菌甜瓜球腔菌侵染所致。主要为害黄瓜、冬瓜、南瓜、西葫芦等葫芦科类作物。苗期和成株期均可为害。

茎蔓染病，发生于节部或基部分枝处，初始产生水浸状小斑，扩大后病斑环绕茎蔓，灰褐色稍凹陷，椭圆形或不规则形，后期病斑软腐，呈黑色，如图 4—11 所示。

图 4—11　瓜类蔓枯病

叶片染病，初始在叶缘产生水浸状小点，扩大后病斑呈“V”字形扩展，或产生圆形及不规则形病斑，黄褐色或淡褐色，具不明显轮纹，后病部产生黑色小点，易破裂。

果实染病，发病初始在幼果上产生水浸状小斑，扩大后病斑黑褐色，果肉淡褐色，病部软化。

苗期染病，发病初始在子叶或幼茎上产生水浸状小斑，扩大后子叶病斑灰色圆形及半圆形，使叶片被病斑覆盖，并产生黑色小点，或茎蔓被病斑环绕，导致幼苗死亡。

2. 发生规律

病菌以分生孢子器或子囊壳随病株残余组织遗留在田间越冬，也能潜伏在种皮上越冬。在环境条件适宜时，产生子囊孢子和分生孢子，通过雨水反溅至寄主植物上，从寄主表皮气孔、水孔或从伤口侵入，引起初次侵染。带病种子播种发芽后侵入子叶，并在受害部位产生新生代分生孢子，借风雨传播进行多次再侵染。

病菌适宜温暖潮湿的环境条件，最适发病环境温度为 22～25℃，相对湿度 85％以上，最适感病生育期为结瓜初期。发病潜育期 5～10 天。

上海及长江中下游地区瓜类蔓枯病的主要发病盛期在 5—8 月。年度间入梅早、梅雨期长、雨量多，期间温度高的年份发病重。高温多雨，田间湿度大，露重，病害发生严重。连作田，排水不良，种植密度过高，植株生长不健发病较重。

3. 预测预报

防治适期为查见中心病株后 5～10 天或田间病株率 5％～10％。防治对象田为进入生长盛期至采收中后期前的各类型大田。

4. 防治措施

（1）农业防治

1）茬口轮作。重发病田块与非葫芦科类作物实行 2～3 年以上轮作，以减少田间病原菌。

2）种子处理。种子在播种前用 55℃温汤浸种 15 min 后，立即移入冷水中冷却，晾干播种。

3）栽培管理。选高燥地栽种，合理密植，增施有机肥和磷钾肥，发病后适当控制浇水量，切忌大水漫灌，应打开排水沟系，防止雨后积水引发病害。

4）清洁田园。及时摘除病叶、病果，带出田外深埋或烧毁，收获后清除病残体，并耕翻土壤，加速病残体的腐烂分解。

（2）化学防治。在发病初期开始喷药，用药防治间隔 7～10 天，连续喷 2～3 次。可选 25％的嘧菌酯悬浮剂 1 000 倍液，或 20％的苯醚甲环唑微乳剂 2 000 倍液等均匀喷雾。

第 2 节　蔬菜主要虫害

学习目标

了解主要蔬菜虫害的形态、为害症状、发生规律及综合防治措施等。

能够根据图片或标本识别不同蔬菜虫害。

能够针对不同虫害制定相应的综合防治措施。

能够根据不同虫害应用性诱剂等生物防治措施。

能够根据图片或标本识别不同蔬菜害虫。

能够根据不同虫害应用性诱剂预测预报。

知识要求

一、黄曲条跳甲

1. 为害特点

黄曲条跳甲成虫为害十字花科蔬菜的叶片，严重时叶片出现无数孔洞，幼虫栖息土中，初孵幼虫啃食根部表皮，低龄幼虫剥食根皮，高龄幼虫可深入主根皮层内为害，造成菜株腐烂，黄曲条跳甲也是软腐病的媒介。由于幼虫在根部为害，对十字花科作物的秧苗为害极大，常造成大批倒苗，如图 4—13 所示。

2. 形态特征

（1）成虫。黑色有光泽，体长 2.0～2.5 mm，前胸背板及鞘翅上有许多点刻，成纵行排列，鞘翅中央有左右对称的黄色曲条斑纹，后足腿节膨大，为跳跃足（见图 4—13）。

（2）卵。椭圆形，长径约 0.3 mm，淡黄色，半透明。

（3）幼虫。共 3 龄，体乳白色或黄白色，长圆筒形，老熟幼虫体长约 4 mm，尾部稍细，各节都有不显著的肉瘤，上生有细毛（见图 4—13）。

（4）蛹。乳白色，椭圆形，体长约 2 mm，头部隐藏在翅芽下面，翅芽和足达第五腹节，腹末有一对叉状突起。

3. 生活习性

成虫活泼，善跳跃，对黑光灯敏感，有趋光性，对黄色也有较强的趋性。春、秋季早

图 4—13　黄曲条跳甲及其为害状况

晚或阴天躲藏在叶背或土块下，在中午前后活动最盛，夏季多在早晨和傍晚活动，喜为害深绿色的青菜。成虫寿命长，平均 30～50 天，产卵期可延续 25～45 天，平均每头雌虫产卵量 200 粒左右。卵散产在作物根部附近的土壤中，幼虫孵化后，爬至根部沿须根向主根方向为害，剥食根的表皮，3 龄幼虫可蛀入寄主主根为害，幼虫老熟后多在 3～7 cm 深的土中作土室化蛹。

适宜黄曲条跳甲生长发育的温度范围为 15～35℃；最适环境温度为 21～27℃，相对湿度为 80%～100%，卵的孵化需要 100%的相对湿度。

上海、江浙一带年发生 6～7 代，世代重叠。以成虫在过冬蔬菜的老叶下、残叶和杂草中、田间及四周的土缝中越冬，无滞育现象。常年在 3 月中下旬，当温度稳定上升到 10℃左右时，成虫即开始活动取食，5 月中下旬至 7 月上中旬是春季盛发期，9—10 月是秋季盛发期，11 月中下旬在过冬蔬菜作物田中越冬。

4. 预测预报

（1）发生期预测。根据黄盆诱捕成虫消长动态，田间幼虫、蛹发育进度，参考历年发生期距，采用期距法预测大田成虫始盛期。

（2）发生量预测。根据成虫诱集量、田间成虫密度、幼虫为害率，以及幼虫、蛹发展进度，结合天气条件、环境条件、作物布局及历史资料，预测发生程度。

(3) 发生程度预测主要经验参数。经大田虫情普查，凡秧苗被害率达10%～20%，平均每百株苗上有虫1～2头；定植后大株菜上株被害率达20%左右，平均单株有虫0.5头时，可定为防治对象田。

5. 防治措施

(1) 农业防治

1) 合理轮作。黄曲条跳甲属寡食性害虫，提倡与非十字花蔬菜轮作。

2) 清洁田园。清除残株落叶，铲除杂草，消除其越冬场所和食料基地，压低虫源。

(2) 药剂防治。播种时防治可50%的辛硫磷乳油每亩用量250～350 g（黏土350 g、沙性土250～300 g），加入少量水稀释（2～3 kg水），用喷雾器边喷边拌均匀的混药于5～10 kg黄沙中，再拌匀于青菜或萝卜的种子后进行播种。出苗后防治成虫可用24%的氰氟虫腙悬浮剂600～800倍液（采收安全间隔期3天），或40%的啶虫脒水分散粒剂3 000倍液（采收安全间隔期5～7天）喷雾，进行围歼防治，对采收期的叶菜停止用药，控制好农药残留。

二、瓜绢螟

1. 为害特点

瓜绢螟以幼虫为害叶片，使叶片穿孔或缺刻，严重时仅剩叶脉，直至吃光叶片仅存叶脉，有时潜蛀入幼瓜或藤蔓为害，严重影响瓜果的产量和质量。

2. 形态特征

(1) 成虫。体长约11 mm，翅展25 mm左右，头、胸部黑色，前后翅白色半透明状，略带紫光，前翅前缘和外缘均为黑色，腹部除第一、第七、第八体节外，均为白色（如图4—14）。

(2) 卵。扁平椭圆形，淡黄色，表面有网状纹，如图4—14所示。

(3) 幼虫。共5龄，老熟幼虫体长23～26 mm，头部前胸背板淡褐色，胸腹部草绿色，亚背线呈两条较宽的乳白色纵带，气门黑色，如图4—14所示。

(4) 蛹。体长约14 mm，深褐色，头部光整尖瘦，翅端达第六腹节，外被薄茧，如图4—14所示。

3. 生活习性

成虫夜间活动，趋光性弱，白天潜伏于隐蔽场所或叶丛中，绝大多数成虫在晚间羽化，产卵前期2～3天，寿命6～14天。卵散产或多粒产，每头雌蛾平均产卵量300多粒，卵主要产在叶背，大多在夜间孵化，初孵幼虫有分散或群集习性，寄生在叶背取食叶肉，低龄幼虫在瓜类的叶背取食叶肉，使叶片呈灰白色的斑块，3龄以上的幼虫可吐丝卷叶为

图 4—14　瓜绢螟形态特征

害，较活泼。老熟后可在被害的卷叶内作茧化蛹或在根际表土中作茧化蛹。

适宜瓜绢螟生长发育的温度范围为 18～36℃；最适环境温度为 23～28℃，相对湿度 85％～100％。在 8—10 月害虫的盛发期，各虫态历期为卵历期 2～4 天，幼虫历期 6～10 天，蛹历期 6～10 天。

在上海年发生 5 代左右，世代重叠。常年越冬代成虫始见期 5 月中下旬至 6 月中旬；在保护地栽培条件下可周年发生，一般在冬季的发生不为害作物，但在加温温室中冬季有时会造成一定的病害。成虫终见期为 11 月下旬。

4. 预测预报

（1）赶蛾始见成虫到田间幼虫始盛的期距是 20～25 天。

（2）赶蛾的蛾峰日到田间二三龄幼虫高峰的期距是 5～9 天，不同温度条件下的防治适期为 20～25℃时蛾峰日加 9 天，26～28℃时蛾峰日加 7 天，28℃以上时蛾峰日加 5 天。

5. 防治措施

（1）农业防治。采收完毕，及时清理残株落叶，消灭枯叶、残株中留存的虫、蛹，减少田间虫口密度或越冬基数。

（2）药剂防治。瓜绢螟幼虫对农药较敏感，低龄幼虫与高龄幼虫的抗药性差异不大。对瓜绢螟的最佳防治适期为二三龄幼虫高峰期。可选用 25 g/L 的多杀霉素悬浮剂 1 000 倍液，或 240 g/L 的甲氧虫酰肼悬浮剂 2 000 倍液，或 10％的虫螨腈悬浮剂 1 000 倍液等喷雾。黄瓜、丝瓜都是连续性采收的作物，防治用药要重视安全间隔期与交替使用，防止农药残留超标。

三、小地老虎

1. 为害特点

小地老虎主要以幼虫为害春、秋播多种蔬菜幼苗。尤以直播的豇豆、菜豆、玉米、萝卜等幼苗受害最重，切断幼苗近地面的茎部，造成缺苗断垄，严重时断苗率可高达 50％～70％。

2. 形态特征

(1) 成虫。体长 16～23 mm，翅展 40～45 mm，体暗褐色，内外横线均为双线黑色，呈波浪形，将翅分成三等分。前翅中室附近有一个环形斑和一个肾形斑，肾形斑外侧有一明显的黑色三角形斑纹，尖端向外，在亚外缘线内有两个尖端向内的黑色三角形斑纹。后翅灰白色，腹部灰色，如图 4—15 所示。

(2) 卵。卵散产，直径 0.4 mm 左右，馒头形，顶部稍隆起，底部较平，表面网状花纹。初产时乳白色，逐渐变为米黄色、粉红色、紫色，至孵化前转为灰黑色，如图 4—15 所示。

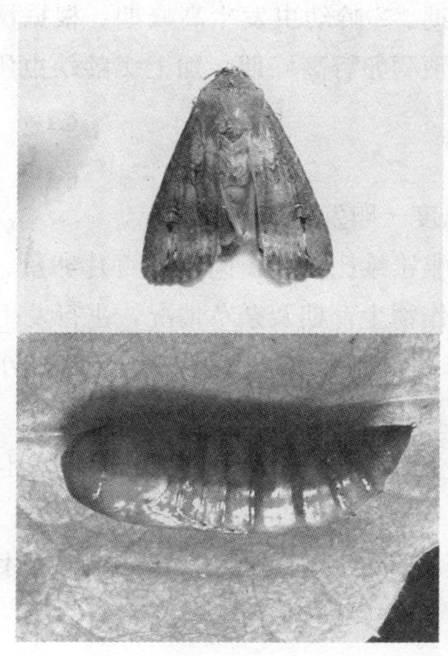

图 4—15　小地老虎形态特征

（3）幼虫。共 6 龄，老熟幼虫体长 37～42 mm，体色为灰褐色至黑褐色，臀板黄褐色，有明显的八字黑褐色斑纹，如图 4—15 所示。

（4）蛹。体长 18～24 mm，赤褐色，有光泽，如图 4—15 所示。

3. 生活习性

成虫有趋光性和趋化性，对黑光灯趋性一般，对糖醋酒混合液趋性较强。成虫寿命 7～20 天，常在夜间气温为 10～16℃，大气相对湿度 90%以上，20—22 时最为活跃，补充营养、交尾、产卵，平均每头雌蛾产卵量可达 800～1 000 粒。幼虫 13 龄后白天潜伏在作物或杂草根部附近土中，傍晚起活动，到蔬菜秧苗上为害，在土表 2～3 cm 处咬断秧苗嫩茎，4 龄后进入为害盛期。

适宜小地老虎生长发育的温度范围为 8～32℃，最适环境温度为 15～25℃，相对湿度 80%～90%。当月平均温度超过 25℃时，不利于其生长发育。

小地老虎是迁飞性害虫，在长江流域和上海年发生 4～5 代，上海地区春季虫源主要由南方迁入，以第一代幼虫为害较严重，第二代多数虫源北迁，第三代再由北方回迁，少数年份为害秋播作物秧苗。

4. 预测预报

（1）发生期预测

1）期距法预测根据。由于成虫、卵呈多峰型，可以结合天气预报，参考同期历史资料，以主蛾峰、主卵峰加期距可预测卵孵高峰期、2 龄幼虫发生高峰期。根据诱卵消长调查，以卵高峰日后结合天气预报的气温，计算预测卵孵高峰期，加上 1 龄幼虫历期和 2 龄幼虫一半历期，即为 2 龄幼虫高峰期。

2）积温法预测。

$$卵有效积温=\sum（平均温度-卵发育起点温度）$$

（2）发生量预测。以 3 月平均单盆蛾量、雌雄蛾比例、田间棕片百片卵量、幼虫发育进度和虫口密度，结合 4 月上中旬天气预报、作物生育期及杂草情况，进行发生量预测。

（3）发生程度预测。3 月底前糖醋诱蛾量（头/平均单盆累计）轻发生年小于 50 头，中等发生年 51～100 头，重发生年大于 150 头。

4 月上旬前棕片诱卵量（粒/平均百片累计）轻发生年小于 30 粒，中等发生年 31～80 粒，重发生年大于 81 粒。

4 月 15 日前小蓟母幼虫寄生密度（头/百株累计）轻发生年小于 3 头，中等发生年 4～10 头，重发生年大于 11 头。

5. 防治措施

（1）农业防治。清洁田园，早春铲除菜地及其周围的杂草，可以灭卵和幼虫，晚秋翻晒土地及冬灌，能杀死部分越冬蛹和幼虫。

（2）物理防治。利用成虫趋性，用糖醋酒液、黑光灯诱杀越冬代成虫。

（3）药剂防治。

1）毒饵诱杀幼虫。将菜叶切碎或碾碎炒香的棉籽饼，均匀喷上 20%的杀灭菊酯 500 倍液，傍晚时撒放植株行间或根边，也可将制好的菜叶毒饵分小堆放在田间。

2）防治小地老虎的农药种类较多，各地可酌情选择推荐的杀虫剂使用，喷药宜在傍晚进行。进入采收期的叶菜类蔬菜，为避免农药残留问题，在傍晚撒于田间进行诱杀，或在采收后接茬前防治。

四、豆野螟

1. 为害特点

豆野螟幼虫为害花和花蕾，造成落花、落蕾，蛀入豆荚取食幼嫩的种粒，荚内及蛀孔外堆积粪粒，使受害豆荚味苦、不堪食用或腐烂，有时卷叶取食叶肉，如图 4—16 所示。

图 4—16　豆野螟形态特征及虫花

2. 形态特征

（1）成虫。暗黄褐色，体长约 13 mm，翅展 25 mm 左右，前翅中央有两个白色透明斑，后翅白色半透明，内侧有暗棕色波状纹，如图 4—16 所示。

（2）卵。扁平椭圆形，淡绿色，表面有六角形网状纹。

（3）幼虫。共 5 龄，老熟幼虫体长 18 mm 左右，体色黄绿色，头部及前胸背板褐色，中后胸背板上有黑褐色毛片 6 个，排成 2 列，前排 4 个各生有 2 根细长的刚毛，后列 2 个，无刚毛，如图 4—16 所示。

（4）蛹。体长约 13 mm，黄褐色，头顶突出，复眼红褐色，羽化前在褐色的翅芽上能见到成虫前翅的透明斑。

3. 生活习性

成虫夜间活动，趋光性弱，白天潜伏于隐蔽场所或叶丛中。成虫寿命 7～12 天，产卵有很强的选择性，多产在始花至盛花期的类型田内，卵散产或多粒产，平均每头雌蛾可产卵 80～100 粒，90％以上的卵粒产在含苞欲放的花蕾或花瓣上。3 龄以上的幼虫除少部分继续为害花外，大部分蛀荚为害，少数也可吐丝卷叶为害。

适宜豆野螟生长发育的温度范围 15～36℃，最适环境温度为 25～29℃，相对湿度 85％～100％。在上海年发生 4～5 代，世代重叠。越冬代成虫始见 6 月上旬前后，第一代 6 月上中旬至 7 月上旬，全代历期在 30～35 天。

4. 预测预报

（1）发生期与防治适期预测

1）赶蛾。常年赶蛾始见后 15～20 天为田间第二代成虫产卵高峰期，幼虫蛀花为害发生始盛的防治适期。以后各代为发蛾高峰日加 4～5 天推算防治适期指导防治。

2）田间虫口密度调查方法及消长。每 3 天调查 1 次落花的虫口密度，在第一代发生期当累计虫花率达到 3％时，间隔 5 天即是防治适期。第二、第三、第四代发生期一般始花期至盛花期即是防治适期。

（2）发生程度预测

1）6 月中旬前累计蛾量参数。上海地区豆野螟蛾量大小是预测发生程度的主要依据，从始见至 6 月中旬的累计赶蛾量是预报指标中极重要的参数。蛾量高于 20 头是重发生年。高于 10 头是中等偏重发生区域。低于 5 头是中等偏轻发生区域。

2）蛾始见期参数。赶蛾始见期在 6 月上旬末前，是利于早发、重发的信号。始见期在 6 月中旬末后，是迟发、轻发的信号。

3）温度参数。7—8 月的月均温度高于 27.5℃，9 月的月均温度高于 25.0℃。

4）湿度参数。梅雨季节入梅早，雨日多，有利于豆野螟早发。7—9 月的月降雨量在 130～150 mm，有利于各代豆野螟多发。

5. 防治措施

（1）农业防治。及时清除田间落花、落荚，摘除被蛀豆荚或被害卷叶。

（2）药剂防治。最佳防治适期是始花至盛花期，最佳用药时间为早上 7—10 时的鲜花盛开期。可选用 5%的氯虫苯甲酰胺悬浮剂 1 000 倍液，或 150 g/L 的茚虫威悬浮剂 3 000 倍液，或 240 g/L 的氰氟虫腙悬浮剂 800 倍液等喷雾防治，并注意交替使用。

五、烟粉虱

1. 为害特点

烟粉虱成虫和若虫群集叶背，吸食植物汁液，被害叶片褪绿、变黄、萎蔫，甚至全株枯死，并且由于分泌蜜露，严重污染叶片和果实，往往引起煤污病的发生，使蔬菜失去商品价值。此外还可传播 100 多种植物病毒病。

2. 形态特征

（1）成虫。体淡黄白色，体长 0.8～1 mm，翅白色较尖细，似香蕉状，无斑点披蜡粉，前翅脉一条无分叉，静止时左右翅合拢呈屋脊状，如图 4—17 所示。

（2）卵。长梨形、有小柄，大多散产，直立于叶片背面。初产时淡黄绿色，孵化前颜色加深，呈深褐色，如图 4—17 所示。

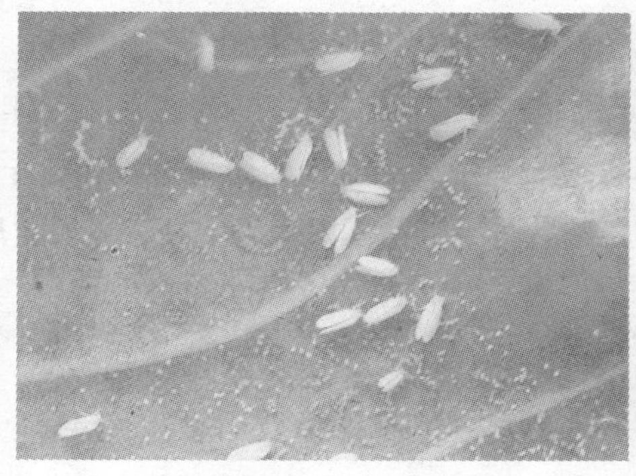
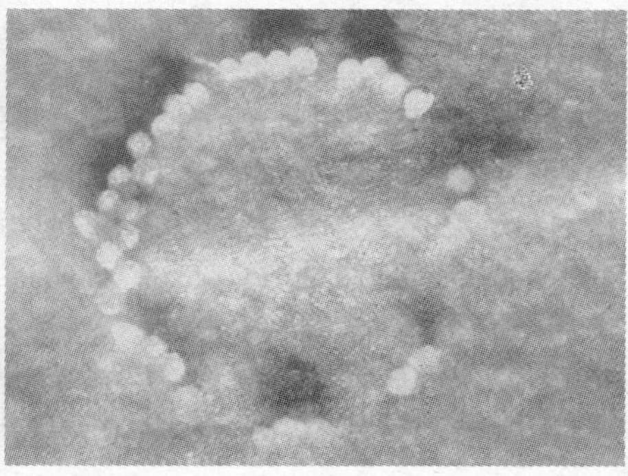

图 4—17　烟粉虱形态特征

（3）若虫。共 3 龄，淡绿至黄色。初龄若虫有触角和足，能迁移爬行。2 龄后，触角及足退化，固定在植株上取食。3 龄脱皮后形成蛹。

（4）蛹。椭圆形，长 0.5～0.8 mm，有时边缘凹入，呈不对称状。管状孔三角形，长大于宽。舌状器匙状，伸长盖瓣之外。

3. 生活习性

成虫对黄色有较强的趋性，并具趋嫩习性，总是随着植株生长不断追逐顶部嫩叶的叶背产卵，虫态的分布总是形成最上部嫩叶以成虫和初产的淡黄色卵为最多，稍下部叶片多为变黑色的卵，下部叶片多为初龄若虫，再下部叶片为中、老龄若虫，最下部叶片则以蛹为最多的垂直分布。卵散产，每头雌虫可产卵 200 多粒，产下的卵柄从气孔插入叶片组织中，与寄主作物保持水分平衡，不易脱落。孵化后的初龄若虫可在叶背可做短距离移动，也有迁居到其他叶片上寻找合适的寄生点，进入 2 龄后便开始营定居生活，直至成虫。

适宜烟粉虱生长发育的温度范围为 15～35℃；最适环境温度为 22～30℃，相对湿度为 70%以下。

在上海地区年发生 10～12 代，多以伪蛹在保护地作物上越冬。早春在保护地作物上越冬的蛹羽化为成虫后，在保护地栽培作物上生长、繁殖、为害，气温转暖后一部分烟粉虱成虫外迁扩散至露地作物上繁殖、为害。入夏后，大多逐步外迁至露地作物上繁殖、为害；部分留在使用遮阳网的保护地内作物上为害，直至晚秋在露地作物上的烟粉虱又逐步迁回保护地作物上为害，直到越冬。

4. 预测预报

防治适期为烟粉虱发生始盛期，防治对象田为田间有虫株率达 10%～15%。

5. 防治措施

（1）农业防治

1）清洁田园。及时、彻底清除田间杂草和残枝落叶，以减少虫源。

2）避虫轮作。要尽量避免茄科、葫芦科、豆科、十字花科蔬菜间的连茬、连作，并在重发地区实施与葱、蒜、韭菜、生菜、芹菜、菠菜等烟粉虱不喜欢的作物轮茬、轮作，以降低种群发生量。尤其是秋冬茬轮作，对压低越冬基数，减轻来年发生为害具有显著效果。

（2）物理防治

1）黄板诱杀成虫。应用含植物诱源的黄板，每 20～30 m^2 一块，诱杀烟粉虱。

2）防虫网覆盖栽培。冬春大棚栽培蔬菜等作物可在棚室四周及门口增设 40～60 目防虫网于薄膜内侧，以防掀膜通风时害虫侵入；夏秋可采用防虫网大棚全网覆盖栽培或顶膜裙网法栽培采用以阻隔烟粉虱入侵为害。

（3）生物防治。在有条件的地方，对棚室栽培的作物可引进丽蚜小蜂、桨角蚜小蜂、蜡蚧轮枝菌等天敌进行防治，虫蜂比例为 1∶2～3。

（4）药剂防治。在发生初始期进行防治，每隔 10～25 天用药一次。烟粉虱极易产生抗药性，不同农药品种轮换使用，一般每茬作物施用同类农药不宜超过 2 次，以喷施叶片背部为主。可选择 25%的噻虫嗪可分散粒剂 4 000～5 000 倍，或 40%的啶虫眯水分散粒剂 3 000～4 000 倍液等喷雾防治。

六、蚜虫

1. 为害特点

蚜虫以成蚜和若蚜常结集在菜心及花序嫩梢上刺吸汁液，造成幼叶畸形卷缩，生长不良，同时也能传播病毒病。

2. 形态特征

蚜虫形态特征如图 4—18 所示。

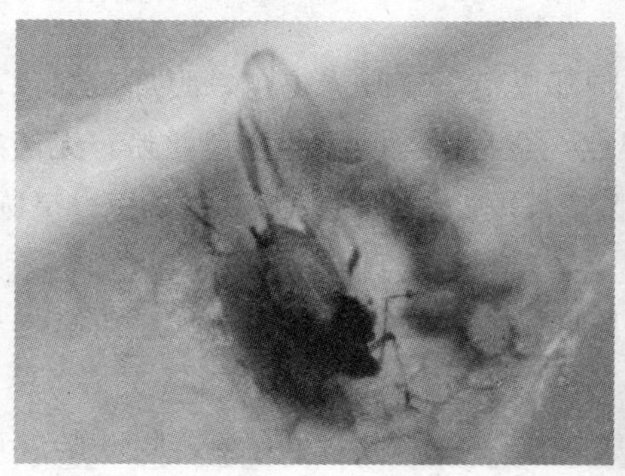

图 4—18　蚜虫形态特征

(1) 桃蚜

1) 有翅雌蚜。体长 1.8～2.2 mm。头部黑色，额瘤发达且显著，向内倾斜，腹眼赤褐色，胸部黑色，腹部体色多变，有绿色、淡暗绿色、黄绿色、褐色、赤褐色，腹背面有一个黑褐色的方形斑纹。腹管较长，圆柱形，端部黑色，触角黑色，共有 6 节，在第 3 节上有 1 列感觉孔，9～17 个。

2) 有翅雄蚜。体长 1.5～1.8 mm，基本特征同有翅雌蚜，主要区别是腹背黑斑较大，在触角第 3、5 节上的感觉孔数目很多。

3) 无翅雌蚜。体长约 2 mm，近卵圆形，体色多变，有绿色、黄绿色、樱红色、红褐色等，低温下颜色偏深，触角第 3 节无感觉圈，额瘤和腹管特征同有翅蚜。

4) 若蚜。共 4 龄，体型、体色与无翅成蚜相似，个体较小，尾片不明显，有翅若蚜 3 龄起翅芽明显，且体型较无翅若蚜略显瘦长。

5) 卵。长椭圆形，体长约 0.5 mm，初产时淡黄色，后变黑褐色，有光泽。

(2) 萝卜蚜

1) 有翅雌蚜。体长 1.6～1.8 mm，头胸部为黑色，复眼赤褐色，额瘤不显著，腹部黄绿色至绿色，第 1、2 节背面及腹管后各节有 2 条淡黑色横带斑纹，腹管前各节两侧有黑斑，有时身体上有稀少的白色蜡粉。触角第 3、4 节淡黑色，第 3 节有感觉圈 16～26 个，排列不规则，第 4 节有感觉圈 2～6 个，排列成一行，第 5 节有感觉圈 0～2 个。腹管暗绿色，顶端收缩，长度约与触角第 5 节等长，尾片有长毛 4～6 根。

2）无翅雌蚜。体长约 1.8 mm，全身黄绿色稍有白色蜡粉，触角第 3、4 节无感觉圈，第 5、6 节各有一个感觉圈，胸部各节中央隐约似有 1 黑色横斑纹，腹管和尾片同有翅蚜。

3）若蚜：共 4 龄，体型、体色似无翅成蚜，仅个体较小，有翅若蚜 3 龄起可见翅芽，体型略显瘦长。

（3）甘蓝蚜

1）有翅雌成蚜。体长 2～2.2 mm，头、胸部黑色，复眼赤褐色，腹部黄绿色，有数条隐约可辨的暗绿色横斑纹，两侧各有 5 个黑点，全身覆有明显的白色蜡粉，无额瘤。触角第 3 节有 37～49 个排列不规则的感觉圈，腹管很短，中部稍膨大。尾片短，呈圆锥形，基部稍凹陷，两侧有 2～3 根长毛。

2）无翅雌成蚜。体长 2.2～2.5 mm。全身暗绿色，特征同有翅蚜，触角第三节无感觉圈。

3）若蚜。共 4 龄，体型、体色类似无翅成蚜，仅个体略小。有翅若蚜 3 龄起可见到幼小的翅芽，体型较无翅若蚜略显瘦长。

3. 生活习性

对黄色有较强的趋性，对银灰色有忌避习性，而且具较强的迁飞和扩散能力，在适宜的条件下，每头雌蚜寿命可长达 10 天以上，平均每头无翅成蚜可胎生 40～60 头仔蚜，在长江流域，每年的春秋两季是三种蚜虫的发生高峰。

适宜桃蚜生长发育的温度范围为 5～29℃；最适环境温度为 16～25℃。有翅型桃蚜和无翅型桃蚜的发育起点温度分别为 4.3℃和 3.9℃，自胎生至羽化为成蚜的有效积温分别为 133 日度和 120 日度。在日均温 17～20℃的条件下，胎生至羽化为成蚜的历期为 7～12 天；在 26℃下，整个若虫期只需 5～6 天。

适宜萝卜蚜生长发育的温度范围为 10～30℃；最适温区为 15～26℃。有翅蚜发育起点温度为 6.4℃，自胎生至成蚜的有效积温为 116 日度；无翅蚜发育起点温度为 5.7℃，自胎生至成蚜的有效积温为 111.4 日度。在日均温度 17～22℃的条件下，自胎生发育至成蚜的历期为 6～12 天，在 26～29℃仅 4～5 天。

适宜甘蓝蚜生长发育的温度范围为 10～25℃；最适环境温度为 15～22℃，相对湿度 45%～70%。发育起点温度为 4.5℃，从出生至羽化为成蚜，有翅蚜有效积温为 148.6 日度，无翅蚜为 134.5 日度；日均温度 20℃左右，从出生发育至成蚜的平均发育历期，有翅蚜发育历期 9～10 天，无翅蚜 8～9 天。当日平均温度高于 25℃时田间几乎

见不到踪影。

三种菜蚜在长江流域一年发生 30 代左右，世代重叠严重。在保护地栽培的温室、大棚中，可终年孤雌胎生繁殖，无明显越冬现象。在露地栽培晚秋产生雌、雄性蚜交配产卵，以卵在秋白菜或树枝条的芽腋内、分枝或枝梢的裂缝中越冬。

4. 预测预报

防治适期为蚜虫有翅蚜迁飞始盛期，防治对象田为田间有蚜株率达 5%～15%。

5. 防治措施

（1）物理防治

1）黄板诱杀。田间设置含有植物源诱剂黄板，每 20～30 m^2 一张，诱杀有翅蚜。

2）银灰色薄膜避蚜。在苗床上方每隔 60～100 cm 拉 3～6 cm 宽银灰色薄膜网格，避蚜防传病毒效果好。或在田间四周围银灰色遮阳网，地面铺设银灰色地膜或拉 17～20 cm 宽银灰薄膜条，每隔 1～2 m 拉条。

（2）生物防治。保护地栽培中，在瓜蚜发生初期释放蚜茧蜂。

（3）化学防治。自 4 月下旬末开始，对黄瓜、番茄、辣椒、茄子、十字花科、豆类等作物每间隔 10～15 天防治适期 1 次，连续防治 2～3 次。可选 25%的噻虫嗪水分散剂 4 000～5 000 倍液，或 40%的啶虫脒水分散粒剂 3 000 倍液喷雾防治。

七、美洲斑潜蝇

1. 为害特点

美洲斑潜蝇成虫、幼虫均可为害作物，成虫以雌虫飞翔用产卵器刺伤叶片，取食汁液，雄虫不刺伤叶片，以取食雌虫刺伤点中的汁液。卵孵化后的幼虫即潜叶为害植物叶片，形成蛇形不规则的白色虫道，破坏叶绿素，影响光合作用，受害严重时，被害叶片可脱落。幼苗被害可显著延迟生育进程。幼虫老熟后爬出潜叶虫道，在叶片上或土缝中化蛹，蛹容易被风吹落到地表缝隙，如图 4—19 所示。

2. 形态特征

（1）成虫。体长 1.3～2.3 mm，翅展 1.3～1.7 mm 的小型蝇类，淡灰黑色，胸背板亮黑色，体腹面黄色，雌虫比雄虫稍大，如图 4—19 所示。

（2）卵。（0.2～0.3）mm×（0.1～0.15）mm，米色，半透明。

（3）幼虫。共 3 龄，长约 3 mm，蛆状；初孵无色，后期变为橙黄色，后气门突呈圆锥状突起，顶端三分叉，各具一开口，如图 4—19 所示。

（4）蛹。椭圆形，腹面稍扁平，（1.7～2.3）mm×（0.5～0.75）mm，橙黄色，如图 4—19 所示。

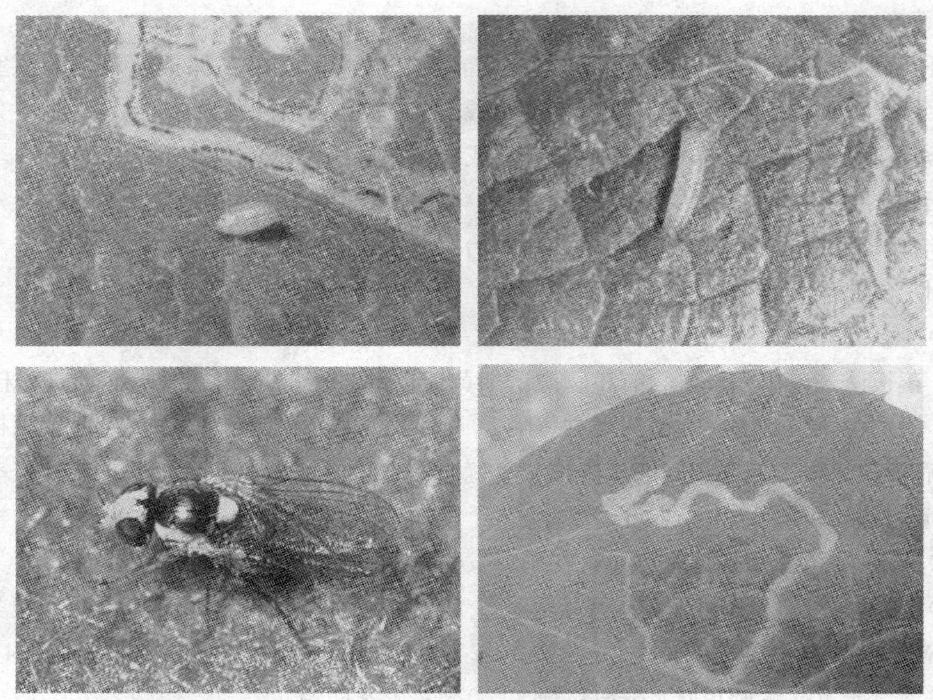

图 4—19　美洲斑潜蝇形态特征及其为害状况

3. 生活习性

成虫活泼，对黑光灯无趋光性，对黄色光谱敏感，有较强的趋性，可短距离飞翔。主要白天活动，以早上至 11 时活动最盛，下午 2 时以后活动减弱，晚上在植株的叶背栖息。在植株间的活动区域以中部为多，高度在 60～90 cm。成虫寿命 7～15 天，雌成虫在飞翔中用产卵器刺伤叶片，将卵散产于其中（叶片伤孔中呈扇形，多为产卵孔，有 15%含有活卵），每头雌虫产卵量在 200～600 粒，繁殖率极强。卵孵化后的幼虫即潜叶为害植物叶片，经过 3 个龄期的发育，幼虫老熟后爬出潜叶虫道，在叶片上或土缝中化蛹。

适宜美洲斑潜蝇生长发育的温度范围为 15～35℃，最适生长发育的环境温度为 20～30℃，相对湿度 80%～85%。

在上海地区年发生 9～11 代，保护地内可周年发生，世代重叠现象严重。露地以蛹越冬，3 月下旬到 4 月上中旬越冬蛹羽化，年内以春、秋两季多发，主要为害期在 5—7 月上旬、8 月中旬至 11 月下旬。

4. 预测预报

(1) 发生期预测

1）越冬代发生期预测。收集饲养越冬蛹，观察早春越冬代成虫始见期，于4月下旬至5月上旬起，注意零星地的早春寄主植物种类上的为害状始见期及发生密度，或在植株行间用黄板进行成虫消长发生量的调查，并逐日观察每天的诱捕量，预测成虫发生始盛期。

2）全代历期推算预测。在美洲斑潜蝇的盛发期，选择主要寄主植物的类型田，在植株下部放置25 cm×35 cm的白瓷盆3～5只，每2天1次观察盆内接蛹数，计算日均盆接蛹消长，根据蛹全代历期推算成虫发生期。

3）田间虫口发生密度的调查。选易受害的作物类型田各2块，定点每5天1次系统调查叶片受害率、百叶虫道数、幼虫自然死亡率、天敌寄生率等。

（2）防治适期

1）一代成虫防治适期：越冬代成虫始见后50～55天，田间为害状始见后20～25天。

2）秋季始发代的成虫防治按白盆接蛹消长调查，日均接蛹量达到1～2头以上进入始盛期，参考不同温度下蛹全代历期，推算成虫防治适期。

3）美洲斑潜蝇盛发期调查其所嗜好、生长旺盛的寄主植物叶片上的取食孔、产卵孔密度，当查见5%植株叶片上出现取食孔、产卵孔后5～7天即为成虫防治适期。

5. 防治措施

（1）农业防治

1）早春利用覆盖材料，无纺布或塑料大中棚栽培，在棚开口处挂盖寒冷纱或防虫网保护帘，避免美洲斑潜蝇为害作物。

2）5—9月期间，夏天大中棚作物换茬时，尽可能利用晴天关棚1～2天高温灭虫，阴天闷棚5天以上，杀灭残株中的害虫。

3）清除田间寄主杂草，作物收获后及时处理残株和机耕，杀灭虫蛹，减少田间虫源。

（2）生物防治。寄生性天敌的科学利用，主要有姬小蜂、反颚茧蜂、潜叶蜂等十余种，早春尽量少用药，使田间天敌种群密度增加，提高秋季天敌的寄生率，选择在成虫发生高峰期使用农药，减少对天敌的伤害。推广BT类、杀虫素、烟碱等生物农药，保护天敌的安全和促进种群繁殖。

（3）药剂防治。在成虫羽化始盛开始防治，每间隔5～7天防治1次，共2～3次。选择在晴天早上露水干后至午后2时前的成虫活动盛期，针对植株中下部用药。最佳用药防治时间是上午7～11时。可选用50%的灭蝇胺可湿性粉剂每亩用量18～25 g，或75%的灭蝇胺可湿性粉剂每亩用量10～15 g，对水均匀喷雾。

八、蛴螬

1. 为害特点

蛴螬是各地常见的地下害虫，主要取食植物的地下部分，喜食柔嫩多汁的根、茎及刚萌动发芽的种子，影响植株的长势、造成幼苗枯死，严重时造成缺苗断垄。连年旱作地病害重，前茬作物为大豆、花生茬，则后茬作物受害重。

2. 形态特征

1）成虫。体长 18～21 mm，宽 8～10 mm，全身具铜绿色的金属光泽，如图 4—20 所示。

2）卵。乳白色，初产时长椭圆形，长约 1.8 mm，宽约 1.4 mm。

3）幼虫。体长 30～33 mm，头部前顶毛每侧 8 根，后顶毛 10～14 根，臀节腹面具刺毛 2 列，每列由 13～14 根刺组成，肛门孔横裂，如图 4—20 所示。

图 4—20　蛴螬幼虫和成虫

4）蛹。体长约 20 mm，宽约 10 mm，淡黄色，体略向腹面弯曲，羽化前头部色泽变深，复眼变黑。

3. 生活习性

年发生一代，以三龄幼虫在土中越冬。越冬代产生的成虫发生盛期各地不同，上海、江苏、浙江为 6 月上中旬。常年 6 月上旬初见成虫，6 月中下旬至 7 月上旬为发生高峰期，6 月下旬开始产卵，7 月为幼虫孵化高峰期，幼虫经过 4～5 个月的生长发育，全部进入 3 龄越冬。至次年 4 月前后越冬幼虫又上移到土表继续为害取食，形成春、秋两季为害。

成虫夜出活动，对黑光灯有较强的趋光性。适宜成虫活动的气温为 25℃以上，相对湿度为 70%～80%。卵期为 10 天左右，一二龄幼虫期 25 天左右，三龄幼虫期长达 280 天左右，幼虫老熟后，在土表 20～30 cm 深处作土室经预蛹期后化蛹，预蛹期 13 天，蛹期

9 天。

蛴螬一到两年 1 代，幼虫和成虫在土中越冬，成虫即金龟子，白天藏在土中，晚上 8—9 时进行取食等活动。蛴螬有假死和负趋光性，并对未腐熟的粪肥有趋性。

4. 预测预报

根据害虫种类和虫口密度的调查结果，结合害虫发生规律和天气预报综合分析，提出下一年或下一茬作物主要地下害虫发生趋势预报，并根据害虫的活动情况，结合气象因素和作物苗情，预报防治适期。

5. 防治措施

(1) 农业防治。在菜园周围清除杂草丛生的荒地，冬前适时耕翻土地，灭杀越冬幼虫。在栽培条件许可的情况下，进行水旱轮作或适时灌水杀灭幼虫。

(2) 物理防治。成虫发生期用黑光灯诱杀，或夏、秋季成虫聚集于房前屋后零散树木或篱笆上取食时，及时人工捕捉。

(3) 化学防治。选用 3% 的辛硫磷颗粒剂，每亩使用 4 000～5 000 g 沟施。

九、玉米螟

1. 为害特点

主要以幼虫为害，在豇豆、扁豆上为害，蛀食茎蔓、花蕾及荚，造成茎蔓枯死、落蕾、落花、蛀荚等。在生姜上为害，茎部被蛀，可形成枯心苗，在菜用甜玉米上为害，苗期受害可形成枯心苗，如图 4—21 所示。

图 4—21 玉米螟为害状况

2. 形态特征

(1) 卵。略扁，短椭圆形，初产时乳白色，近孵化时为黑褐色，卵粒呈鱼鳞状排列成块。

(2) 幼虫。共 5 龄，老熟幼虫体长 20～30 mm，体色变化较大，有淡褐色、深灰褐色、灰黄色等。中胸和后胸背面各有毛瘤 4 个，排成一横列。腹部第一至第八节背面各有 2 排毛瘤，前、后排各 2 个，如图 4—22 所示。

(3) 成虫。体长 12～15 mm，黄褐色，前翅有 2 条褐色波状横纹，两纹间还有 2 条黄褐色短纹，雄蛾体色和翅色较雌蛾深，如图 4—22 所示。

3. 生活习性

在上海及江苏、浙江地区年发生 3～4 代，有世代重叠现象，以老熟幼虫在被害作物茎秆及玉米穗蕊内越冬，也有在杂草或土块下越冬的。越冬代成虫在 5 月下旬至 6 月上旬

图 4—22　玉米螟幼虫和成虫

羽化，第一代 7 月上中旬盛发，第二代 8 月中旬至 9 月上中旬盛发，第三代于 9 月中下旬盛发，10 月中下旬以老熟幼虫越冬。

成虫具夜出性，对黑光灯有较强的趋光性，通常在夜间羽化，寿命 8～20 天，羽化后第二天即能交配产卵，产卵期 7～16 天。卵块产，每头雌蛾平均产卵量 500 多粒，产卵对植株高度和部位有选择性。

适宜玉米螟生长发育温度的范围为 15～35℃，最适环境温度为 22～28℃，相对湿度 80%以上。适温下，第一代发生历期约 50 天，第二、第三代发生历期约 40 天。

4. 预测预报

作物收获前，在田间卵量消长调查的玉米、高粱或谷田中，选择 3～5 个点开展普查，每点选择有代表性的玉米田 5～10 块，每块田棋盘式 10 点取样，玉米、高粱每点 10 株，共 100 株；谷子每点 1 m 垄长，共 10 m 垄长，逐株剖检调查幼虫数量和茎秆被害率。

5. 防治措施

（1）农业防治。冬前处理寄主作物的茎秆，压低越冬虫口。

（2）物理防治。代成虫盛发期，点黑光灯诱杀成虫。

（3）化学防治。在豇豆、扁豆、生姜等作物上，幼虫孵化盛期是防治适期，针对寄主作物的受害部位喷药。甜玉米上以心叶末期和幼穗抽丝为防治适期，在心叶末期以药剂灌蕊或用颗粒剂施于喇叭口为最佳；在幼穗抽丝期防治，将雌穗苞顶开一小口，灌入少量药液。可选 5%的氯虫苯甲酰胺悬浮剂 1 500 倍液，或 25 g/L 的多杀霉素悬浮剂 1 000～1 500 倍液，或 2.2%的甲氨基阿维菌素苯甲酸盐微乳剂 2 000 倍液等喷雾防治。

第 5 章

农药与植保机械的使用

第 1 节　农药基础知识

学习目标

了解农药的概念和基本分类。

熟悉农药毒性分级。

掌握农药标签的应用技术。

能够根据不同要求，选择相应类别的农药。

能够根据毒性标志图片，辨别毒性级别。

能够通过农药标签图片、农药外观等辨别真假农药和劣质农药。

知识要求

一、农药的分类

根据国务院颁布施行的《中华人民共和国农药管理条例》，农药主要是指用于预防、消灭或控制危害农业、林业的病、虫、草和其他有害生物以及有目的地调节植物、昆虫生长的化学合成或者来源于生物、其他天然物质的一种物质或者几种物质的混合物及其制剂。

农药种类很多，从不同的角度、根据不同的分类方法可以得到不同的分类结果。了解农药的分类对对症用药、正确使用农药有重要意义。常用分类方法是根据防治对象和作用方式进行分类的。

1. 按原料分类

（1）无机农药。无机农药是用山矿物原料加工制成的。如硫制剂的硫黄、石灰硫黄合剂，铜制剂的硫酸铜、波尔多液，磷化物的磷化铝等。

（2）生物源农药。一类是植物性农药，另一类是微生物农药。具有对人畜安全、不污染环境、对天敌杀伤力小和有害生物不会产生抗药性等优点。

（3）有机合成农药。即人工合成的有机化合物农药。特点是药效高、见效快、用量少、用途广，可适应各种不同的需要，但是污染环境，易使有害生物产生抗药性，对人畜不安全。

2. 按防治对象和作用方式分类

（1）杀虫剂。用于防治害虫的农药称为杀虫剂，通常在农药包装标签的下方有一条与底边平行的红色标志带。根据它们的作用方式常常又可分为：

1）胃毒剂。胃毒剂只有被昆虫取食后经肠道吸收进入体内，到达靶标才可起到毒杀作用。

2）触杀剂。接触到昆虫躯体（常指昆虫表皮）后，通过昆虫表皮渗透进入昆虫体内，引起昆虫中毒死亡。

3）熏蒸剂。以气体状态通过昆虫呼吸系统如气孔（气门），进入昆虫体内而引起昆虫中毒死亡。

4）内吸剂。药剂使用在植物上后，被植物体（包括根、茎、叶及种、苗等）吸收，并随着植株体液传导运输到其他部位，使害虫摄食或接触后中毒死亡。因摄食而中毒的，也称胃毒作用。

5）拒食剂。害虫取食药剂后，味觉器官受到影响，产生厌食或拒食的感觉，最后因饥饿、失水而逐渐死亡，或因营养不足而不能正常发育。

6）驱避剂。驱避剂本身一般无毒害作用，施用后可依靠其物理、化学作用（如颜色、气味等）使害虫忌避或发生转移、潜逃，从而达到保护寄主植物或特殊场所的目的。

7）引诱剂。引诱剂是依靠物理、化学作用（如光、颜色、气味、微波信号等）诱集害虫的药剂。有非特异性物质和特异性物质两类。非特异性物质的引诱剂有糖、醋、酒液等，特异性物质主要是昆虫信息素。

（2）杀菌剂。在一定剂量或浓度下，对病原菌能起到杀死、抑制或中和其有毒代谢物，从而使植物及其产品免受病菌危害或消除病症、病状的药剂。在此类药剂包装标签的下方有一条与底边平行的黑色标志带。根据作用方式和机制常常分为：

1）保护性杀菌剂。在植物感病之前（一般在病害流行前）施用于植物可能受害的部位以保护植物免受病害侵染的药剂。保护性杀菌剂主要作用方式是施药后在寄主表面形成一层药膜，使病菌不能侵染。

2）治疗性杀菌剂。在植物感病以后施用，药剂渗入植物组织内部或直接进入植物体内、随植物体液运输传导至植物各部位、抑制病原菌发展或杀死病菌，从而使植物恢复健康的杀菌剂。

3）铲除性杀菌剂。对病原菌有直接强烈杀伤作用的药剂。植物生长期常不能忍受这类药剂，因此一般只能在播前用于土壤处理、植物休眠期或种苗处理。

（3）除草剂。除草剂是用来防除杂草的药剂。在此类药剂包装标签的下方有一条与底边平行的绿色标志带。按作用方式分类，可分为内吸输导型除草剂和触杀型除草剂；按使用方法分类，可分为土壤处理剂和茎叶处理剂；按作用性质分类，可分为选择性除草剂和灭生性除草剂。

1）内吸输导型除草剂。药剂施用于植物上或土壤中，通过杂草的根、茎、叶、胚等部位吸入并传至杂草的敏感部位或整个植株，使之中毒死亡，如苄嘧磺隆、草甘膦等。

2）触杀型除草剂。药剂不能被植物吸收、传导，只能杀死所接触到的植物组织，如百草枯、灭草松等。

3）土壤处理剂。药剂均匀地喷洒到土壤上形在一定厚度的药层，当杂草种子的幼芽、幼苗及其根系被接触吸收而起到杀草作用，如扑草净等。

4）茎叶处理剂。将药剂细小的雾滴均匀喷洒在植株上将杂草杀灭，如草甘膦等。

5）选择性除草剂。选择性除草剂对植物具有选择性，在一定剂量和浓度范围内杀死或抑制部分植物而对其他植物则安全，如氰氟草酯等。

6）灭生性除草剂。在常用剂量下可以杀死所有接触到药剂的植物，如草甘膦、草铵膦、溴苯腈、克芜踪等。

（4）杀线虫剂。杀线虫剂是用于防治农作物由于植物寄生性线虫引起的病害的药剂。植物寄生性线虫是植物侵染性病原之一，但与真菌、细菌、病毒等病原生物相比，具有主动侵袭寄主和转移为害的特点，因此，杀线虫剂也不同于一般的杀菌剂，一般毒性较大，大多施用于土壤，使用不当容易造成环境污染问题。目前杀线虫剂主要有：卤代烃类，如溴甲烷；硫代异氰酸甲酯类，如棉隆；有机磷酸酯类，如克线磷、灭线磷；氨基甲酸酯类，如涕灭威、克百威等。

（5）杀鼠剂。杀鼠剂是用于毒杀鼠害的药剂。按作用方式分类，可分为胃毒性杀鼠剂、熏蒸性杀鼠剂、驱避剂和引诱剂、绝育剂。

1）胃毒性杀鼠剂。药剂通过鼠取食进入消化系统，使鼠中毒致死。这类杀鼠剂一般用量低、适口性好、杀鼠效果高，对人畜安全，是目前主要使用的杀鼠剂，主要品种有敌鼠钠、溴敌隆、杀鼠醚等。

2）熏蒸性杀鼠剂。药剂蒸发或燃烧释放有毒气体，经鼠呼吸系统进入鼠体内，使鼠中毒死亡，如氯化苦、溴甲烷、磷化锌等。其优点是不受鼠取食行动的影响，且作用快，无两次毒性；缺点是用量大，施药时防护条件及操作技术要求高，操作费工，适宜于室内专业化使用，不适宜散户使用。

3）驱避剂。驱避剂是可依靠其物理、化学作用使老鼠不愿靠近施用过药剂的物品，以保护物品不被嚼咬。

4）引诱剂。引诱剂是将鼠诱集，但不直接毒杀害鼠的药剂。

5）绝育剂。通过药物的作用使雌鼠或雄鼠不育，降低其出生率，以达到防除的目的，属于间接杀鼠剂，亦称化学绝育剂。

(6) 杀螨剂。杀螨剂是用于防治植食性害螨的药剂。以杀虫兼有杀螨效果的药剂居多，也称杀虫、杀螨剂。常见的杀螨剂品种有哒螨酮、噻螨酮等。

(7) 杀线虫剂。杀线虫剂是用于防治有害线虫的药剂。一般用于土壤处理或种子处理，杀线虫剂有挥发性和非挥发性两类。前者起熏蒸作用，如氯化苦、溴甲烷等；后者起触杀作用，如除线磷、涕灭威等。

(8) 植物生长调节剂。植物生长调节剂是能够控制、促进或调节植物生长发育的药剂。按作用方式可分为促进生长和抑制生长两类。

1）生长促进剂。主要是促进细胞分裂、伸长和分化，打破休眠，促进开花，延迟器官脱落，保持地上部绿色，延缓衰老等，以达到在逆境条件下提高作物的抗逆性，或促进植物生长，增加营养体收获量，提高座果率，促进果实膨大，增加粒重等效果。

2）生长抑制剂。主要有生长素传导抑制剂、生长延缓剂、生长抑制剂、乙烯释放剂及脱落酸等。生长素传导抑制剂通过抑制顶端优势，促进侧枝侧芽生长。生长延缓剂通过抑制茎的顶端分生组织活动，延缓生长。生长抑制剂通过破坏顶端分生组织活动，抑制顶芽生长；但与生长延缓剂不同，施药后一定时间，植物又可恢复顶端生长。乙烯释放剂是用于抑制细胞伸长生长，促进横向生长，促进果实成熟、衰老和营养器官脱落。脱落酸促进植物的叶和果实脱落。

3. 按剂型分类

农药的剂型是原药经加工后根据形态及用途不同而区分的各种制剂的形态，如乳油、粉剂、粒剂等。

二、主要剂型特点

1. 乳油（EC）

乳油（EC）是一种能够在水中分散成为不透明乳液的剂型。乳油一般由有效成分、有机溶剂、表面活性剂等构成，分散在水中，一般呈白色或天蓝色。

(1) 优点。多数农药容易溶于有机溶剂，并且在有机溶剂中较稳定；乳油中的有机溶剂对于昆虫和植物表面的蜡质层具有较好的溶解和黏附作用；表面活性剂等具有良好的润湿和渗透作用，加上粒子细，因此能够充分发挥农药的效果；具有较长的残效期和耐雨水冲刷能力；产品容易处理、运输和保存。

(2) 缺点。高浓缩，常常因称量器具不准，导致过量使用或使用量不足；对植物的毒性风险大；容易通过皮肤渗透进入人体或动物体内；溶剂可能使塑料或橡胶软管、垫圈、泵以及表面等损坏；可能存在腐蚀性；含有大量的有机溶剂，容易造成环境污染和浪费。

2. 可溶性液剂（SL）

可溶性液剂（SL）是用水或有机溶剂作为溶剂构成的均相透明液体，能够在水中分散成为透明溶液的剂型。可溶性液剂可以在水中形成真溶液或近似真溶液。其特性与乳油基本相同，也具有良好的分散性和黏附、润湿和渗透作用，能最大限度地发挥农药的效果。

3. 微乳剂（ME）

微乳剂（ME）是以水为连续相，有效成分及少量溶剂为非连续相构成的透明或半透明的液体剂型。它可以溶解在水中，形成透明或半透明的分散体系，所以微乳剂又称为可溶化乳油。微乳剂的透明性可以因温度的改变而改变，因此，它实际上是一种热力学稳定的均相体系。

（1）优点。以水为主要溶剂，有机溶剂大大减少，对环境的污染比乳油小；粒子超细，容易穿透害虫和植物的表皮，农药的效果得到充分发挥；避免了乳油中有机溶剂的一些副作用，如强烈的刺激性气味、药害、水果上蜡质层溶解等；产品精细，其商品价值得到提高。

（2）缺点。由于水分的大量存在，对农药稳定性有一定的影响；在水中容易分解的药剂不宜加工成微乳剂。

4. 水乳剂（EW）

液体的有效成分用少量溶剂溶解后，分散在水中，构成浓厚的乳状液体剂型，也称浓乳剂。

（1）优点。效果近似或等同于乳油，而持效期比乳油长；黏着性和耐雨水冲刷的能力比乳油更强（在加工过程中，为了保证制剂的稳定性，除了需要加入表面活性剂外，往往还需要加入增稠剂，而此类助剂往往具有良好的黏着性能）；基本不用有机溶剂，因此对环境的污染比乳油小；避免使用有机溶剂带来的一些副作用。

（2）缺点。由于水分的大量存在，对某些农药稳定性有一定的影响；对水分敏感的药剂不宜加工成水乳剂。

5. 悬浮剂（SC）

悬浮剂（SC）是固体的原药分散在水中后形成的悬浊状液体制剂。

（1）优点。粒子细，能够充分发挥农药的效果，性能上优于可湿性粉剂；在残效期和耐雨水冲刷方面优于乳油；大多数悬浮剂均采用水为分散剂，由于不采用有机溶剂，避免了有机溶剂对环境的污染和副作用，特别适合在蔬菜、果树、茶树等植物上使用，以及在卫生防疫工作中使用。

（2）缺点。加工过程较为复杂，一般需通过砂磨机研磨而成；相对于其他液剂，粒子较大，容易沉降分层析水，因此需要采用较复杂的助剂系统来保证制剂的稳定性。

6. 粉剂（DP）

粉剂是（DP）是农药被分散在固体填料的粉末中并可以直接用来喷撒的制剂。粉剂中的原药成分可直接粉碎而加入制剂中，也可在粉碎过程中通过喷雾其溶液来加入制剂中。通常用原药、载体、助剂，经混合—粉碎—混合而成。

（1）优点。容易制造和使用，成本低，不需用水，使用方便，喷施效率高；在作物上黏附力小，因此在作物上残留较少，也不容易产生药害。

（2）缺点。容易飘移，使用时，直径小于 10 μm 的微粒因受地面气流的影响容易飘失，特别是在航空喷撒粉剂时只有 10%～40%的粉剂沉积在作物上，大部分农药被浪费；对环境和大气污染大；加工时粉尘多、含量低、运输成本高。

7. 可湿性粉剂（WP）

可湿性粉剂（WP）是易被水湿润并能在水中分散悬浮的粉状剂型。可湿性粉剂由农药原药与润湿剂、分散剂、填料混合粉碎加工而成。可湿性粉剂是在粉剂的基础上发展起来的一个剂型，性能优于粉剂，可用喷雾器喷雾，在作物上黏附性好，药效比同种原药的粉剂好，但不及乳油。加工方法与粉剂相似，产品便于储存和运输。

（1）优点。价格相对便宜；容易保存、运输和处理；对植物的毒性风险比乳油等相对低；容易量取与混配；与乳油和其他液剂相比，不易从皮肤和眼渗透进入人体；包装物的处理相对简单。

（2）缺点。如果加工质量差，粒度粗，助剂性能不良，容易引起产品黏结，不易在水中分解，造成喷洒不匀，甚至使植物局部产生药害；悬浮率和药液湿润性，在经过长期存放和堆压后均会下降；在倒取或混配时，容易喷出被施药者吸入；对喷雾器的喷管和喷头磨损大，缩短喷管和喷头的寿命。

8. 水分散粒剂（WG）

水分散粒剂（WG）是置于水中，能较快地崩解、分散形成高悬浮的分散体系的粒状剂型。

（1）优点。使用效果相当于乳油和悬浮剂，优于可湿性粉剂；具有可湿性粉剂易于包装和运输的特点；避免在包装和使用过程中粉状制剂易产生粉尘的缺点，对环境污染小。

（2）缺点。加工过程复杂，加工成本较高。

9. 可溶性粉剂（SP）

可溶性粉剂（SP）是可直接加水溶解使用的粉状农药剂型。通常由原药、可溶性载体、助剂加工而成。此剂型药效比可湿性粉剂高，与乳油相近；但加工时，无须用有机溶剂；表面活性剂或湿润剂等助剂的用量也比乳油少，包装运输方便；可以加水溶解配制成水溶液代替乳油作喷雾使用。

10. 颗粒剂（GR）

颗粒剂（GR）是农药在固体的载体中分散后形成一定颗粒大小的固体剂型。按直径大小，又可分为细粒剂、大粒剂和颗粒剂。颗粒剂主要由原药、载体和助剂加工而成，具有使用安全、方便等优点。

颗粒剂具有如下特点：使高毒农药低毒化；可控制有效成分释放速度，延长持效期；使液态药剂固态化，便于包装、储存和使用；减少环境污染、减轻药害，避免伤害有益昆虫和天敌昆虫；使用方便，可提高劳动功效。

11. 微囊剂（CS、CG）

此种制剂中，农药的颗粒或液滴，被一层囊皮材料包裹，形成了具有缓释性能的微囊悬浮剂（CS）或微囊粒剂（CG），持效期可以通过调整囊皮的厚度来进行调整。可以喷施或涂刷到作物上。

（1）优点。毒性低，持效期长；大大减少了农药的气味和刺激性，减少了外界气、湿、光等环境条件的影响，提高了稳定性。

（2）缺点。悬浮稳定性较差，较容易分层；加工成本高。

12. 烟剂（FU）

烟剂（FU）是引燃后有效成分以烟状分散体系悬浮于空气中的农药剂型。烟剂颗粒极细，穿透力极强。其在林间、果园、仓库、室内、温室、大棚等环境中使用有特殊意义，适合于防治温室粉虱等小型害虫以及各种病害等。

烟剂具有如下优点：施用工效高，不需任何器械，不需用水，简便省力，药剂在空间分布均匀；由于不用水，避免了喷药后导致棚内湿度高、易发病的缺点；易于点燃，而不易自燃，成烟率高，毒性低，无残留，对人无刺激，没有令人厌恶的异味。

13. 气雾剂（AE）

气雾剂（AE）是利用发射剂急剧汽化时产生的高速气流将药液分散雾化的一种罐装剂型。主要用于宾馆、饭店、飞机、车、船等公共场所，以及家庭的卫生杀虫、杀菌消毒和食品及花卉的灭菌保鲜。另外，也可用于温室、大棚、花房防治病虫害。使用时应避开火源。

（1）优点。体积小，携带方便，操作简便。

（2）缺点。生产时需要耐压容器、特殊的生产设备和流水线，药剂空瓶不便重灌，成本高，所以目前很少在农业上应用。

14. 熏蒸剂（VP）

利用低沸点农药挥发出的有毒气体，或一些固体农药遇水起反应而产生的有毒气体，用于密闭场所熏蒸杀死有害生物。熏蒸剂的特点是农药以分子形态弥散在空间中，而烟剂是以颗粒的形态弥散在空间。熏蒸剂需要在密闭环境下熏蒸，主要用于防治仓库和温室害虫及土壤消毒。使用熏蒸剂时，应采取必要的防护措施，尤其是使用场所的密闭性要好。熏蒸剂的产品很多，常用的有氯化苦、溴甲烷、磷化铝等。

15. 撒滴剂

撒滴剂是直接在水田中撒施的液态制剂。此类制剂直接撒入水中后，能够很快扩散，在水面形成药膜或在水体中形成药层，被作物或杂草吸收而起作用。具有功效高、用药省、防治效果好的优点；但需要在有保水能力的水田使用，且用药成本较高。

16. 种衣剂（SD）

用于种子处理包衣的制剂称为种衣剂。种衣剂的主要特点是在药剂中加入成膜的物质，因此药剂可以牢固地附着在种子表面而不容易脱落，同时可以改善种子的外观，使种子易于播种、计量和保存。不含有成膜物质的拌种用药剂称为拌种剂。用于浸泡种子的则称为浸种剂。种衣剂有液体剂型、悬浮剂型和可湿性粉剂型等，以悬浮剂型和可湿性粉剂型为主。悬浮剂型一般直接拌种或加入少量的水拌种。可湿性粉剂型的种衣剂一般需要加入少量水调匀才可使用。

技能要求

真假及劣质农药的辨别

操作步骤

步骤 1　查看标签

详细查看标签内容，看是否包含全部应包含的内容，并与农药登记证核对，如发现产品标签上的登记证号和标签内容与登记证上的内容不一致，应提出质疑。

步骤 2　观察产品的包装和标签外观

从农药标签及外包装辨别真假，产品包装要完整，不能有破损和泄漏，包装箱内应有产品出厂检验合格证。产品的标签或说明书也应印制清晰，标签的内容完整齐全。

标签和说明书应包括农药名称、有效成分及含量、剂型、农药登记证号或农药临时登记证号、农药生产许可证号或者农药生产批准文件号、产品标准号、企业名称及联系方式、生产日期、产品批号、有效期、重量、产品性能、用途、使用技术和使用方法、毒性及标志、注意事项、中毒急救措施、储存和运输方法、农药类别、象形图等内容（进口农药产品直接销售的，可以不标注农药生产许可证号或者农药生产批准文件号、产品标准号等）。

步骤 3　观察产品外观

一般合格农药的外观质量应达到以下要求：

粉状产品应当为疏松粉末，无团块；颗粒产品应当粗细均匀，不应当含有较多的粉末。乳油或水剂等流动状态的产品应当为均相的液体，无沉淀或悬浮物。

悬浮剂或悬乳剂等半流动状态的液体应当为可流动的悬浮液，无结块，长期存放可能存在少量分层现象，但经摇晃后应当能恢复原状。

判别产品外观是否合格通常有以下方法：

（1）触摸。用手隔袋触摸，如形成团状或块状，手捏成团，原来的颜色变化或消失，可能变质失效。

（2）悬浮。取粉剂农药 50 g，放在玻璃瓶内，加入少许的水调成糊状，再加入清水搅拌均匀，放置 10～20 min，好农药粉粒细小沉淀缓慢，失效农药粉粒沉淀快且多；清水一杯，将少许可湿性粉剂轻撒在水面上，1 min 后如果农药不能溶解，说明已经失效；将 1 g 可湿性粉剂农药撒入一杯水中，充分搅拌，如果很快发生沉淀，液面出现半透明，说明农药已经失效。

（3）烧灼。取粉剂农药 10～20 g，放在金属片上，置于火上烧，若冒白烟，证明农药未失效，否则失效。

失效农药的鉴别

操作步骤

1. 乳剂农药鉴别方法

方法 1

步骤 1　可先将药瓶用力振荡，静置 1 小时左右再观察。

步骤 2　如果出现分层的现象，则说明农药已经失效。

方法 2

步骤 1　将药瓶放入温热水中，待吸热后观察。

步骤 2　如果是未变质的农药，瓶内的沉淀物即会慢慢溶化，甚至完全消失；反之，则为失效农药。

2. 粉剂农药鉴别方法

步骤 1　可湿性粉剂类取少许农药倒在容器内。

步骤 2　加入适量的水将其调成糊状，然后再加入少量清水搅拌均匀，静置后观察。

步骤 3　如是未变质的农药，其悬浮性较好，粉粒的沉淀速度较慢，沉淀物也特别少。反之，则为程度不同失效或变质的农药，应当慎用。

第 2 节　农药的安全施用

学习目标

熟悉农药选用、施用原则和方法。

掌握几种常见剂型农药的配制方法。

能够科学合理地选择农药。

能够熟练正确施用农药。

能够熟练配制不同剂型农药。

能够熟练配制一定浓度的农药。

知识要求

一、正确掌握施药适期

选择合适的时间施用农药，是控制有害生物的发生、保护有益生物、防止药害和避免农药残留的有效途径。因为多种有害生物，每一种类其防治适期是不相同的；同一种类有害生物在不同的作物上为害，防治适期也不一定相同，又由于药剂性能的不同，防治适期也不一样，因此，确定防治适期，必须把药剂与作物、防治对象和环境因子等相互协调，才能充分发挥农药应有的防治效果。

1. 施药适期的确定

（1）害虫盛发期。对于害虫来说害虫盛发期可以是卵孵化盛期、幼虫盛发期和成虫盛发期，究竟在哪一个时期施药要视具体情况而定，原则上要掌握害虫的生活习性，在最易杀伤害虫，并能有效控制为害的阶段进行，如防治麦类黏虫，在卵块孵化高峰期喷洒农药，虽对已孵化的幼虫防效良好，但对后期孵化的幼虫不一定见效，而当幼虫 3～4 龄高峰时，喷施药剂，一次防治可解决虫害问题。

（2）天敌不敏感期。使用杀虫剂要掌握的一个问题是天敌的敏感期，在害虫防治适期范围内，要根据天敌发生动态，调整防治时间，避开容易杀伤天敌的时期施药。例如，浙江省湖州市农科所对稻纵卷叶螟绒茧蜂进行系统观察，发现该蜂常年对稻纵卷叶螟第 3、4 代幼虫的寄生率比较稳定，一般在 50％以上，如果在稻纵卷叶螟 2 龄幼虫期防治，害虫和天敌都被杀死，而把防治适期推迟到 3～4 龄幼虫高峰期防治，不仅可使绒茧蜂羽化，而且可按有效虫量减少防治面积。

（3）感病生育期。对病害来说，易感病的生育期都是防治适宜时期，但根据作物和病害种类以及侵染为害时期的不同，防治适期也需要相应调整。如水稻抽穗阶段是稻瘟病的感病生育期，水稻破口期则是防病的关键时期。

（4）杂草敏感期。对杂草来说，敏感期与药剂种类有关，在一般情况下，以种子繁殖的杂草，在幼芽或幼苗期对除草剂比较敏感，因此，这一时期往往作为防除杂草的适期。

（5）害鼠断食期。从有效控制害鼠密度来说，毒饵投放掌握在鼠类断食阶段和大量繁殖前最好。多年试验证明，春季灭鼠效果最好，这是由于害鼠冬季储存的食料耗尽，对毒饵的摄食相应较多。

（6）药剂有效期。农药有效期的长短，也是调节施药适期的一个重要方面。如在预防水稻穗瘟时，使用三环唑与多菌灵的喷施时期就不一样，三环唑的持效期较长，宜在水稻孕穗末期施药，而多菌灵在水稻破口期用药。

（7）作物安全期。药剂对作物的安全性是确定施药适期的一个先决条件，如二甲四氯在水稻秧苗后期和分蘖期是较为安全的茎叶处理剂，而在水稻萌芽至 3 叶期，很容易产生药害。所以，施用农药时，要选择作物对药剂有较强抗药性的时期喷施，以免引起作物药害。

（8）安全间隔期。为避免农药在农产品中的残留，要根据农药安全使用标准，掌握各种农药在适用作物上的安全间隔期，如防治小麦锈病使用粉锈宁，应在离收获前 30 天停止使用。

2. 施药适期与环境

病虫草鼠的防治适期，受到气温、降雨、光照和栽培条件等多种因素的影响，使实施防治的时间有所变化。

（1）气温。气温高低对病虫草害的发育速度有较大的影响。一般气温高，病虫草害发生早且快，防治时间应提前；气温低，发育慢，防治也推后。

（2）降雨。降雨往往对病虫草鼠的防治和使用植物生长调节剂不利，引起药液冲刷流失，轻者影响防治效果，重者需要补喷。如果在春季大面积投放毒饵灭鼠时，必须选择晴天用药，否则，降雨引起毒饵变质，导致鼠类不取食，严重影响灭鼠效果。因此，春季害鼠断食期间，要根据天气状况，调整投饵时间。

（3）光照。对作物病害来说，光照时间和光照强度直接影响病害发生时间和流行程度，因而对病害的防治时间也会产生相应变化。如小麦赤霉病是一个气候型病害，在麦类感病生育期内，若天气晴朗、光照时间长，可抑制或推迟病害发生，因而防治时间可推迟或不用药；而在无光照、气温较高的连阴雨天气，病害有流行可能时，防治时间宜早不宜迟，尽量做到抢晴天用药。

(4) 栽培条件。作物栽培季节的早晚，也影响病虫害的防治适期。

二、农药常用施用方法

不同防治对象应考虑用不同的施药方法，常用的施药方法有：

1. 喷雾

喷雾是农药施药方法中最普遍也是最重要的一种。很多农药剂型的施药方法就是兑水喷雾，如水剂、可溶性液剂、乳油、水乳剂、微乳剂、可分散剂、悬浮剂、微囊悬浮剂、可溶性粉剂、可溶性粒剂、可溶性片剂、可湿性粉剂、水分散粒剂、干悬浮剂等剂型，使用时一般都要兑水配成药液予以喷雾。按药液雾化原理，喷雾法分为压力雾化法、弥雾法和超低容量弥雾法。

2. 喷粉

喷粉是利用药械机具将农药粉剂喷到作物和防治对象的方法。喷粉法具有不用水、工效高、方法简便、药粉分布均匀的优点；缺点是药粉在作物上附着吸收能力较差，风吹雨淋损失大，防治效果不稳定，且容易污染环境。

3. 撒施（粒）

使用的农药是颗粒状农药制剂，由于颗粒状农药制剂粒度大，下落速度快，受风的影响很小。撒施法适合于土壤处理，或水田施用除草剂，特别是希望药剂快速沉入水底，以便迅速被田泥吸附或被杂草根系吸收；同时也适合于玉米、甘蔗等作物的心叶期施药。有些钻蛀性害虫如玉米螟等藏匿在喇叭状的心叶中为害，向心叶中撒施入适用的颗粒剂可以取得很好的效果，而且施药方法非常简便。

撒施法简单、方便、省力，无须配制药液，可以直接使用，并且可以徒手使用；适宜于不便采用喷雾法的毒性高的农药品种，或者容易挥发的农药品种。

4. 泼浇

泼浇是以大量的水稀释农药，用洒水壶或瓢将药液泼浇到农作物上或果树植株两侧、树冠下面，利用药剂的触杀或内吸作用防治病虫草的施药方法。泼浇法是一种比较落后的施药方法，用药量、用水量都比较大。泼浇法的特点是操作简便、不需特殊的施药机具，液滴大、飘移少。

5. 灌根

灌根是将药液浇灌到作物根区的施药方法，主要用来防治地下害虫和土传病害。灌根法对施用的药剂有一定的要求，药剂要对作物安全，以防产生药害，用于防治土传病害时，还必须具有较好的内吸性。

6. 熏蒸

熏蒸是用气态农药或在常温下容易气化的农药处理农产品、密闭空间或土壤等，杀灭病菌、害虫或者萌动的杂草种子以及害鼠。熏蒸法只有采用熏蒸药剂才能实施。熏蒸药剂是指在所要求的温度和压力下能产生对有害生物致死气体浓度的一种化学药剂。熏蒸法要求有一个密闭的空间以利把熏蒸剂与外界隔开，防止药剂蒸气逸散。因此，熏蒸法一般的使用场所是粮库、货仓、暖房、农产品加工车间，以及运输粮食、货物、果蔬的车厢、货车等具备密闭条件的场所。对于土传病虫草害的防治，也可以采用熏蒸法。

熏蒸结束后，现场必须保持通风，使有害气体逸散出去，并需要专业人员检查后确认安全的情况下，才能进入。

7. 毒饵

利用能引诱取食的有毒饵料（毒饵）可以诱杀有害生物。毒饵是将对有害动物具有诱食作用的物料中添加某种有毒药物后加工成一定形态的药剂。根据毒饵的加工形状把毒饵分为固体毒饵和液体毒饵。

对固体毒饵一般采用堆施法、条施法和撒施法三种方法。堆施法是将毒饵堆放在有害生物出没的地方来诱杀的方法，适宜于防治有群集性以及喜欢隐蔽的害虫。条施法是顺着作物分行在植物基部地面上施用毒饵，适宜于防治为害作物幼苗的地下害虫，如小地老虎等。撒施法是将粒状毒饵撒施在一定范围内进行全面诱杀的方法，适宜于防治害鼠或害鸟。对液体毒饵主要采用盆施法、条施法和喷雾法等几种方法。

8. 种子处理

常用的是拌种法和浸种法。

（1）拌种法。就是将选定数量和规格的拌种药剂与种子按照一定比例混合，使被处理种子外面均匀覆盖一层药剂，形成药剂保护层。通过药剂拌种可以起到以下作用：一是杀死种子携带的病原菌或控制病原菌等有害生物对种子储存及运输的侵害；二是杀死或控制播种后种子周围土壤环境中病原菌和地下害虫，防止其对种子萌发和幼苗生长的侵害；三是利用药剂的渗透性或内吸作用，进入幼苗各部位而防止苗期病害发生和地上虫害。

拌种最好在拌种器中进行，以每分钟 30 转、拌 3～4 min 为宜。拌种使用的农药剂型以粉剂、可湿性粉剂等粉体剂型为主。拌种使用的农药有效成分一般以内吸性药剂为好。拌好药的种子一般直接用来播种，不需再进行其他处理，更不能进行浸泡和催芽。

（2）浸种法。是将种子浸渍在一定浓度的药剂水分散液里，经过一定的时间使种子吸收或黏附药剂，然后取出晾干，以达到杀死种子表面和内部所带病原菌或害虫的方法。种子经过浸种法处理可以充分吸收水分，有利于催芽播种；也可以使种子吸收一定量的农药，既可以杀灭种子携带的有害生物，又可以防止幼苗遭受病虫侵害。

浸种法处理种子的操作程序比较简单，一般不需要特殊的设备，可以将待处理的种子直接放入配制好的药液中，稍加搅拌，使种子与药液充分接触即可。浸种药液一般需要高出浸渍种子 10～15 cm，以免种子吸水膨胀后露出药液而影响效果。浸种防病虫效果与药液浓度、温度和浸泡时间有密切关系。浸种温度一般在 10～25℃，温度高时，应适当降低药液浓度或缩短浸种时间；温度一定，药液浓度高时，浸种时间可短些。浸过的种子一般需要晾晒，对药剂忍受力差的种子浸种后还应按照要求用清水冲洗，以免发生药害；有的浸种后可以直接播种。

9. 土壤处理

根据操作方式和作用特点分为土壤覆膜熏蒸消毒法、土壤化学灌溉法和土壤注射法等。

（1）土壤覆膜熏蒸消毒法。用此法处理土壤是杀死土壤中有害生物的有效措施。熏蒸药剂的分子在土壤中可以扩散渗透，效果较好；缺点是用药量大，处理比较复杂。当气态药剂渗透到土壤中以后，必须防止它很快逸出土面。

（2）土壤化学灌溉法。以水为载体把农药施入土壤中，也是土壤处理的一种重要方式，如各地农民常用的土壤浇灌、沟施、穴施、灌根等技术。土壤化学灌溉法就是指对灌溉（如喷灌、滴灌、微灌等）系统进行改装，增加化学灌溉控制阀和储药箱，把农药混入灌溉水施入土壤和农作物中的施药方法。

（3）土壤注射法。土壤注射法是采用注射设备把药液直接注射进土壤中、对土壤进行消毒处理的方法。

10. 涂抹

涂抹是将药液涂抹在植株某一部位的局部施药方法。涂抹用的药剂需为内吸剂或触杀剂。按涂抹部位划分为涂茎法、涂干法和涂花器法三种。为使药剂牢固地黏附在植株表面，通常需要加入黏着剂。涂抹法施药，农药有效利用率高，没有雾滴飘移，费用低，适用于果树、树木以及大田除草剂等。

三、施药的注意事项

正确施用农药不仅可以充分发挥农药的作用，达到有效防治有害生物的目的，而且可以避免盲目增加用药量，降低农业成本，减少对环境的污染。合理正确使用农药要重点关注以下几点。

1. 认真阅读标签，按要求穿戴防护用具

反复、仔细阅读标签，即使是非常熟悉的农药，因为细节经常容易忘记，而且标签也常常修订，所以仍需认真阅读。如果要求穿戴防护服和保护装备，不管热天穿着有多么不舒服，为了安全必须忍耐。

2. 经常校准施药器械

施用剂量和浓度不要超出标签上制定用量或植保部门的推荐用量。准确校准施用器械，施药器械的出液量是计算目标面积用药量的关键。

3. 正确使用施药器械

确保施药器械处于干净、良好状态和运行正常。运行不正常的施药器械不仅会对施药人员带来危险，而且也可能对作物和环境造成侵害。运行不正常的施药器械将导致施药过程中花费额外的时间去修理和调整设备，从而导致农药过度暴露在外。当软管、喷头或管线堵塞时，不能用嘴吹吸，应采用其他方法修复。

4. 选择安全、高效的施药方法

根据农药剂型和防治对象等确定安全、高效的施药方法。

5. 认真掌握施药时间

施药应该在合适的时间进行，使用推荐用量，以防止食物、饲料或饲料作物的农药残留超标。很多标签都标明了安全间隔期（最后使用农药至作物收获之前的天数），必须严格遵守。对牲畜，在药剂处理与屠宰之间也有一个间隔期。

6. 注意激素类除草剂的使用

施用激素类除草剂时，应分开使用不同的药械，以免对作物产生药害。同时应避免在有风的天气下进行，以防飘移到其他非靶标区域。

7. 防止药剂飘移

要预防农药飘移到旁边的作物、牧草地或牲畜。要特别注意，防止对河流、池塘、湖泊或水井污染，避免污染鱼塘和水源。如果必须在有风的天气施药，喷施时应选择正确的角度，以防止吹到人的脸上。

8. 防止农药中毒

在施药过程中，如感觉身体不适或出现异常症状，应停止工作并及时去医院诊治。

四、药害及处理

农作物药害是指因使用农药不当而引起的作物反映出的各种状态，包括作物体内生理变化异常、生长停滞、植株变态，甚至死亡等一系列症状。近年来，由于农药质量或农民用药不当等问题导致农作物受害的事件时有发生，这不仅给农业生产造成直接损失，而且给社会带来不稳定因素。

1. 药害发生原因

(1) 农药方面的因素。一是农药使用不当造成药害。药害的发生与农药使用不当，即不合理使用、施药控制不严、剂量不准、误将药剂相互混杂，甚至滥用、错用或者误用了除草剂有很大关系。这也是当前发生药害最常见的原因。二是超范围使用农药造成药害。有的农药经销商本身素质相对较低，缺乏对地情、苗情、草情及农药药理作用的了解，不严格按农药包装标签上“适用作物”（登记作物）的要求向农民推荐，而是超范围推荐用药或者超量用药，误认为浓度高防治效果好，误售误用，结果造成药害。三是使用的农药质量差、杂质多及农药过期或假冒伪劣造成药害。使用劣质农药、假农药是引起农药药害的重要因素之一。

(2) 作物及环境方面的因素。一是在作物的敏感阶段使用农药造成药害。作物的不同生育阶段对药剂的抵抗能力不同，一般种子耐药力最强，多数作物苗期、花期和细嫩组织部位比较敏感，耐药力差，易发生药害。禾本科作物孕穗期对药剂比较敏感，分蘖期至孕穗前对药剂敏感性低。二是药害的发生与温度、湿度和土壤等不良环境条件密切相关。气温高、湿度大、日照强时，易发生药害。例如石硫合剂在 32 ℃以上高温天气使用时极易发生药害，也有少数药剂在低温情况下使用易发生药害。

2. 药害的预防措施

(1) 严格按照施药要求用药。在农药使用过程中要充分了解药剂性质、应用药剂是否对症，严格按标签说明，了解所用药剂使用注意事项，控制使用剂量和浓度，选择正确的使用时期和方法。任意提高用药量和改变使用方法都有可能发生药害。特别注意在选择农药时，不使用作物敏感的农药，特别是除草剂，应避开作物敏感期施药。

(2) 做好农药的试验、示范、推广工作。对当地未曾用过的新引进农药，在施用前必须进行小面积的试验，得出该作物是否适用、安全的用药剂量、使用方法和使用时期的结果后才能使用。通过试验获得适用于当地气候、土质、耕作制度等条件下的用药量、用药适期、施药方法等的应用技术，明确作物各生育阶段对药剂的敏感性的反应及发生药害的条件，取得这些经验后再推广使用。

(3) 提高药剂配制及施药技术水平。注意药剂配制方法，如波尔多液、石硫合剂的调配，稀释用水应选择河水或淡水，尽量不选择井水等，减少药害发生的可能性。注意被保护作物种类及不同生育期的特点，掌握对药剂敏感的作物种类及作物不同生育期耐药能力，选择适宜的农药和剂量，避免药害发生。注意施药时的环境条件，夏季高温（30℃以上）、强烈阳光照射、相对湿度低于 50%、风速超过 3 级（>5 m/s）、雨天或露水很大时不能施药，否则易产生药害。农药混用时，注意所用混配农药对作物的适用性。

(4) 贯彻“预防为主，防患于未然”的方针。发生药害后，单纯依靠作物自行补偿措施是徒劳的。技术人员应深入现场，诊断和查明药害的原因，并采取补救措施减轻药害，以尽量减少损失。此外，研究培育抗除草剂的作物品种，选用对某种除草剂具有耐药性的品种作为换茬改种品种，也可达到预防或解救药害的目的。因此，必须综合考虑各种因素，预防在先。

五、国家禁止和限制使用的农药

1. 国家明令禁止使用的农药

国家明令禁止使用的农药有：六六六，滴滴涕，毒杀芬，二溴氯丙烷，杀虫脒，二溴乙烷，除草醚，艾氏剂，狄氏剂，汞制剂，砷、铅类，敌枯双，氟乙酰胺，甘氟，毒鼠强，氟乙酸钠，毒鼠硅，甲胺磷，甲基对硫磷，对硫磷，久效磷，磷胺。

2. 在蔬菜、果树、茶叶、中草药材上不得使用和限制使用的农药

在蔬菜、果树、茶叶、中草药材上不得使用和限制使用的农药有：禁止氧乐果在甘蓝上使用；禁止三氯杀螨醇和氰戊菊酯在茶树上使用；禁止丁酰肼（比久）在花生上使用；禁止特丁硫磷在甘蔗上使用；禁止甲拌磷，甲基异柳磷，特丁硫磷，甲基硫环磷，治螟磷，内吸磷，克百威，涕灭威，灭线磷，硫环磷，蝇毒磷，地虫硫磷，氯唑磷，苯线磷在蔬菜、果树、茶叶、中草药材上使用。按照《农药管理条例》规定，任何农药产品都不得超出农药登记批准的使用范围使用。

3. 停止生产和使用含氟虫腈成分的农药

自 2009 年 10 月 1 日起，除卫生用、玉米等部分旱田种子包衣剂和专供出口产品外，停止受理和批准用于其他方面含氟虫腈成分农药制剂的田间试验、农药登记（包括正式登记、临时登记、分装登记）和生产批准证书。自 2009 年 4 月 1 日起，除卫生用、玉米等部分旱田种子包衣剂和专供出口产品外，撤销已批准的用于其他方面含氟虫腈成分农药制剂的登记和（或）生产批准证书。同时，农药生产企业应当停止生产已撤销登记和生产批准证书的农药制剂。自 2009 年 10 月 1 日起，除卫生用、玉米等部分旱田种子包衣剂外，在我国境内停止销售和使用用于其他方面的含氟虫腈成分的农药制剂。农药生产企业和销售单位应当确保所销售的相关农药制剂使用安全，并妥善处置市场上剩余的相关农药制剂。专供出口含氟虫腈成分的农药制剂只能由氟虫腈原药生产企业生产。生产企业应当办理生产批准证书和专供出口的农药登记证或农药临时登记证。在我国境内生产氟虫腈原药的生产企业，其建设项目环境影响评价文件依法获得有审批权的环境保护行政主管部门同意后，方可申请办理农药登记和生产批准证书。已取得农药登记和生产批准证书的生产企业，要建立可追溯的氟虫腈生产、销售记录，不得将含有氟虫腈的产品销售给未在我国取得卫生用、玉米等部分旱田种子包衣剂农药登记和生产批准证书的生产企业。

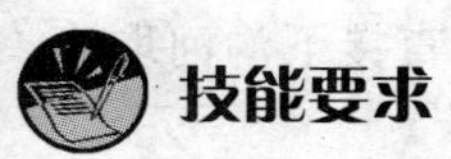

技能要求

农药制剂配制的方法

操作准备

1. 计算用药量。准确核定施药面积，根据农药标签推荐的农药使用剂量或植保技术人员的推荐，计算用药量和施药液量。

2. 选择配制场所。应选择在远离水源、居所、人群、畜牧栏等的避风场所。

3. 仔细阅读标签。按照标签要求和方法操作。

4. 自我防护。按照标签上的要求，穿戴好相应的防护服、口罩、手套、胶鞋，做好个人防护。

5. 准备配制稀释液。选择没有杂质的清水作为农药稀释用水。

操作步骤

步骤 1　量取

用干净的称量工具，按照计算用量，准确量取。若为袋装农药，先用剪刀将包装袋上方剪开，将药液倒入称量器具中。

步骤 2　配制母液

先取称量好后的少量稀释用水加入母液配药容器中，然后将量取的药液倒入母液配药容器中，用稀释用水冲洗称量容器和农药包装袋（瓶）2 次，将冲洗液倒入母液配药容器，然后用搅拌棒将药液搅拌均匀。

步骤 3　稀释

先在药液容器中加入少量稀释用水，再将配制好的母液倒入药液容器中，用稀释用水冲洗母液配制容器 2 次，将冲洗液倒入药液容器中；然后加入剩余的全部稀释用水，用搅拌棒搅拌均匀。

注意事项

1. 所有称量器具在使用后都要清洗，冲洗后的废液应在远离居所、水源和作物的地点，妥善处理。用于量取农药的器皿不得作其他用途。

2. 在量取农药后，封闭原农药包装并将其安全储存。开封后余下的农药应封闭在原包装中安全储存，不得转移到其他包装中。

3. 不用配制农药的器具直接取水，药液不超过额定容量。

4. 根据农药剂型，按照农药标签推荐的方法配制农药。

5. 配制现混现用的农药，按照农药标签上的规定或在技术人员的指导下进行操作。

6. 不能用瓶盖量取农药或用装饮用水的桶配药，不应用盛药液的桶直接下沟河取水，不能用手或胳臂伸入药液、粉剂或颗粒剂中搅拌。

7. 处理粉剂和可湿性粉剂时要防止粉尘飞扬。如果要倒完整袋装的可湿性粉剂，应将口袋开口尽量接近水面，站在上风处，让粉尘和飞扬物随风吹走。

毒肥的配制方法

操作准备

1. 计算用药量。准确核定施药面积，根据农药标签推荐的农药使用剂量或植保技术人员的推荐，计算用药量。

2. 选择配制场所。应选择在远离水源、居所、人群、畜牧栏等的避风场所。

3. 仔细阅读标签。按照标签要求和方法操作。

4. 自我防护。按照标签上的要求，穿戴好相应的防护服、口罩、手套、胶鞋，做好个人防护。

5. 准备配制毒肥的肥料。按照栽培施肥要求，准备要配制肥料。

操作步骤

步骤 1　量取

用干净的称量工具，按照计算用量，准确量取。若为袋装农药，先用剪刀将包装袋上方剪开，将药液倒入称量器具中。

步骤 2　配制母剂

先取称量好后的适量肥料或细土加入母剂配药容器中，然后将量取的药液倒入母剂配药容器中，用肥料或细土洗擦称量容器和农药包装袋（瓶）2 次，将洗擦的细土或肥料倒入母剂配药容器，然后用搅拌棒将药剂和肥料或土搅拌混合均匀。

步骤 3　稀释

将配制好的母剂倒入肥料中，加入时一边翻动肥料，另一边加入母剂。直至药剂与肥料均匀混合。

注意事项

1. 所有称量器具在使用后都要清洗，冲洗后的废液应在远离居所、水源和作物的地点妥善处理。用于量取农药的器皿不得作其他用途。

2. 在量取农药后，封闭原农药包装并将其安全储存。开封后余下的农药应封闭在原包装中安全储存，不得转移到其他包装中。

3. 根据农药剂型，按照农药标签推荐的方法配制农药。

4. 配制现混现用的农药，按照农药标签上的规定或在技术人员指导下操作。

5. 不能用瓶盖量取农药或用装饮用水的桶配药，不应用盛药液的桶直接下沟河取水，不能将手或胳臂伸入药液、粉剂或颗粒剂中搅拌。

6. 处理粉剂和可湿性粉剂时要防止粉尘飞扬。如果要倒完整袋装的可湿性粉剂，应将口袋开口尽量接近水面，站在上风处，让粉尘和飞扬物随风吹走。

第 3 节 植保机械

学习目标

了解植保机械的基本概念和类型。

熟悉常见手动喷雾器和机动喷雾机的操作方法和维修保养。

知识要求

一、植保机械的分类

植保机械是指用于防治植物病、虫、草害的器械，一般指用于施用农药的器械，习惯上称为药械。植保机械是喷施农药的重要工具，如果将防治病、虫、草害所使用的农药比作弹药，那么植保机械就是施放这些弹药的武器，按照操作要领使用武器和弹药就是使用技术。

植保机械的种类很多，除了同一器械厂家生产的型号不同以外，还有特定用途和性能的各种施药器械。同时，针对农药的不同剂型和作物的不同种类，要求对不同病虫害的施药技术手段和喷洒方式也多种多样，决定了植保机械品种的多样性。

常用的植保机械有喷雾器（机）、喷粉器（机）、烟雾机、撒粒机、诱杀器、拌种机和土壤消毒机等。

1. 手动喷雾器

手动喷雾器是以手动方式产生的压力迫使药液通过液力喷头喷出，与外界空气相撞击而分散成为雾滴的喷雾器械。它是我国广大农村最常用的施药机具，具有结构简单、操作方便、价格低廉、适应性广等特点。

目前我国手动喷雾器主要有背负式喷雾器（基本型号为工农—16 型、WS—16）。

2. 手动喷粉器

手动喷粉器是一种由人力驱动风机产生气流来喷洒粉剂的机具，它结构简单，操作方便，功效比手动喷雾器高，作业时不消耗液体，可以节省人工。

由于喷粉时受风力影响较大，且易造成环境污染，所以只适用于特殊环境的农田如封闭的温室、大棚，郁闭性好的果园、高秆作物、生长后期的棉田和水稻田等。

手动喷粉器按操作者的携带方式分为胸挂式和背负式两类。按风机的操作方式分为横摇式、立摇式和揿压式。

3. 背负式机动喷雾喷粉机

背负式机动喷雾喷粉机是采用气压输液、气力喷物、气流输粉原理，由汽油驱动的植保机具，该机型具有结构紧凑、操作灵活、作业效果高、适应性广、价格适中和喷洒质量好等优点。适合我国的农业生产实际，在我国是一种较为理想、应用较广的小型动力植保机械。它可以进行喷雾、超低量喷雾、喷粉等多项作业。

目前我国生产的背负式机动喷雾喷粉机产品品种有 10 多种，主要差别在于风机工作转速、功率、风机的结构形式和输粉结构。

4. 喷射式机动喷雾机

喷射式机动喷雾机是指由发动机带动液泵产生高压，用喷枪进行宽幅远射程的机动喷雾机。按机具大小可分为：

(1) 便携式。将主要工作部件安装在带有手提把的轻便机架上。

(2) 担架式。将主要工作部件安装在担架或框架上。

(3) 车载式。将主要部件均安装在拖拉机上，田间作业转移由拖拉机完成。

喷射式机动喷雾机具有工作压力高、喷雾幅宽、工作效率高、劳动强度低等优点，是一种主要用于水稻大、中、小不同田块病虫害防治的机具，也可用于供水方便的大田作物、果园和园林病虫害防治。

5. 喷杆式喷雾机

喷杆式喷雾机是装有喷杆的液力喷雾机。该类喷雾机具有生产效率高、喷洒质量好等优点，是一种比较理想的大田作物用的植保机具。广泛用于大豆、小麦、玉米和棉花等作物的播后、苗前土壤处理、作物生长前期灭草及病虫害防治。

6. 果园风送式喷雾机

果园风送式喷雾机是一种适用于较大面积果园施药的大型机具。它不像一般喷雾器仅靠液泵的压力使药液雾化，而是依靠风机产生强大的气流将雾滴吹送至果树的各个部位。它具有喷雾质量好、用药省、用水少、生产效率高等优点。但需要与果树栽培技术配合，如株行距及田间作业道路的规划、树高的控制、树型的修剪与改造等。

果园风送式喷雾机有悬挂式、牵引式和自走式等。

7. 常温烟雾机

常温烟雾机是利用压缩空气（或高速气流），在常温下使药液雾化成小于 20 μm 的机具。主要用于农业保护地作物病虫害防治，进行封闭性喷洒（包括玻璃温室、塑料大棚等种植的各种蔬菜、花卉等作物病虫害防治）。还可用于室内卫生杀虫、仓储灭虫、畜禽场所室内消毒以及高温季节增湿降温、喷洒清新剂等。

温室、大棚中使用常温烟雾机施药与使用其他常规机具相比，具有以下几个优点：一是防治效果较好。由于常温喷雾法使药液雾化，细小的雾滴在空间弥漫、扩散，直至充满整个温室空间，可以提高防治效果。二是省水、省药。常温喷雾施药法的施药液量每亩 2～4 L，比常规喷雾法省水 90%以上。三是药剂适应性强。常温喷雾法在室温状态下使药液雾化，对农药剂型没有特殊要求，原则上只要喷雾机可使用的剂型都可使用。四是减少了施药液量，不增加室内温度，避免因棚室温度高而诱发病虫害的不利因素。

二、机械施药的技术规范

采用规范化的施药技术、提高施药安全性和施药质量在农药科学使用中显得尤为突出。施药的安全性主要包括对作物、环境和操作者的安全性，施药质量包括药剂在施药区域内沉积分布状况和所取得的防治效果两个方面。影响施药安全性和施药质量的主要因素有施药器械、喷洒药液的物理性状和施药时的环境条件等。

1. 施药前的技术规范

（1）确定靶标生物种类和为害程度。施药前应先进行田间靶标生物检查，确定田间和周边作物及其病虫草害的种类以及为害程度。针对农田作物和病虫草害的为害状况，选择适宜的防治方法。尽量用农业、物理和生物方法来控制病虫草害，只有当其他技术不能满足田间防治要求的情况下才选择化学农药，以最大限度地减少化学农药在防治病虫草害的同时带来的负面影响。

（2）选择农药。根据不同作物的不同生长期、不同病虫草害，在当地植保部门的帮助下选择正确的农药及剂型。确定防治对象，确定对作物的安全性，确定符合作物收获安全间隔期，确定对家畜、有益昆虫和环境的安全性。

（3）看天施药。田间温度、湿度、雨露、光照和气流等气象因素复杂多变，对农药的运动、沉积、分布会产生很大影响，从而影响防治效果。就风速对施药的影响，过去提倡在无风条件下喷雾，但经研究表明，一定的风速有利于提高雾滴的沉积率，因此，建议在轻风条件下用药。不同风速条件对田间施药的影响见表 5—1。

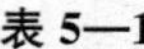

表 5—1　　不同风速条件下对田间施药的影响

名称	风速（m/s）	可见症状	是否适合喷雾
无风	＜0.5	静、烟直上	不适合
软风	0.5～1.0	烟能表示风向	不适合
轻风	1.0～2.0	人面感觉有风，树叶有微动	适合喷雾
微风	2.0～4.0	树叶和小枝摇动不息	不适合除草剂，适合杀虫剂和杀菌剂的喷洒
和风	＞4.0	能吹起地面灰尘和报纸，树枝摇动	避免喷雾

（4）选择机具。根据作物品种、生育期、病虫草害的种类，确定农药及剂型后选择适宜的施药机具。机具必须是具有国家认可的检测机构出具证明的、有国家强制性产品认证CCC标志的合格产品。施药前应将施药机具装上不含农药的介质（根据机具的不同选择清水、柴油等）进行试喷，检查各运动部件是否灵活，雾滴是否均匀，有无“跑、冒、滴、漏”现象。发现问题，应及时维修、校正。

（5）选择施药方法。使用胃毒性杀虫剂时应要求喷雾药液充分覆盖作物。使用触杀性杀虫剂应将喷头对准靶标喷洒或覆盖作物，使害虫活动时接触药剂死亡。对于栖歇在作物叶背的害虫应采用叶背定向喷雾法。使用内吸性杀虫剂应根据药剂内吸传导特点，可以采用株定向喷雾法喷洒药液。使用保护性杀菌剂时应在植物未被病原菌侵染前或侵染初期施药，要求有效雾滴密度高、覆盖好。使用触杀性除草剂时喷雾器喷射部件一定要配置喷头防护罩，喷洒时对靶作业，不得重喷及漏喷。

（6）确定作业参数。农田病虫草害防治，由于施药机具不同，要考虑施药液量、行走速度等。

（7）配制农药。配制农药前，配药人员应戴上防护口罩和塑胶手套，穿上长袖、长裤，准备好干净的清水，备做冲洗手、脸之用。用量器严格按要求量取药液或药粉，不得任意增加用量、提高浓度。

（8）根据风向确定作业行走路线。根据风力确定有效喷幅和行走方向。行走方向与风向垂直，最小夹角不小于45°。喷雾作业时要保持人体处于上风方向喷药，进行顺风、隔行喷雾，严禁逆风喷洒农药。

2. 施药后的技术规范

（1）安全标记。施药后应在田边插入“禁止人员进入”的警示标记，避免人员误食喷洒高毒农药后田块的农产品引起的中毒事故。

（2）残液处理。喷雾器中未喷完的残液应用专用药液存放，安全带回。配药用的空药瓶、空药袋应集中收好妥善处理，不准随意丢弃。

(3) 机具清洗。每次施药后，应在田间全面清洗机具。清洗机具的污水应在田间选择安全地点妥善处理，不得带回生活区，不准随地泼洒，防止污染环境。

(4) 机具保养。每年防治季节过后，应把重点部件用热洗涤剂或弱碱水清洗，再用清水清洗干净，晾干后存放。

(5) 操作人员安全防护。操作人员工作完毕后应及时更换工作服，并用肥皂清洗手、脸等裸露部分皮肤，用清水漱口。

三、植保机械的保养

喷雾器是防治病虫害的重要工具，但是很多用户往往重使用、轻保养。使用结束后随便往旁边一扔，或者直接扔到仓库。这样很容易损害机械，严重影响喷雾器的使用寿命。因此，要重视对喷雾器的维护和保养。

1. 简单维护

每天作业完成后，要倒出剩余药液，及时清洗。喷雾器停用后，要先把药液桶、胶管、喷杆等部件的互动交流平台洗干净，要特别注意清除打气筒上的油垢和药液桶底凹部的泥土。因为多数农药对喷雾器都有一定的腐蚀作用，因此停用后，要及时用碱水洗刷一遍，再用清水冲洗干净。尤其是喷过波尔多液之后，最好用碱水浸泡 1～2 h，因为波尔多液腐蚀性很强，要防止生锈。凡是能拆卸的部件都要拆下来洗刷干净。喷杆、喷头的内管壁要用机油冲洗，以免受潮生锈。

2. 做好保养

详细检查各部件有无异常，并排除。在密封、连接、螺钉固定的部位或者经常受到磨损的地方涂抹润滑油脂，发现有损坏的部件，要及时修配好，以便再次使用。

完成上述检查时应把小的部件用纸包好，放在储液筒内，以免不慎丢失。

3. 安全存放

不可放在阴暗潮湿的角落里，更不能露天存放。应在背风、干燥、无腐蚀、无污染的环境下保存。

技能要求

背负式手动喷雾器的维修

操作准备

1. 维修工具准备。一字螺丝刀、十字螺丝刀、扳手、老虎钳。

2. 维修配件准备。

3. 穿戴好工作服。

4. 将喷雾器清洗干净。

操作步骤

步骤 1　初步判断故障

接到报修喷雾器后，询问使用者故障症状，让使用者回想使用中的故障。通过故障初步判断故障原因所在。

步骤 2　检测

根据初步判断的故障原因对故障部分进行检测，进一步确诊。

步骤 3　维修

确诊故障后，按照故障原因清除故障，如故障因部件损坏造成，应更换相应的部件。常见故障、原因及排除办法见表 5—2。

表 5—2　　常见故障、原因及排除方法

序号	故障现象	故障原因	排除方法
1	连接部位出现滴漏	连接处螺帽未旋紧或连接处密封圈损坏	旋紧螺帽或更换密封圈喷头帽、喷杆螺帽、胶管螺帽未旋紧，将会造成药液滴漏；而开关滤网密封圈、喷杆密封圈的损坏或丢失，也将会造成药液滴漏
2	喷头帽虽然旋紧，但仍然出现滴漏	喷头帽内未安装小滤网	安装小滤网
3	升压后打开开关体，却无药液喷出	机器长时间存放时，开关体内的膜片受到弹簧长时间压力作用而黏附在内孔上	关闭开关，多压动摇杆几次，增大压力，将膜片冲开后即可正常使用
4	压动摇杆时，一直无压力感	气筒或气室内密封球丢失	重新装好密封球
5	压动摇杆，虽有压力，但升不起高压或无压力	皮碗磨损或皮碗座松动致使皮碗失落	更换皮碗或旋紧皮碗座
6	压动摇杆时费力，喷洒雾状不好，或根本喷不出雾	开关滤网、小滤网或喷头堵塞	清洗各滤网和喷头
7	压动摇杆费力，压一下仅喷出少量药液，不压不喷。检查空气室，发现里面存有大量药液	连接空气室的胶管螺帽没有旋紧，造成空气室漏气泄压	旋开胶管螺帽，将空气室内的药液倒出后，重新装好并旋紧胶管螺帽即可
8		空气室内的吸水管脱落或连接口处开裂或受药液腐蚀后发生弯曲变形	更换吸水管

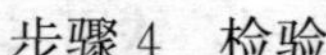

步骤 4　检验

加清水，试喷，检测维修过后，故障是否排除。

注意事项

1. 维修前一定要先将喷雾器清洗干净，严禁带药维修。

2. 规范操作，规范使用工具，不可用嘴直接接触吹、吸喷雾器的任何部位。

3. 维修后应用清水先检验，不可直接使用药液检测。

第 4 节　农药中毒及预防

学习目标

了解中毒的途径。

掌握农药中毒预防和事故处理的基本方法。

能够简单处理农药中毒事故。

知识要求

一、农药中毒的含义

1. 中毒的类型

农药中毒是指在接触农药的过程中，农药进入人体，超过人体正常情况下的最大耐受量，使机体的正常生理功能失调，引起毒性危害和病理改变，出现一系列的中毒临床表现。

根据农药中毒后引起人体所受损害程度的不同，可将中毒分为轻度中毒、中度中毒、重度中毒。根据中毒快慢可分为急性中毒、亚急性中毒和慢性中毒。

（1）急性中毒。农药被人一次口服、吸入或皮肤接触量较大，在短期内（一般在 24 小时内）就出现中毒症状的为急性中毒。

（2）亚急性中毒。长期连续接触一定剂量农药后，经过一定时间后表现出与急性毒性类似的症状，如头晕、恶心、呕吐、抽搐痉挛、呼吸困难、大小便失禁等，或引起局部病理变化。一般在接触农药 48 小时内，出现中毒症状，时间较急性中毒较长，症状表现较缓慢。

（3）慢性中毒。接触农药量较小、时间长，农药进入人体后累积到一定量才表现出中毒症状。慢性中毒一般不易被察觉，诊断时往往被认为是其他症状，所以慢性中毒易被人忽略，一旦发现，为时已晚。在日常生活中食用农药残留超标的蔬菜、水果，饮用农药残留量超标的水，或接触、吸入卫生杀虫剂等大多会引起累积性的慢性中毒。

2. 中毒的途径

（1）经皮肤摄入。指农药通过皮肤吸收进入人体引起的中毒。很多农药能溶解在有机溶剂和脂肪中，而不少农药可以无伤皮肤进入人体内；特别是天热，由于气温高，皮肤汗水多，血液循环快，就更容易被吸收。皮肤有损伤时，农药更易进入人体。大量出汗也能促进农药吸收。

不按照安全操作规程，如不穿防护服，不戴手套施药，喷雾器在喷药前未检查漏水，药液浸湿了衣裤，迎风喷药药液吹到了操作者身体或眼内，均会引起中毒。

（2）经鼻吸入。农药通过呼吸道吸入引起的中毒。很多具有熏蒸作用的农药和容易挥发成气体的农药，在喷药过程中不戴口罩，储藏农药的地方不通风或将农药放在人住的房内，都会因吸入了农药而引起吸入中毒。

粉剂、熏蒸剂和容易挥发的农药，可以从鼻孔吸入，引起中毒。喷雾时的细小雾滴，悬浮于空气中，也易被吸入。要特别注意无臭、无味、无刺激性的药剂从呼吸道的吸入。这类药剂要比有特殊臭味和刺激性的药剂中毒的可能性大，因为它容易被人们所忽视，在不知不觉中大量吸入人体内。

（3）经口进入。通过嘴和消化道吸收引起的中毒，如食用拌了农药的种子，及长期食用农药残留超标的瓜、果、蔬菜；在喷药时不按操作规程，不洗手就吃东西、喝水、抽烟等，都能引起经口中毒。

各种化学农药都能从消化道进入人体而引起中毒。多见于误服农药或误食被农药污染的食物。经口中毒，农药剂量一般较大，不易彻底消除，所以中毒也较严重，危险性也较大。

3. 中毒症状

不同农药中毒作用机制不同，其中毒症状表现也有所不同，在农药包装的标签上或农药说明书上均标明有该农药中毒的症状，一般表现为激动、烦躁不安、疼痛、恶心呕吐、痉挛、肺水肿、脑水肿、呼吸障碍、心搏骤停、休克、昏迷等。

在接触农药的工作中，一旦出现农药标签上标注的中毒症状，或有生病的迹象，或身体某些部位感觉不舒服，应立即停止工作，脱离农药环境，并尽快就医诊治。

二、农药中毒事故的预防和事故处理

1. 安全事故易发期

据统计，在施药季节中有三个时期是从事与农药有关的人员最容易过度接触农药、发生安全事故的时间段，施药人员应特别注意。

(1) 早春。新员工开始从事与农药相关的工作时，由于缺乏相关经验，农药过度接触污染事件最容易发生在新员工身上。

(2) 夏天高温季节。夏季是农作物病虫害高发期，农药使用频率相对其他时段高，而且夏季天气炎热，穿着防护服和呼吸保护器将使施药人员感觉很累和不舒服，因此施药人员容易冒很大危险直接接触农药。而且炎热的天气容易导致施药人员脱水，从而使某些农药更容易侵入人体。

(3) 季末。即在收获前或者收获季节，此时由于工作量较大，对工人和机器压力都较大，长期的劳累，往往容易大意；而反复摄入小剂量的农药，如有机磷、氨基甲酸酯类杀虫剂，开始不会有明显的表现症状，而长期如此，则会导致胆碱酯酶下降，造成不良反应。器械也由于使用了一个季节，功能有所降低，从而带来潜在的危险。

2. 对农药使用者的医学监管

接触和使用有机磷类、氨基甲酸酯类等胆碱酯酶抑制剂类农药人员，应在施药的季节内定期到医院进行胆碱酯酶的血液检测。在施药前对施药人员（一定时期内完全没有接触过此类药品）进行胆碱酯酶血液检测也非常必要，主要是为每个人建立一条其本人在正常情况下的血液中胆碱酯酶量的参考基线。在施药季节应每周检测一次，观察胆碱酯酶是否正常。如果胆碱酯酶检测值低于其基值50%，该人员应当停止从事与有机磷农药、氨基甲酸类农药有关的工作，直到其工作习惯改良以及胆碱酯酶值回归正常时。

使用其他类别农药也应注意对使用者的医学监管。

3. 减少中毒事故的几点做法

以下措施将有助于农药使用者在从事接触农药的工作中减少中毒事故的发生。

(1) 在使用农药前仔细阅读标签，并遵循标签上的告示操作。

(2) 尽量不单独工作，工作时始终穿上专用防护服；不要让儿童或未经许可的人逗留在农药混配、装载和施用现场；确保使用的装备是干净的，装备须经过校准并确保工作正常。

(3) 在户外混配农药，如果必须在室内混配应确保混配区域通风和光照良好；在拆封袋装或罐装农药包装时，尽量保持标签完好，使用完后立即将包装重新密封；在混配或处理农药时，避免吃、喝、抽烟以及用手擦脸或揉眼。

(4) 按照推荐比率准确计算用量；倒灌液体、粉剂、尘粉剂时要慢慢进行，避免任何溅洒或滴漏；当发生溅洒时，应立即脱掉被污染的衣服，用肥皂和水彻底清洗皮肤，换上干净的防护服，清理溅洒的物质。

(5) 始终要选择适宜的天气施用农药；带上一定量的干净水，以防紧急情况下清洗眼睛和皮肤之用；处理完农药之后，及在吃、喝、抽烟或进入休息室之前，应彻底清洗。

（6）千万不要将农药遗忘在田野、工作场所或交通工具上；把农药存放在原先的容器中并保持密封；处理空的农药包装容器之前用水洗汰 3 次，将洗汰的水倒入喷雾容器中，根据当地规定处理废弃的农药包装容器，避免对人、动物及环境造成威胁。

（7）预先做好施药计划。

4. 农药中毒事故的处理方法

（1）现场急救。为了尽量减轻症状和避免死亡，中毒事故发生后，必须及早、尽快地采取急救措施。

1）立即使患者脱离农药和污染环境，转移至空气新鲜处，松开衣领，使呼吸畅通，必要时吸氧和进行人工呼吸。

2）救援者穿上靴子、戴上手套，尽快给患者脱下被农药污染的衣服和鞋袜，然后把污物冲洗掉。在缺水的地方，在去医院治疗之前，必须将污物擦干净。

3）用大量清水冲洗被污染的皮肤和眼睛，误服农药的需饮水催吐（吞食腐蚀性毒物的不能催吐），心脏停跳时进行胸外心脏按压。

4）中毒者出现惊厥、昏迷、呼吸困难、呕吐等情况时，在护送去医院前，除检查、诊断外，应给予必要的应急处理：如取出假牙，将舌引向前方，保持呼吸畅通，使人仰卧、头后倾，以免吞入呕吐物，以及一些对症治疗的措施。

中毒事故发生后，科学、适当的急救非常重要，但是不能用急救代替专业治疗。急救只是在专业医疗不能获得之前给患者减轻症状的一种措施。发生农药中毒紧急事件时，要像发生火灾、交通事故一样，立即拨打求救电话，病人越快获得专业医疗治疗，康复机会就越大。

（2）向医生叙述情况。很多医生由于很少接触农药中毒的病例，对农药中毒的症状和处理并不是十分清楚，而且农药中毒症状跟其他疾病和中毒症状很相似。因此，当中毒事件发生后，病人应主动告诉医生与农药的接触史，包括与农药接触的过程、农药种类、接触方式（如误服、误用、不遵守操作规程等）并出示农药的包装。如中毒严重难以自述者，则周围人及家属应尽量详细叙述中毒的过程和细节，便于医生准确、及时地掌握中毒症状并采取治疗方法和使用对症的解毒剂。

非医务人员千万不要自带或给他人使用任何解毒剂作急救，解毒剂只能在医生指导下使用。

参考文献

［1］丁锦华，苏建亚．农业昆虫学［M］．北京：中国农业出版社，2006.

［2］陈利锋，徐敬友．农业植物病理学（南方本）［M］．北京：中国农业出版社，2006.

［3］许志刚．普通植物病理学［M］．3版．北京：中国农业出版社，2006.

［4］植保员手册编绘组．植保员手册［M］．上海：上海科学技术出版社，2006.

［5］郭玉人．农药安全使用手册［M］．上海：上海科学技术出版社，2009.

［6］李惠明．蔬菜病虫害预测预报调查规范［M］．上海：上海科学技术出版社，2006.

［7］农业部人事劳动司，农业职业技能培训教材编审委员会．农作物植保员［M］．北京：农业出版社，2004.

［8］北京农业大学．昆虫学通论（上、下册）［M］．北京：农业出版社，1982.